本书系国家社科基金项目"基于语料库的英汉中动结构对比研究"(16CYY004)的阶段性成果

构式语法视域下的汉语中动结构

付 岩◎著

中国社会科学出版社

图书在版编目(CIP)数据

构式语法视域下的汉语中动结构／付岩著．—北京：中国社会科学出版社，2020.10

ISBN 978-7-5203-7084-4

Ⅰ.①构… Ⅱ.①付… Ⅲ.①汉语—语法—研究 Ⅳ.①H146

中国版本图书馆 CIP 数据核字(2020)第 164073 号

出 版 人	赵剑英
责任编辑	任　明
责任校对	赵雪姣
责任印制	郝美娜

出　　版	中国社会科学出版社
社　　址	北京鼓楼西大街甲 158 号
邮　　编	100720
网　　址	http://www.csspw.cn
发 行 部	010-84083685
门 市 部	010-84029450
经　　销	新华书店及其他书店
印刷装订	北京君升印刷有限公司
版　　次	2020 年 10 月第 1 版
印　　次	2020 年 10 月第 1 次印刷
开　　本	710×1000　1/16
印　　张	16
插　　页	2
字　　数	250 千字
定　　价	98.00 元

凡购买中国社会科学出版社图书，如有质量问题请与本社营销中心联系调换
电话：010-84083683
版权所有　侵权必究

前　言

文献中有关汉语中动结构的研究多集中在中动结构的句法语义特征、认知机制、构句条件等方面，但是学界对汉语中动结构的界定尚未达成一致，对汉语中动结构的构式语法研究也较少，而清晰的研究对象是研究的起点，因此，我们有必要提出汉语中动结构的界定标准，从而对其进行系统研究。

本书以构式语法为理论依据，以北京大学现代汉语语料库（CCL）为数据来源，对汉语中动结构的语义核心、句法表现形式、构式性特征、内部语法语义关系，以及对其组成成分的限制进行细致探讨，主要回答以下七个问题。

（1）中动语义有哪些特征？哪种特征是其核心？（2）汉语中动结构该如何界定？（3）汉语中动结构是不是一种独立的构式？有何构式性特征？（4）汉语中动句的内部语法语义关系如何？（5）汉语中动结构对其组成成分有何种选择限制？（6）汉语中动结构有哪些类型？其承继关系如何？（7）汉语中动结构和主动结构、被动结构、受事主语句、话语句之间的关系如何？和英语中动结构有何异同？

本书将定性和定量研究相结合，利用语料库的真实语料对汉语中动结构作为一种构式在句法和语义上的表现进行挖掘，首先在 CCL 中筛选出 2178 条中动句，并对其主语、动词及附加语进行人工标注处理，从而建成汉语中动句语料库。研究发现：

（1）中动语义一般表现为情态性、类指性、非事件性、主语责任性等特征，其中属性类指性是其核心，能够统领其他特征，并揭示中动构句的本质。

（2）汉语中动结构的界定有句法和语义两条标准：第一，表达中动语义；第二，以动词为谓语核心。以此为标准，汉语中动结构可以界定为"NP+V起来+AP"结构和"NP+能/可以+VP"结构，其中后者是前者的变体，可以看作同种构式，研究中没有必要将其分开讨论。

（3）汉语中动结构在形式上不同于其他结构，在意义上具有非组构性，对其组成成分有特殊限制，在搭配上具有偏向性，因此，汉语中动结构是一个独立的构式，属于减价论元构式，在维度上具有复杂性、图式性和语法性，在要素上具有高图式性、中度能产性、低组构性的特点。

（4）"起来"中动句的层次关系为"NP+（V起来+AP）"，其句法核心是"V起来"，语义核心是"AP"，"V起来+AP"属于动补结构，"AP"在句中充当评价式补语；因此可以将"起来"看作一种评价补语标记词。

（5）汉语中动句一般只有一个论元（非施事）有句法地位，在句中充当主语，施事降级为隐性论元。其主语多用名词短语，占总数的69.28%，主语省略现象也较常见，占25.67%。就语义角色而言，中动句的主语可以是经受者（受事或对象）、成事、处所、时间、与事、工具、方式等多种语义角色，其中经受者占比最大，为83.98%。从指称上看，95.27%的主语是指物的，99.22%的主语是定指的。从人称上看，中动句主语多用第三人称，占99.91%。从施受关系来看，中动句主语既有受事的特征，又有施事的特征，处在施事和受事连续统中间。

汉语中动句的动词多是光杆形式，占92.65%；在进入中动句之前，95%的动词为及物动词，84.94%的动词为动作动词；就时体特征而言，96.09%的中动句没有时间标志，汉语中动句不允许"了""着""过"等体标记；就其所表达的物性角色而言，89.44%的中动句表达主语的处置和功用角色。

汉语中动句的附加语是语用需要，在形式上多为复杂形容词、动词短语、主谓短语、介词短语等，其中复杂形容词占比最大，为63.27%。就意义而言，它可以表达难易、适意性、性质、时间、结果等丰富的意义，其中难易类、适意类和性质类占比最大，合起来占总数的92.75%。附加语可以用情态词"能"或"可以"进行替代，将"起来"句转化成"能/可"句。

（6）汉语中动结构是一种原型范畴，根据其原型性特征可以分成原型性中动句和非典型中动句。前者包括难易中动句、适意性中动句、性质中动句、时间中动句、结果中动句以及"能/可"句六种类型；后者包括"非内论元主语句""施事不隐含的中动句"，以及"已然事件中动句"三大类。中动句与其类似结构之间的界限并不分明，存在交叉现象。

（7）汉语中动句在语态上介于主动句和被动句之间，在事件类型上介于一个参与者事件和两个参与者事件之间，在及物性上介于及物和不及物之间，因而得"中动"之名。它和汉语中其他构式之间表现为多重性链接，共同构成汉语构式系统。它和英语中动结构都是中动语义的实现形式，属于同类构式。

本书的主要创新点与学术贡献有以下几个方面。

（1）本书指出中动语义的核心是中动属性义。把属性义看成中动语义的核心有重要的意义。首先，能够厘清中动语义之间的内部联系；其次，能够将中动结构和其他类似结构区别开来；再次，能够解释中动词失去动作性的原因；最后，能够揭示中动结构句法、语义限制背后的动因。

（2）本书从语义和句法两个方面提出了汉语中动结构的界定标准。界定标准的提出为汉语中动结构的研究确立了明确的研究对象，有利于各项研究成果之间的交流和比较。

（3）本书以构式的定义为依据确立了汉语中动结构的构式地位，并指出了其作为一种减价论元构式在维度和要素方面的构式特点。因此，汉语中动结构体现了构式义和动词义的互动，可以用构式语法理论对其进行研究。

（4）本书厘清了"起来"句内部的句法语义关系，指出"V起来"为句法核心，AP为语义核心，"起来"句是评议性补语句的一个类型。这种分析对语法研究有重要的意义：首先，把"V起来"处理为句法核心，AP处理为语义核心，进一步证明了述补式结构和意义的不平衡性；其次，把AP看作补语，让我们认识到汉语的补语标记除了"得""个""得个"之外，还有"起来"；最后，把"NP+V起来+AP"中动句看作评议性补语句，让我们认识到中动结构不是孤立存在的构式，而是动补结构的一个类型。

（5）本书以语料库为依托，详细描述了汉语中动结构的主语、隐性施事、动词、附加语在形式和意义方面的特征，并对其各种类型在语料库中所占比例进行统计和分析。其中，本书对主语指称、人称的描述，对动词体类型、过程结构、所表达物性角色的描述，对附加语形式类型的描述都是文献中未曾研究的。其他方面的研究结果也大多与已有研究不同。

（6）本书确定了汉语中动结构两种表现形式之间的关系，指出"能/可"中动句是"起来"中动句的变体，二者宜看成同一构式。因此，在中动结构研究中，没有必要将二者进行分别探讨。

（7）本书指出汉语中动结构为原型范畴，确定了其原型性特征，将其分成原型性中动句和非典型中动句，并分别探讨了其意义类型。本书为原型性中动句和非典型中动句的区分提出了不同以往的标准，更加符合认知语言学的基本理念。

本书系国家社会科学基金项目"基于语料库的英汉中动结构对比研究"（编号：16CYY004）的阶段性成果。感谢国家社科基金的资助和课题组成员的努力！

目 录

第一章 绪论 …………………………………………………………（1）
　第一节 研究背景 ……………………………………………………（1）
　第二节 研究对象 ……………………………………………………（3）
　　一 中动语态 ………………………………………………………（3）
　　二 中动结构 ………………………………………………………（5）
　第三节 研究目标 ……………………………………………………（8）
　第四节 研究方法 ……………………………………………………（8）
　　一 主语的标记 ……………………………………………………（8）
　　二 动词的标记 ……………………………………………………（11）
　　三 附加语的标记 …………………………………………………（12）
　第五节 理论基础 ……………………………………………………（13）
　　一 构式语法 ………………………………………………………（13）
　　二 原型范畴理论 …………………………………………………（15）
　第六节 本书结构 ……………………………………………………（16）
第二章 文献综述 ……………………………………………………（19）
　第一节 汉语中动结构的界定 ………………………………………（19）
　　一 "NP+V起来+AP" 结构 ………………………………………（19）
　　二 "NP+难/好/容易/能/可以+VP" 结构 ………………………（22）
　　三 其他结构 ………………………………………………………（26）
　　四 中动句式群 ……………………………………………………（27）
　第二节 汉语中动结构的生成与动因 ………………………………（28）
　　一 生成语法研究 …………………………………………………（28）
　　二 认知研究 ………………………………………………………（30）

第三节　汉语中动结构的构句条件 …………………………（33）
　　一　影响效应 ……………………………………………（34）
　　二　施事限制 ……………………………………………（36）
　　三　责任条件 ……………………………………………（37）
　　四　联合构句条件 ………………………………………（41）
第四节　汉语中动结构对其组成成分的限制 ………………（42）
　　一　主语 …………………………………………………（42）
　　二　动词 …………………………………………………（46）
　　三　附加语 ………………………………………………（50）
第五节　汉语中动结构的句法语义特征 ……………………（55）
　　一　语义特征 ……………………………………………（55）
　　二　句法特征 ……………………………………………（57）
第六节　汉语中动句的内部语法关系 ………………………（58）
　　一　结构层次 ……………………………………………（58）
　　二　"V起来"的句法地位 ………………………………（60）
第七节　以往研究的成果与不足 ……………………………（62）

第三章　中动语义的特征及其核心探讨 ………………………（66）
第一节　中动语义的特征新解读 ……………………………（66）
　　一　属性义 ………………………………………………（66）
　　二　情态性 ………………………………………………（67）
　　三　非施事主语的责任性 ………………………………（69）
　　四　施事性 ………………………………………………（70）
　　五　类指性 ………………………………………………（72）
第二节　中动语义的核心 ……………………………………（73）
　　一　以往研究分析 ………………………………………（73）
　　二　中动属性义 …………………………………………（76）
第三节　本章小结 ……………………………………………（80）

第四章　汉语中动结构的界定 …………………………………（82）
第一节　汉语中动结构的界定依据 …………………………（83）
　　一　中动语义 ……………………………………………（84）
　　二　动词核心 ……………………………………………（85）

第二节　疑似中动结构分析 …………………………………（86）
　　　　一　"NP+V起来+AP"结构 ………………………………（86）
　　　　二　"NP+V上去/来/着+AP"结构 ………………………（89）
　　　　三　"NP+好/容易+VP"结构 ……………………………（90）
　　　　四　其他结构 ………………………………………………（91）
　　第三节　本章小结 ……………………………………………（93）
第五章　汉语中动结构的构式性 ……………………………………（95）
　　第一节　汉语中动结构的构式地位 …………………………（95）
　　　　一　形式上的不可预测性 …………………………………（98）
　　　　二　意义上的非组构性 ……………………………………（99）
　　　　三　对组成成分的限制 ……………………………………（101）
　　　　四　搭配偏向 ………………………………………………（102）
　　第二节　汉语中动结构的构式属性 …………………………（103）
　　　　一　论元结构构式的类别 …………………………………（103）
　　　　二　作为减价构式的中动结构 ……………………………（105）
　　第三节　汉语中动结构的构式特点 …………………………（107）
　　　　一　中动结构的构式维度分析 ……………………………（107）
　　　　二　中动结构的构式要素分析 ……………………………（109）
　　第四节　本章小结 ……………………………………………（111）
第六章　"NP+V起来+AP"中动句内部的语法语义关系
　　　　分析 ………………………………………………………（113）
　　第一节　"NP+V起来+AP"中动句的谓语核心 …………（114）
　　　　一　"NP+V起来+AP"结构的层次关系 ………………（114）
　　　　二　"V起来+AP"的句法核心争论 ……………………（115）
　　　　三　句法核心的判断方法 …………………………………（120）
　　第二节　"NP+V起来+AP"结构的语义核心 ……………（122）
　　　　一　语义核心的判断标准 …………………………………（122）
　　　　二　AP的语法地位 ………………………………………（125）
　　第三节　本章小结 ……………………………………………（128）
第七章　汉语中动结构的论元实现 ………………………………（130）
　　第一节　隐性施事 ……………………………………………（130）

第二节　非施事主语 ……………………………………（135）
   一　主语的形式特征 ……………………………………（135）
   二　主语的语义类型 ……………………………………（138）
   三　主语的指称特点 ……………………………………（140）
   四　主语的施受特征 ……………………………………（149）
第三节　本章小结 ………………………………………（153）

第八章　汉语中动结构对其动词的选择限制 ……………（155）
第一节　动词的形式特点 ………………………………（155）
   一　动词的时体特征 ……………………………………（155）
   二　动词的复杂程度 ……………………………………（159）
第二节　动词的意义特点 ………………………………（161）
   一　自主性 ………………………………………………（161）
   二　及物性 ………………………………………………（164）
   三　体类型 ………………………………………………（165）
   四　物性角色类型 ………………………………………（170）
第三节　中动词的及物性 ………………………………（174）
第四节　本章小结 ………………………………………（177）

第九章　汉语中动结构对其附加语的选择限制 …………（179）
第一节　附加语的形式特征 ……………………………（180）
第二节　附加语的意义特征 ……………………………（183）
   一　难易类 ………………………………………………（184）
   二　适意类 ………………………………………………（185）
   三　性质类 ………………………………………………（186）
   四　时间类 ………………………………………………（188）
   五　结果类 ………………………………………………（188）
   六　复杂类型 ……………………………………………（189）
第三节　附加语的替代形式 ……………………………（190）
第四节　附加语的理据 …………………………………（192）
第五节　本章小结 ………………………………………（196）

第十章　汉语中动结构范畴的原型性 ……………………（198）
第一节　中动结构的原型性特征 ………………………（199）

一　语义特征 …………………………………………… (199)
　　二　句法特征 …………………………………………… (201)
　　三　原型性特征 ………………………………………… (202)
　第二节　中动结构范畴 ……………………………………… (203)
　　一　原型性中动句 ……………………………………… (203)
　　二　非典型的中动句 …………………………………… (205)
　第三节　本章小结 …………………………………………… (207)
第十一章　汉语中动结构与其类似结构的关系 ……………… (209)
　第一节　汉语中动结构与汉语里的其他结构 ……………… (209)
　　一　汉语中动结构与主动结构 ………………………… (209)
　　二　汉语中动结构与被动结构 ………………………… (211)
　　三　汉语中动结构与受事主语句 ……………………… (213)
　　四　汉语中动结构与话题句 …………………………… (215)
　第二节　汉语中动结构与英语中动结构范畴 ……………… (219)
　　一　英语中动结构范畴 ………………………………… (219)
　　二　英汉中动结构范畴的异同 ………………………… (222)
　第三节　本章小结 …………………………………………… (224)
第十二章　结语 ………………………………………………… (226)
　第一节　本书的主要观点和发现 …………………………… (226)
　第二节　本书的主要创新点及贡献 ………………………… (229)
　第三节　本书的不足之处 …………………………………… (231)
　第四节　对未来研究的建议 ………………………………… (231)
参考文献 ……………………………………………………… (233)

第一章

绪　论

第一节　研究背景

"中动"二字最初指的是古希腊语里动词的一种屈折形式，用于标识一种介于"主动"与"被动"之间的语态，表达动作由主语而发，却又影响主语本身，或出于主语本身的利益，具有反身意义。后来中动语态发展到用于指其他印欧语言中的这类意义。它既可以指保持了其最初用法的形式范畴，即动词的一种屈折形式（Valfells，1970），也可以表示一种纯语义的范畴，如 Lyons（1968：373）将其定义为"动作或状态影响动词的主语或其利益"。

跨语言来看，中动语态没有一致的语义内容，也没有统一的形式标记，它是一个广义的语义—语用范畴，不仅和传统的语态系统（主动语态和被动语态）有关，也和语义范畴（及物事件和不及物事件）有关（Kemmer，1988：4）。

最早提到中动结构的是 Sweet（1891：90），他指出，中动结构以动词的逻辑宾语为主语，其动词具有被动意义。在早期研究中它有各种不同的定义，如 Jespersen（1924：347-355）将其描述为"某些动词的主被动用法"（active-passive use of some verbs）；Curme（1931：44）称之为"用不及物形式的被动结构"（the passive with intransitive form），用于表达自然的或者近乎自发的动作。Erades（1950：36-37）认为中动结构表达的是主语对事件的促进或者阻碍作用。可见，早期对中动结构的定义没有一个统一标准，它可以指动词的某种用法，也可以指自发的动作，中动结构的范围还没有确立。

随后的研究主要在形式语言学的框架下进行，对中动结构的句法和语义表现进行了充分的描写和解释。不同的学者用不同的名称来表述这个结构，如 Lyons（1968：363）称之为"假不及物结构"（pseudo-intransitives），指出该结构隐含了一个施事成分。Van Oosten（1977）称之为"受事主语结构"（patient subject construction），并提出了"受事主语的责任性"，认为主语对动作的发生负有首要责任。Dixon（1982：153）则认为中动结构是一种话题化结构，可以称为"话题—方式结构"（topic-manner constructions）。可见，这个时期的研究虽然没有统一用"中动结构"这个术语，但各种术语之间已有较大共通性，且学者们已开始关注该结构的句法或者语义特征。

近期的文献对印欧语言里中动结构的生成、认知动因、构句条件、句法语义特征等方面进行了大量研究，到了这个阶段，中动语义在不同语言中的实现方式成为研究的重点，同时中动结构与其他结构之间的区别也得到了关注。很多学者认为中动结构作为一种构式不具有跨语言的同一性，唯一具有跨语言一致性的是中动语义，因此，最好把中动结构看成一种语义范畴（Condoravdi, 1989; Lekakou, 2005）。根据其在句法和语义上的不同表现，中动结构可以分为两种类型（Ackema and Schoorlemmer, 2007）。

一型中动结构（Type I middles）以英语、荷兰语和德语为代表，具有如下特点。

A. 动词的施事不能以普通 DP（Determiner Phrase）的形式出现在句中，如英语中动句的施事不能用"by"引出。

B. 若中动句相对应的主动句有内论元（internal argument），那么这个内论元应充当中动句的主语。

C. 中动句具有状态性、非事件性、类指性、情态性的语义特点。表达的是 B 中提到的论元具有某种内在属性，或动词和论元的组合具有某种特殊性质。

二型中动结构（Type II middles）不完全具备以上特征，首先这类句子中动词的施事可以像被动句一样以普通 DP 的形式在句中出现。其次，它不一定具备情态性和非事件性。此外，这类结构对动词的选择限制较为宽松，很多不能进入一型结构的动词可以用在二型中动结构中。事实上，这类结构和被动结构有一定的类似之处，代表语言有意大利语、西班牙语、法语、希腊语、挪威语、俄语等。Achema and Schoorlemmer 认为一型为典型中动结构,二型为非典型中动结构。两种类型之间的区别如表1.1所示。

表1.1　　　　　　　　一型和二型中动结构的不同

类型	施事的句法地位	对动词的限制	附加语	类指性与非事件性	主语责任性	情态性
一型	无	严格	需要	有	有	有
二型	有	宽松	可有可无	可有可无	可有可无	可有可无

以上研究多集中在印欧语言中,对汉语中动结构的研究开始的较晚。第一次提到汉语中动范畴的是 Chao(1968:704),他认为汉语中有中动语态动词,指动作行为指向目标的词,如"门开了"中的"开"的行为方向不是指向行为者,而是指向行为目标,他把这类动词称为"中动语态动词"。显然,它和本书所研究的中动结构有较大差别。一般认为,真正意义上的汉语中动结构研究始于 Sung(1994),此后对该结构的研究较多,我们将在第二章对这些研究进行评述。

第二节　研究对象

本书的研究对象主要是汉语中动结构,也涉及和它类似的一些结构,如英语中动结构、难易结构、主动结构、被动结构、受事主语句、话题句等。很多学者在研究中不区分中动结构和中动语态,将它们等同或者混为一谈,因此,在研究开始之前,需要区别中动语态和中动结构。

一　中动语态

不同学者对语态的理解不同,总结起来主要有三种观点。

A. Quirk et al.(1985:159)等认为语态是一种语法范畴,不同的语态表明说话者可以用不同角度来描述同一事件,有主动语态和被动语态两种类型。可见,Quirk 等没有提到中动语态,把中动语态当成被动语态的一种类型,称为"概念被动句"(notional passives)。

B. Clainman（1991：i）认为语态和时态、情态、体态一样是动词的一种形式，表达动词和与其相关的名词词组（主语或宾语）之间的关系。语态不仅可以通过句子来表达，也可以通过短语（如名词性结构修饰语）来表达。

C. Bussmann et al.（1996：515）把语态定义为动词的语法范畴，并指出主格语言有主动语态和被动语态两种类型，部分语言中还有中动语态，语态的选择和主语的语义角色（施事还是受事）和句法功能（主语还是宾语）相关。

根据以上三种观点，我们认为语态不仅是一种句法概念，也是一种语义和语用概念，可以将它定义为动词的一种语法范畴，有主动语态、中动语态和被动语态三种表现形式，表达动词和主语之间的句法、语义关系，并反映说话者对同一情状所采取的不同视角或态度。

传统意义上的中动语态是用反身代词来标记的一种既不是反身态，又不是被动态的一种结构。例如：

（1）eklegomai
　　　choose-REFL
　　　"为自己选择"

上例是古希腊语里用反身标记来标识的一种动词形式，表达的意义不是"choose oneself"，也不是"be chosen"，而是"choose for oneself"，主语是一种受益格（beneficiary）。在这种结构中，动词的施事在句中存在，它与动词的主动用法的不同之处在于：这种结构的形态标记（morphological marker）使它获得如下意义：动作由主语发出，但同时又指向（directed towards）主语自身，或为了主语自身的利益而发出（Achema and Schoorlemmer，2007：1251）。正是这种意义赋予了它处于主动语态和被动语态中间的地位，因而被称为中动语态。

在系统功能语言学中，语态被认为是表达参与者（participant）与过程（process）之间的关系（Halliday，1985）。Halliday（1985；1994）主张将语态系统分为"中动"（middle）和"非中动"（non-middle）两大类，前者只有一个参与者，后者有两个或者两个以上的参与者。非中动语态又可以进一步划分为主动语态和被动语态两种类型，前者以动作发出者（actor）为主语，后者以动作承受者（undergoer）为主语。如果某个过程只与一个参与者有关，不涉及其他参与者，那么表示这个过程的小句就处于中动语态（胡壮麟等，2005）。例如：

（2） a. The glass broke.
　　　b. The baby stood up.

二　中动结构

本书所研究的中动结构和传统语法和系统功能语言中的中动语态不同。中动结构也可以称为中动构式、中动结构式、中动句[①]等，它不是动词的某种形式，而是一种构式，即形式和意义的配对。不同语言里的中动结构有着统一的意义，即描述主语的属性。我们将这种具有跨语言一致性的意义称为"中动语义"。中动结构是中动语义在某语言中的一种实现形式，在不同语言里寄生在不同的形式中，因而，中动结构因语言而不同。

跨语言来看，有的语言用反身语素来标记中动结构，有的语言不用；有的语言的中动结构可以将施事以论元的形式在句中表达出来，有的语言不能。此外，有些语言的中动结构还可以由不及物动词派生而来，且其主语为形式主语，相当于"it"，如荷兰语[②]：

（3） Het zit lekker in deze stoel.
　　　it sits comfortably in this chair
　　　"This chair is comfortable to sit in."
　　　"这把椅子坐起来很舒服。"

上例虽然在形式上和典型中动句不同，但它符合上文所提到的中动

[①] 严格地说，中动句指的是中动结构的一个实例，但文献中一般不区分"中动句"和"中动结构"，因而本书一般不做区分，有时用"中动句"表达语言中的实例，用"中动结构"表达这个抽象的构式。

[②] 本章所用荷兰语的例子均来自 Ackemaand Schoorlemmer（2007：1260-1263）。

结构的主要特征,首先,它也具有非事件性,如例(4)所示:

(4) a. * Ik voelde het lekker zitten op deze stoel.
I felt it comfortably sit on this chair
"I could feel it was comfortable to sit in this chair."
"我感觉坐在这把椅子上很舒服。"
b. —Wat gebeurt er?
"what happens?"
"发生了什么事?"
—? Het zit lekker op deze stoel.
"it sits comfortably on this chair."
"这把椅子坐起来很舒服。"

此外,它也不允许动词的施事以论元的形式出现在句中,如例(5)所示:

(5) * Door ouden van dagen zit het lekker op deze stoel.
by old-of-days sits it comfortably on this chair
"This chair is comfortable for the elderly."

可见,这种中动句和普通中动句类似,也应包含在中动结构的范畴内。这种形式的中动句在学界被称为"无人称中动句"(impersonal middles)。

荷兰语中还有一种类似于无人称中动句的形式,如例(6)所示:

(6) a. Deze tafel eet prettig.
this table eats pleasantly
"This table is pleasant to eat at."
"这张桌子吃起饭来很愉快!"
b. Deze naalden breien lekker.
these knitting-needles knit nicely

"These knitting-needles are nice to knit with."
"用这些针缝起来很舒服!"

例(6)中句子的主语在主动句中不是动词的直接论元,一般是以附加语(adjunct)的形式出现在句中,因此被称为"附加语中动句"(adjunct middles)。这类中动句和无人称中动句相似,都是由不及物动词派生而来,也具备类似的句法语义特征。事实上,汉语中也存在附加语中动句,如:

(7) a. 这样的小区,住起来真是舒服!
　　b. 观念较接近的合作对象,沟通起来较容易。
　　c. 这双高跟鞋,走起来相当不便。
　　d. 这样出水大的莲蓬头,洗起来很舒服,像住五星酒店一样。

上面各句的主语都不是动词的内论元,分别为处所、与事、工具、方式,因此,它们属于附加语中动句。

可见,不同语言的中动结构一般会表现出一定的特殊性。尽管如此,我们仍然可以找到它们的共同之处,并按照不同的类型进行分类。如上文所述,中动结构有一型和二型之分,二者在句法和语义上有诸多区别。二型在很多方面偏离了中动结构的原型性特征,它之所以被称为中动结构,是因为它和一型有一定的类似之处,即主语为非施事成分,动词没有被动标记。

本书所研究的汉语中动结构和一型中动结构有较多的共同之处,如汉语中动句的主语一般为动词的内论元,施事没有句法地位,具有非事件性、类指性、情态性、主语责任性等语义特征。因此,在类型学上,汉语中动结构应该和英语、荷兰语一样,属于一型中动结构。

本书将把非施事为主语的"NP+V起来+AP"结构的一部分和"NP+能/可以VP"界定为汉语中动结构。由于后者在语料库中出现的频率较少,因而本书将主要关注属于中动结构的那部分"NP+V起来+AP"句。对汉语中动结构内部语法关系及其主语、动词、附加语的研究都是以"NP +V 起来+AP"结构为研究对象。

第三节　研究目标

本书的主要目标是对汉语中动结构进行系统研究，重在挖掘中动结构作为一种构式在句法和语义上的表现，探索其内部以及与其他构式之间的承继关系。主要研究问题包括：

（1）中动语义有哪些特征？哪种特征是其核心？

（2）汉语中动结构该如何界定？

（3）汉语中动结构是不是一种独立的构式？有何构式性特征？

（4）汉语中动句的内部语法语义关系如何？

（5）汉语中动结构对其组成成分有何种选择限制？

（6）汉语中动结构有哪些类型？其承继关系如何？

（7）汉语中动结构和主动结构、被动结构、受事主语句、话题句之间的关系如何？和英语中动结构有何异同？

第四节　研究方法

本书采取定性研究为主，定量研究为辅的研究方法。文中用大量例句来说明问题，所有例句均为真实语料，多来源于北京大学现代汉语语料库或国家语委语料库，部分例句是直接引用先前研究者所用的例句。

定量研究部分主要包括对汉语中动句不同类型的主语、动词、附加语在语料库中出现的频率所做的定量分析。本书所用语料库为北京大学现代汉语语料库（CCL）。该语料库包含2700多万字，包括词语切分和词性标注，同时还标注了专有名词、语素子类以及动词和形容词的特殊用法。

首先，我们用"起来"作为关键词在 CCL 中搜索到语料 168191条，然后通过人工挑选，筛选出 2178 条中动句。其次，我们用这些中动句建成汉语中动句语料库，并对这些生语料进行人工标注处理。

一　主语的标记

在主语方面，我们对其语义角色、单复数、指称、人称进行标注。语义角色指主语与动词的语义关系，主要有经受者（undergoer）、成事、与事、处所、时间、工具、方式、当事、目标等类型。鉴于很多时候不容易区分受事（patient）和对象（theme），且其区别对本书没有意义，本书用"经受者"对它们进行统一标注，不关注其是否收到动作的影响。例如，例（8a）和例（8b）的主语没有因动作而改变性质或内部结构，而例（8c）和例（8d）是受影响对象，主语的性质因动作而改变，但它们都是动词的直接内论元，因此将它们统一标注为"经受者"。

(8) a. 《冷茶：饮料市场的一匹"黑马"》文章写得好，读起来有趣味……（语料库中原文带"一版"）
　　b. 如今，平跟鞋底已摒弃 70 年代华而不实的设计，穿起来更为舒服。
　　c. 鱼、虾、贝、蟹等，虽说是餐桌上的美味佳肴，却又脏又腥，拾掇起来颇为麻烦。
　　d. 西部相对东部来讲经济结构简单，调整起来比较容易。

我们用"成事"来标注由动作创造的主语，这类主语是动作的结果，其存在以动作的发生为前提。例如：

(9) a. 餐馆办起来并非一帆风顺。
　　b. 基膜含有胶原蛋白、层粘连蛋白、蛋白多糖等细胞基质，制作起来颇费工夫。
　　c. 这种茅舍体积很轻，移动方便，转位自由，编起来并不费力。

用"与事"标记暗含了"与/和+NP+VP"的主语，在主动句中多用介词短语来表达。例如：

(10) a. 观念较接近的合作对象沟通起来较容易。
　　b. 逐渐地，她能听懂我说的，并能照我说的去做，虽然交流起来还比较困难。

　　c. 在这儿就是这样，只要你是搞音乐的，相处起来就特别容易。

　　用"处所"标记的是动作发生的典型场所，用"时间"标记事件发生时间，是一种环境成分，或外围场景，分别如例（11a）—例（11b）和例（11c）—例（11d）所示：

　　（11）a. 真没想到，在兰州还有这样正规的小高尔夫球场，打起来很顺手。

　　b. 尽管天气转好，但这条路上仍然泥泞不堪，走起来十分吃力。

　　c. 肚子饿透的时候吃起来格外有滋有味。

　　d. 虽然夏天跑起来很难受，但正是由于天气热，才可以出更多的汗，燃烧更多的脂肪。

　　用"工具"和"方式"标记事件赖以发生的凭借，也可以称为"凭事"。"工具"指具体物品，"方式"指抽象事物，分别如例（12a）—例（12b）和例（12c）—例（12d）所示：

　　（12）a. 自行车、小平车拉运起来不方便……

　　b. 这种长矛非常锋利坚硬，能利穿最坚固的盾牌，刺杀起来像剃刀一样便利。

　　c. 意大利话骂起来应该更过瘾，别饶了尼奥！

　　d. 由于电视声画并茂，学习起来很方便。

　　用"当事"标记表示身份或地位意义的主语，"目标"来标识动作的意向结果，分别如例（13）和例（14）所示：

　　（13）这种记者恐怕当起来是很乏味的……

　　（14）优秀棋手实际起来并不容易，因为它不仅要求棋手在大喜大悲的结局面前保持平常心……

除了标记了主语的语义类型，我们对其单复数、指称和人称也进行了标记，以方便从形式和意义两个方面来描述不同类型的主语在语料库中出现的频率。此处的指称指的是主语所指是类指、特指还是泛指，分别如例（15）—例（17）所示：

（15）当作背景用的机雷收拾起来不容易。
（16）诗的意象固然新奇，细读起来却很有味。
（17）一件在开始时几乎无法解释的事情，后来解释起来却又是多么的简单。

二　动词的标记

我们对动词的标记也从形式和意义两个方面进行，包括时态、复杂度、及物性、体特征四个方面。复杂度指的是动词是以光杆的形式出现，还是伴有其他修饰语，分别用"光杆动词"和"非光杆动词"进行标注，分别如例（18）和例（19）所示：

（18）这种车状如自行车拉一个拖车，踏起来比人拉轻快一些。
（19）该技术真正应用起来也有相当大难度。

体特征是指动词在体方面属于 Vendler（1967）所说的动作词项（activity verbs）、目标词项（accomplishment verbs）、达成词项（achievement verbs）还是状态词项（state verbs）。这种动词分类的依据是其过程类型。

活动词项（如"跑"）和目标词项（如"解决"）属于过程动词。二者的区别可以用对它们不同的提问方式来体现。前者可以问："他跑了多长时间？"回答："他跑了半个小时。"即在这半小时里，"跑步"这个动作一直在进行；而对后者只能问："他用多长时间解决了这个问题？"回答："用了半个小时。"该句表达的意义不是在这半个小时内"解决问题"一直在进行,而是"这半个小时的结果是解决了问题"。

达成词项(如"结束")和状态词项(如"认识")属于非过程动词。前者指发生在某个特定时间点的事件,后者指某一时间段里存在的状态。二者的区别也可以通过提问方式来表现。例如,我们可以对前者提问:"比赛是什么时候结束的?"回答:"十点钟。"而对后者的提问方式是"你认知他多长时间了?"回答:"三年了。"由此可见它们之间的区别。

三 附加语的标记

我们从句法形式和语义类型两个方面来标记中动句的附加语。句法形式包括形容词短语、动词短语、主谓短语、介词短语、熟语等类型,分别如例(20a)—例(20e)所示:

(20) a. 这种鞋肥且大,穿起来既不方便又不雅观。
b. [申诉] 解决起来耗费时间较长。
c. 这些通过中间商转口来的收音机,使用起来灵敏度高,选择性强。
d. 这种面料的长裤透气性能好,穿起来比短裤还舒服。
e. [花茶] 品尝起来沁人肺腑,余味悠长。

意义类型主要分为难易、性质、适意性、结果、时间等,分别如例(21a)—例(21e) 所示:

(21) a. 他反复惋惜一些很好的综合大学被肢解,恢复起来不容易。
b. 长达20米的龙身舞起来特别威风。
c. 布鞋更趋柔软,因而穿起来舒服。
d. ……这样炒起来更嫩。
e. 那批订单数量太大了,周转起来非常缓慢。

第五节 理论基础

一 构式语法

构式语法是认知语言学中一种语法研究模式，基本采取了认知语言学的基本观点。它不是一个单一的理论，而是有多种派别，其中在学界较有影响力的包括以下几个学派。

其一，格语法学派，以 Fillmore、Kay 和 O'Connor 为代表人物。Fillmore（1968）所提出的格语法（case grammar）和框架语义学（frame semantics）奠定了构式语法研究的基础，事实上，"构式语法"这个术语就是 Fillmore（1968）所创造的。该学派不仅对认知语言学中常规的句法现象（如向心结构、地标、方向和高度，及其他常规构式）进行研究（Fillmore and Kay, 1993），也关注语言中的习语结构，如"let alone"（Fillmore et al., 1988）、"What's X doing Y"（Kay and Fillmore, 1999）。因而显示出构式语法不仅能用来分析常规结构也能用来分析异常结构的特性（Fillmore, 2013: 112）。

其二，基于符号的（sign-based）构式语法学派，以 Boas and Sag（2012）为代表人物。该学派以 Saussure 的语言符号观为出发点，主要目的是用形式化的框架来描述语言各个层面的内容。该理论的"符号"不同于 Saussure 的"符号"，Sag（2012: 71）指出符号至少包含音系结构、形态表现、句法范畴、语义、语境因素、信息结构等内容。如"laughed"可用图1.1来表示：

$$\begin{bmatrix} \text{PHONOLOGY} & \text{/laef-d/} \\ \text{SYNTAX} & \text{V[fin]} \\ \text{SEMAMTICS} & \text{a laughing event situated prior} \\ & \text{to the time of utterance} \end{bmatrix}$$

图 1.1 laughed 的符号信息（Sag, 2012: 75）

其三，认知构式语法学派，以 Lakoff 和 Goldberg 为代表人物。Goldberg（1995）关注的主要是论元结构构式，如英语双及物构式、致使移动构式、way 构式、动结构式等。她把构式定义为形式和意义的结合体,且其形式或意义的某些方面不能从其组成成分或其他已经存在的构式中预测出来(Goldberg,1995:4),在后来的定义中,她摈弃了"构式的不可预测性",认为只要有一定的出现频率,即使是可以预测的结构也可以称为构式(Goldberg,2006:5),从而扩大了构式的范围。

该学派认为构式可以指任意大小的语言单位,大到复合句,小到屈折词缀都可以称为构式(Goldberg,1995;2006)。语言习得是以语块为单位的,而构式就是学来的(learned)形式和语义、语用功能的配对(Goldberg,2006:5),它可以有不同的组构形式(有些构式是高度图式化的,有些构式是半图式化的,而有些是具体的表达式),大小(size)、形状(shape)和复杂度(complexity)也都可能有所不同。

Goldberg 的表达式至少包含两方面的内容:语义(SEM)和句法(SYN),如"Go VP"结构(如"Go tell Linda to come here")可以用图 1.2 来表达:

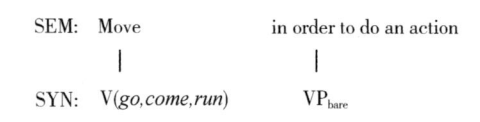

```
SEM:   Move                in order to do an action
         |                          |
SYN:   V(go,come,run)        VP_bare
```

图 1.2 "Go VP"结构(Goldberg,2006:54)

其四,激进构式语法学派,以 Croft(2001;2013)为代表。该学派主要关注语法描写和语言类型的关系。Croft(2013)认为构式和特定语言相关,即没有跨语言的构式,语法范畴是根据其所在构式来进行界定的。例如,"intransitive verbs"(不及物动词)是英语不及物结构(intransitive construction)的一个范畴,不是 UG 的范畴。

激进构式语法、表达构式语法和语义关系的方式如图 1.3 所示。

尽管构式语法有上述不同学派之分,但各学派之间有诸多共同之处,总结起来,构式语法的基本观点可以有如下五条。

A. 语法的基本单位是构式,构式是形式和意义的规约配对(conventional pairing)。

B. 语义结构直接映射到表层句法结构,不存在转换过程。

C. 和其他认知系统一样,语言也是一个由节点(node)和节点之间的链接(links)组成的网络系统,节点之间的链接可以呈现为承继梯度

```
┌─────────────────────────┐
│ syntactic properties    │ ←── CONSTRUCTION
│ morphological properties│ ←── FORM
│ phonological properties │
│─────────────────────────│      symbolic
│                         │      correspondence
│                         │      link
│ semantic properties     │
│ pragmatic properties    │ ←── (CONVENTIONAL)
│ discoures-functional    │      MEANING
│ properties              │
└─────────────────────────┘
```

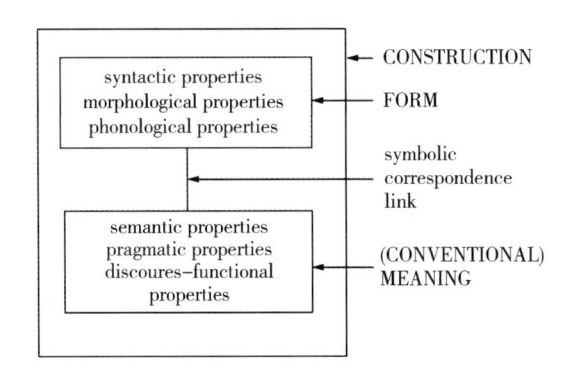

图 1.3　激进构式语法构式表达模式（Croft，2001：18）

关系（inheritance hierarchies），即上下义关系（taxonomic relationships），可以说明下层构式的特点在多大程度上可以由上层更抽象的构式推测出来。

D. 跨语言的差异可以有多种解释，包括一般的认知过程和语言中特有的构式。

E. 语法是一个整体，其任何一个层面都不具有自治性或可称为"核心"（core）。语义、语用、形态句法和音系在构式中共同起作用。

F. 语言结构是由语言使用塑造的（shaped）。

二　原型范畴理论

如上文所述，构式语法接纳了认知语言学的基本观点，其中包括原型范畴理论（the prototype theory）。该理论是认知语言学的基础理论之一（杨梅，2007）。对原型的研究始于 Berlin and Kay（1969）对颜色的研究，他们发现颜色的切分不是任意的，各种颜色的地位不是平等的，他们把在认知上更具凸显性的颜色称为"焦点色"。

在此基础上，Rosch（1973）认为原型效应不只体现在颜色范畴中，其他范畴中也有原型效应。她在 Wittgenstein 的家族相似性理论的基础上正式提出了"原型"这个术语，并将其定义为"范畴中最典型、最具代表性的成员"（Rosch，1973：135）。

围绕原型而形成的范畴称为"原型范畴"，具有三个特征：①范畴界定的依据不是某些充分必要条件，而是家族相似性；②范畴内部成员的地位是不平等的，有些成员处于核心地位，有些处于非核心或边缘地位。③范畴之间的边界不是清晰的，而是模糊的。

Taylor（1989）认为语法范畴也是原型范畴，如在"名词"这个范畴中，"桌子"比"方法"更具典型性，而"方法"的典型性又比"游泳"高。此外，名词范畴和其他范畴（如动词）之间不是界限分明的，如"游泳"既可以用作名词又可以用作动词。

这个观点和构式语法"多重继承"（multiple inheritance）的说法如出一辙。Hilpert（2014：63—64）在讨论构式之间的关系时，曾经指出一个构式的特征可能来源于多个上层构式，如：

（22）The Smiths felt it was an important enough song to put on their last single.

上句可以看作定语形容词（ATTRIBUTIVE ADJECTIVE）结构（实现为名词短语 an important song），也可以看作"enough to 不定式"（ENOUGH TO-INFINITIVE）结构。换句话说，例（22）既属于定语形容词构式，也属于"enough to do"构式。可见，各构式范畴之间的界限不是分明的，可以把它们看作一个相互交叉的网络系统。相对立的（distinctive）构式之间也可能有交会之处，如"及物构式"和"不及物构式"这两个构式不是二分的范畴，最好看成一个连续统，有些句子的地位就比较模糊，如"He has eaten"既可以看成及物构式，也可以看成不及物构式。

第六节　本书结构

本书按照以下基本思路展开：确定研究对象（讨论中动语义的核心，以此为依据界定汉语中动结构，并探讨其构式性特征）⇨描写、解释语言事实（利用语料库，描述汉语中动结构的主语、动词、附加语的类型及所占比例）⇨揭示事物本质（讨论汉语中动句的内部语法关系，探讨中动结构的典型性特征，将其分为不同的意义类型）⇨

⬛拓宽研究内容⬛（探索中动结构与其类似结构之间的关系）。

本书共分十二章。第一章为绪论，介绍本书的研究背景、研究对象、研究目标、研究方法以及理论基础。

第二章为文献综述，对文献中有关汉语中动结构的研究进行评述，包括其界定、生成与动因、构句条件、对其组成成分的限制、句法语义特征、内部语法关系六个方面，并对上述研究的成果和不足进行评述，指出本书的必要性和研究价值。

第三章探讨中动语义的特征，并指出其核心。本书主要在认知构式语法的框架下开展，因此，本书坚持以语义为先，句法形式为后的思路。

第四章提出界定汉语中动结构的标准和依据，并据此划定汉语中动结构的范围。

第五章讨论汉语中动结构的构式性，首先证明它是一个独立的构式，其次讨论其构式特征和构式要素。

第六章分析"NP+V起来+AP"中动句内部的语法语义关系，分别探讨该结构的谓语核心和语义核心，并指出其在汉语构式系统中的地位。

第七章到第九章讨论汉语中动结构对其组成成分的限制，并统计各种形式和意义类型在CCL中所占比例。其中，第七章从隐性施事和句法主语两个方面讨论汉语中动结构的论元实现，具体讨论隐性施事的地位和特征，以及句法主语的形式和意义类型。

第八章讨论汉语中动结构的动词，包括其形式和意义特征及其及物性。动词的形式特点包括其时体特征和复杂程度两个方面，其意义特点包括自主性、体类型和及物性三个方面。

第九章讨论汉语中动结构的附加语，包括其形式和意义类型、替代形式及其理据。

第十章探讨汉语中动结构范畴的原型性。从其原型性特征出发讨论原型性中动结构和非典型中动结构的意义类型以及二者之间的关系。

第十一章探讨汉语中动结构及其类似结构之间的关系。包括其与汉语主动结构、被动结构、受事主语句、话题句以及英语中动结构之间的关系。

第十二章为结语，总结本研究的主要观点、主要贡献、不足之处，并指出未来研究的方向。

本书主体部分的结构可用图1.4来表示：

```
                          ┌── 第三章 中动语义的特征及其核心探讨
                          │
┌─────────────────┐      ├── 第四章 汉语中动结构的界定
│ 中动语义及其在汉语中的 ├──────┤
│      实现        │      ├── 第五章 汉语中动结构的构式性
└────────┬────────┘      │
         │               └── 第六章 "NP+V起来+AP" 中动句内部
         │                        的语法语义关系分析
         ↓
                          ┌── 第七章 汉语中动结构的论元实现
┌─────────────────┐      │
│ 汉语中动结构对其组成成分├──────┼── 第八章 汉语中动结构对其动词的选择限制
│      的限制      │      │
└────────┬────────┘      └── 第九章 汉语中动结构对其附加语的选择限制
         │
         ↓
┌─────────────────┐      ┌── 第十章 汉语中动结构范畴的原型性
│  汉语中动结构范畴 ├──────┤
└─────────────────┘      └── 第十一章 汉语中动结构与其类似结构的关系
```

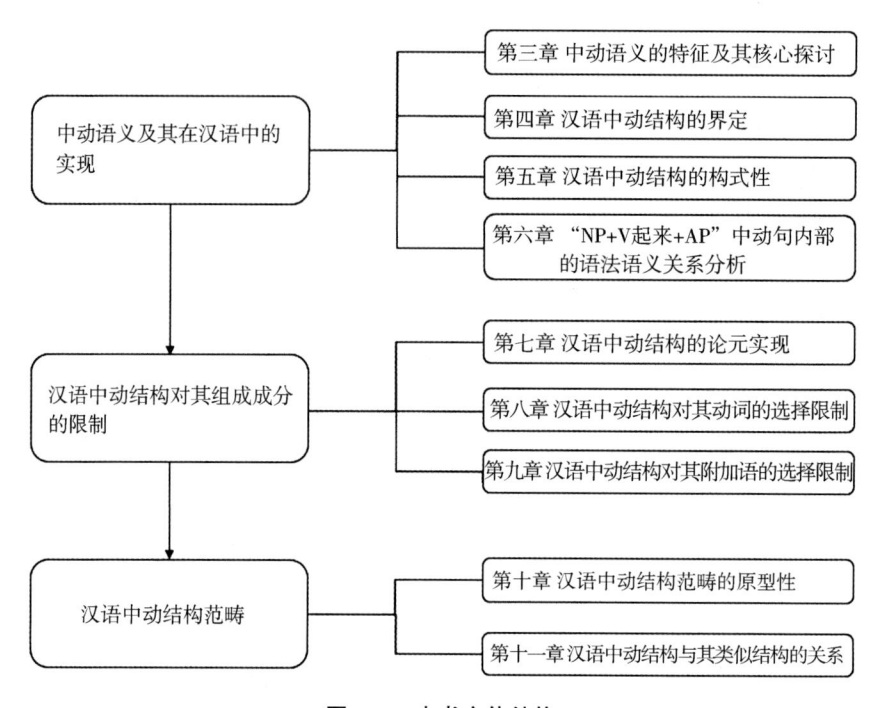

图1.4 本书主体结构

第二章

文献综述

文献中对中动结构的研究主要以印欧语言为研究对象，对汉语中动结构的系统研究是从 Sung（1994）才开始的。他注意到英语中动结构译为汉语时，一般用"NP+ V 起来+ AP"格式来表达，因此，他把上述格式称为汉语中动结构。自此以来，学界对汉语中动结构的研究层出不穷，主要集中在以下六个方面：汉语中动结构的界定、汉语中动结构的生成与动因、汉语中动结构的构句条件、汉语中动结构对其组成成分的限制、汉语中动结构的句法语义特征，以及汉语中动句的内部语法关系。现分别进行简要评述。

第一节　汉语中动结构的界定

学界对汉语中动结构的界定未达成共识。目前主要有以下几种观点：①中动结构即"NP+ V 起来+ AP"结构；②中动结构包括"NP+V 起来+AP"结构及其他结构；③"NP+ V 起来+ AP"结构不是中动结构，后者指的是其他结构，如"NP+难/好/容易+VP"结构、受事主语句、"给"字句等。下面我们对这些结构分别进行分析。

一　"NP+V 起来+AP"结构

大部分学者都把"NP+ V 起来+ AP"结构（或称"起来"句）看成中动结构，如 Sung（1994），徐盛桓（2002），曹宏（2004a；2004b；2004c；2005a；2005b），司惠文、余光武（2005），何文忠（2005；2007），Han（2007），周晓岩、高腾（2007），余光武、司惠文（2008），张德岁（2011），何晓炜、钟蓝梅（2012），蔡淑美

(2013)，熊学亮、付岩（2013），王和玉、温宾利（2014），付岩、陈宗利（2017）等。其中，以徐盛桓（2002），Han（2007），周晓岩、高腾（2007），何晓炜、钟蓝梅（2012）等为代表的部分学者认为汉语中动结构只有"NP+V起来+AP"一种表现形式。

而余光武、司惠文（2008）和付岩、陈宗利（2017）等则认为"NP+V起来+AP"并不全部都是中动结构，只有一部分属于中动结构。他们根据AP的语义指向把该结构分为三类：AP指向主语（A式）、AP指向"V起来"（B式）、AP指向隐性施事（C式），分别如例（1）—例（3）所示：

（1）a. 论本事，也着实惊人，俨然是一个有计划有组织的团体，周密，敏捷，在效率方面<u>说起来实在是不可比的</u>。
　　b. 死日本人把我们这些东西全抢光，<u>想起来真伤心</u>！
　　c. 花儿的外表<u>摸起来柔和</u>，<u>看起来娇美</u>，……
（2）a. 由于 P 是区间的函数，<u>研究起来比较麻烦</u>。
　　b. 京原铁路在白涧境内有四个车站；离北京近……<u>挖起来也容易</u>。
　　c. 上述试验所用饲料质量偏高，<u>推广起来有一定困难</u>。
（3）a. 这种外国卷烟……抽起来格外舒服过瘾。
　　b. 现在的农村工作……干起来不仅辛苦，而且不讨好。
　　c. 那匹马骑起来很舒服……

余光武、司惠文（2008）认为只有B式是中动结构，而付岩、陈宗利（2017）则认为C式和B式都属于中动结构。

也有部分学者认为，汉语中动结构除了用"起来"标记之外，还可以有其他形式的标记方式，如曹宏（2004a；2004b；2004c；2005a；2005b）认为和"起来"一样，"上去""着""来"也可以用在中动句中。例如：

　　a. 这围墙看上去很古朴。
　　b. 后来又添了"凤凰"，上海出的，闻上去有一股巧克力

c. 这孩子看着有点儿面熟。
　　d. 这种话听着让人不舒服。
　　e. 他看来很有才气。
　　f. 这事说来很奇怪：失败是因为成功。

从例（1）—例（3）中可见，曹宏所列举的"NP+V上去+AP""NP+V着+AP"和"NP+V来+AP"结构中的"V"都是感官动词（如看、听、闻）或者言说动词，可以在不改变句义的情况下移至主语前，或从句中删除，这一点和例（1）中的句子类似，和例（2）、例（3）不同。

与此类似，纪小凌（2006）也把"NP+V上去+AP"和"NP+V着+AP"结构同"NP+V起来+AP"一起归为中动结构；蔡淑美（2013）认为中动结构的标记不仅限于上面提到的"起来""着""上去""来"等，不少表趋向、结果等意义的补语成分也能出现在中动结构中，如"下去""出来""两下"等。例如：

　　a. 稻香气稠稠地在嗓子眼儿里化不开，咽下去有些呛人。
　　b. 这两个字写出来比听上去还要邪恶……
　　c. 这是啥料！您……您摸摸……摸摸，这料子摸两下多软和啊！

上两例中的动词多表示感知，而且可以从句中删除，或者移至主语前。由此可见，"NP+V上去/着/来/下去/下去/出来/两下+AP"结构中的V的动作性一般不如"NP+V起来+AP"结构中的V，且附于V后的"上去"等成分的意义虚化程度较低，如"上去"仍保留了"主体向客体移动，并最终接触"的意义；同时，"V上去/着/来/下去/出来/两下"都可以移至句首或从句中删除。也就是说，"V上去/着/来/下去/出来/两下"最好处理为插入语或独立语，表达估计或者着眼于某一方面的意义，可看作趋向动词的特殊用法（吕叔湘，1999）。可见，用"上去"等词语标记的句子的谓语核心不是动词，而是动词后的评议性成分。因此，这些句子能否处理为中动结构有待商榷。

而张德岁（2011）则认为并不是所有的"VP①+AP"结构都是中动句。他根据 AP 的语义指向和 V 的虚化程度将它们分为以下三种类型："VP+AP"式典型中动句、"VP+AP"式非典型中动句以及"VP+AP"式非中动句，分别如例（4）—例（6）所示：

（4）a. 他耳背，听起来不太清楚。
　　 b. 树很高，爬上去比较困难。
　　 c. 活着真没劲……
（5）a. 箫声呜咽，听上去很凄凉。
　　 b. 门口那块青石板，摸上去滑溜溜的。
　　 c. 孙小姐心软了，低头不看，可是又觉得坐着不安。
（6）a. 这种方法看起来还不错。
　　 b. 看上去，这个道理很简单。
　　 c. 十年后的她想来还很漂亮吧？

张德岁（2011）认为从例（4）—例（6），VP 的意义逐渐虚化，例（6）中的"看""想"已失去了其原本的意义，只有"估计"的意义。而例（4）和例（5）中的句子能否看成中动句还需要进一步的思考。

在承认"NP+V 起来+AP"结构为中动结构的学者中，还有一部分认为汉语中动结构除了包含"起来"句之外，还包含下一节要讨论的难易句和"能/可"句。

二 "NP+难/好/容易/能/可以+VP"结构

把"NP+难/好/容易/能/可以+VP"结构看成中动结构的学者可以分成三个阵营。一是以高秀雪（2011）、王和玉（2014）、孙翠兰（2015）为代表的学者，他们把上述结构和"NP+V 起来+AP"结构一起当作中动结构。第二个阵营以严辰松（2011）、吴为善（2012）为代

---

① 张德岁（2011）所说的 VP 指的是"V 起来/上去/着/来"短语。

表，他们认为汉语中没有中动结构，前者认为唯一能和英语中动结构对应的就是"NP+难/好/容易+VP"结构（或称难易句），而后者认为汉语中没有能和英语中动句对应的句式。第三个阵营包括古川裕（2005）、陈立民（2006）、宋红梅（2008）、何元建（2010）、Tao（2011）等，他们和第二阵营的学者一样，认为"NP+V起来+AP"结构不是中动结构，与之不同的是，他们承认汉语中动结构的存在，并把"NP+难/好/容易+VP"结构处理为汉语中动结构。我们首先来看第一种观点。

如前文所述，第一阵营的学者认为"NP+难/好/容易+VP"是中动结构的一种类型。高秀雪（2011：116）指出，汉语中动结构除了"起来"句之外，还应包括难易句和下文要讨论的意念被动句。王和玉（2014）和孙翠兰（2015）则认为汉语中动结构包含"起来"句和难易句两种类型。付岩、陈宗利（2017）则认为能够称为汉语中动结构的是"起来"句和"NP+能/可以+VP"结构（或称"能/可"句）。"起来"句、难易句和"能/可"句是否具有一致性呢？试比较：

(7) a. 氢气收集起来非常困难……
　　 b. 那种问题容易解决。
　　 c. 芹菜的叶子能吃。

例（7）中的各句在语义上较为类似，都是对主语属性的描述，都具有一定的情态性、非事件性、类指性等特征，因此，都可以看作中动语义在汉语中的实现形式。但是他们对其组成成分的限制有较大不同，如例（7a）"起来"的动词不能为述补结构、不能为双宾动词、不能为非自主动词等，而难易句的形容词只能是表达难易的词，不能表达其他意义。此外，像例（7b）这样的难易句的内部语法关系为"主语+形容词谓语+补语"，即它是以形容词为谓语核心的，和以动词为谓语核心的"起来"句有所不同。可见，难易句是否为中动结构需要进一步的讨论。

上述第二阵营的学者不承认汉语中动结构的存在。如吴为善

(2012）和武成（2017）认为汉语中没有和英语相对应的所谓中动句，"起来"句和英语中动句有较大区别，从主语上看，"起来"句除了可以以受事为主语之外，还可以用施事、工具、处所等语义角色为主语；从动词的句法地位上看，"V起来"不是谓语核心，在一定条件下可以前移至句首；从附加语来看，"起来"句的AP是真正的谓语核心。严辰松（2011）也提出了类似的证据来证明"起来"句不是中动结构。对上述二位学者所列举的例句进行仔细分析可以发现，他们所谓的"起来"句中的动词基本都是"看""听""闻""摸""说""算"等表达感知或者言说的动词。例如：

(8) a. 这听起来像一个神话故事，令人感到困惑和离奇。
b. 做母亲的快乐，使她看起来容光焕发。
c. 学校南边那块瓜地，想起来叫人口中出甜水。
d. 这件事，算起来也是三十年前的事了。

例（8）各句中的动词和前文提到的"起来"句的A式一样，都不是典型的动作动词，和例（2）中句子的动词有较大的不同，因而"起来"句的内部不具有一致性，应该分成不同类型分别对待，不能因为其一种类型和英语中动句不对应而否认汉语中动结构的存在。

此外，严辰松（2011）指出，汉语"起来"句不能和英语中动句对应的另一个重要原因是后者不描述具体的人或者事件，而大量的"起来"句表达具体的事件，其例如下：

(9) a. 这次地震损失惨重，恢复起来很困难。
b. 追索欠款3000元的任务并不算重，但这位老会计执行起来却颇多周折。
c. 陪好朋友来买羊绒衫的张小姐似乎是这方面的专家，挑选起来对色泽、手感、柔软度等说得头头是道……

仔细观察例（9）可以发现，它们和例（2）中的"起来"句不同：例（9a）没有隐性施事，是作格结构；例（9b）的施事"这位老会计"

出现在了句中,是一般话题句;例(9c)的主语是施事"张小姐",不是非施事成分。

严辰松还提供了另一个证据来证明"起来"句不是中动结构,即"起来"不是专门用来标记中动意义的。"起来"的意义的确非常丰富,而且它正经历着一个由实到虚的语法化过程。一般认为,它有以下五种用法(宋玉柱,1981):

其一,"起来$_1$"直接做谓语,表示类似"由躺而坐,由坐而立"这样的动作,如:

(10)一头栽在地上,永不起来。

其二,"起来$_2$"用在谓语动词后面做补语,其意义也是具体的,即表示由下而上的动作,就是我们常说的"趋向动词",如:

(11)他把骆驼拉了起来。

其三,"起来$_3$"用在谓语后,表示动作或性状开始发生并将持续下去,这种用法通常称为"状态义"(刘月华,1998),或"起始义"(Sung,1994),如:

(12)大家全哈哈地笑起来。

其四,"起来$_4$"用在谓语动词后面,表示动作有了结果,兼表达到某种目的,即刘月华(1998)所说的"结果义",如:

(13)他要把自己"拯救"起来,……

其五,"起来$_5$"用在动词后,表示"当……的时候",具有假设义,如:

(14)她走起路来一步三扭,活像一条蛇。

（15）难怪写起来比较得心应手。

可见，如严辰松所说，"起来"的确不是专门用来表达中动意义的。但是，综观世界各种语言，几乎没有一个语言有一个专门表达中动意义的词素。中动语义总是寄生在已有的结构中（Lekakou，2002；2004）。例如，英语的"NP+VP+Adv"结构也不是专门表达中动语义的，大部分符合这个结构的句子不是中动句。法语的中动结构是用自反代词"se"来标记的，而它有不同的用法，如例（16a）表示反身意义，例（16b）表达相互意义，例（16c）表达中动意义：

（16）a. Il s'inscrit à un cours de français…
　　　他选了一门法语课。
　　　b. Marie et Anne se racontent des histories tous les jours.
　　　玛丽和安每天都给彼此讲故事。
　　　c. Cette grande tour se voit de très loin.
　　　那座高塔，从很远就能看见。

可见，"起来"和法语中的"se"一样，可以用来标记中动结构，但也不仅用来标记中动结构。因此，"起来"的多义性不能作为"起来"句不是中动结构的证据。

和吴为善（2012）不同的是，严辰松（2011）认为难易句可以和英语中动句相对应，但是他没有将其称为汉语中动句。上述第三阵营的学者提供了和吴为善（2012）类似的证据来证明"起来"句不是中动句。但这些学者没有因此而否认汉语中动结构的存在，他们认为"NP+难/好/容易+VP"结构为汉语中动句。同第一种观点一样，这个观点也有待商榷。

三 其他结构

1. 受事主语句/意念被动句

Ting（2006）认为无标记的受事主语句不同于被动结构，也不同于话题结构，应该看作中动结构，如：

(17) a. 手帕哭湿了。
　　 b. 书捐给了希望工程。

高秀雪（2011）也同意这个看法，并将这类句子称为意念被动句。我们知道，中动结构是对主语属性的描述，一般具有非事件性、情态性、类指性、隐性施事的任指性等特点。而上述句子不完全符合这些特征，例（17a）表达具体事件，不描述主语"手帕"的属性，其隐性施事也不具有任指性；同样，例（17b）也不描述主语"书"的内在属性，不具有类指性、非事件性等特征。可见，受事主语句是否应该看成中动句还有待进一步讨论。

2. "给"字句

沈阳、陶媛（2010）把一些"给"字句也划为中动结构，如：

(18) 那个孩子给病了。

例（18）的意思是说由于风寒或者其他原因，孩子病了。该句和"那个孩子病了"的区别是前者是由外因造成的，而后者仅说明了"那个孩子"所处的状态，并不清楚原因。可见，"给"字句不具有类指性和非事件性，可以表达事件。可见，和受事主语句一样，"给"字句作为中动结构的看法也略显牵强。

四　中动句式群

蔡淑美、张新华（2015）延续了蔡淑美（2013）广义中动句的说法，把"能/可"句、"值得"句、难易句、"耐/经"句、"NP+V补+AP"① 等结构都看成中动结构。她们认为事物性质的展现可以有两种形式：一种是自发展现的；另一种是需要外力操纵才能展现的，中动结构属于后者。按照性质展现的程度，中动结构可以分为：性质未展现（包括"能/可"句和"值得"句）、性质部分展现（包括难易句和"耐/

---

① 蔡淑美、张新华（2015：206）认为除了"起来""上去""着""来"之外，只要能够描述动作进程，且和主语性质不冲突的补语形式都可以用在中动句里，如"出去""下去""乍一（看）"等。因此，她们用"V补"来表达上述所有情况。

经"句)以及性质完全展现("NP+V补+AP"结构)三种类型,如图 2.1 所示:

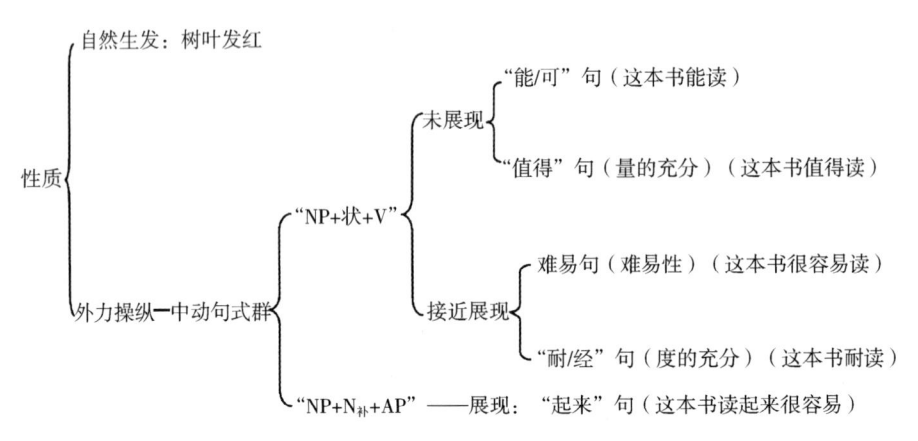

```
性质 ┬ 自然生发:树叶发红
     │
     └ 外力操纵—中动句式群 ┬ "NP+状+V" ┬ 未展现 ┬ "能/可"句(这本书能读)
                          │            │       └ "值得"句(量的充分)(这本书值得读)
                          │            │
                          │            └ 接近展现 ┬ 难易句(难易性)(这本书很容易读)
                          │                      └ "耐/经"句(度的充分)(这本书耐读)
                          │
                          └ "NP+N补+AP"——展现:"起来"句(这本书读起来很容易)
```

图 2.1　汉语中动句式群(蔡淑美、张新华,2015:207)

蔡淑美、张新华(2015)太过夸大了汉语中动结构的范围,使得其内部各类型差异过大,无法对其句法和语义特征进行概括。根据 Goldberg(1995)的定义,构式是形式和意义的配对。因而,在形式和意义上缺乏内在统一性的各种结构不应该看成同一种构式。

第二节　汉语中动结构的生成与动因

对汉语中动结构的生成与动因的研究主要在生成语法和认知语言学两个框架下进行。下面对以上两种模型分别加以简介。

一　生成语法研究

对汉语中动结构的生成过程与机制的研究主要围绕以下两个问题而展开:一是隐性施事有无句法地位;二是中动句的生成过程是否涉及句法移位。

Sung(1994)认为汉语中动句的生成包含三个移位过程:①动词提升到 Infl 的位置上,并和中动语素"起来"合并;②和罗曼语中的"se"或"si"相对应的外论元 Ø 也合并到 Infl 位置上,吸收了动词的格;③内论元通过名词短语移位(NP movement)移至 IP 的 spec 位置上，并获取主格，如图 2.2 所示。

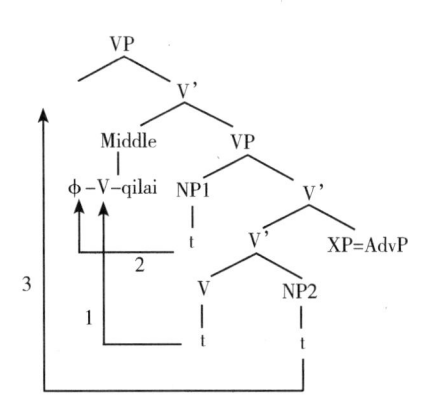

```
            VP
            |
            V'
           / \
      Middle  VP
   φ-V-qilai  /\
           NP1  V'
            |   / \
            t  V'  XP=AdvP
              / \
             V   NP2
             |    |
             t    t
```

图 2.2　汉语中动句的生成（Sung，1994：74）

周晓岩、高腾（2007）在最简方案的框架下探讨了英汉中动结构的生成。指出，汉语中动句的生成过程和英语中动句一样都是通过句法移位生成的。汉语中动句的生成和"起来"的插入有关。"NP+V起来+AP"结构中的"起来"是一种状态动词，表示事件发生的能力，它的插入使得施事所在位置的论元缺失，同时使动词失去对受事指派格的能力，宾语为了得到格移位到句首，作形式主语（周晓岩、高腾，2007：54）。以"这辆车开起来挺快"为例，汉语中动句的生成过程如图 2.3 所示。

和周晓岩、高腾（2007）一样，何晓炜、钟蓝梅（2012）也以最简方案为理论框架来研究汉语中动句的生成，但他们是借助语段理论和增元结构假说进行分析的，认为"NP+V起来+AP"的附加语 AP 和中动语素"起来"在该结构的生成中起到至关重要的作用，AP 参与主语 NP 论元角色的赋予，因"起来"的插入，轻动词短语（VP）不能构成语段，因而失去赋格的能力，从而使移位成为可能。这种处理方法不仅可以解释受事为主语的中动句的生成，也可以解释其他语义角色（如工具、方式、处所等）为主语的情况。以"这块黑板写起来很流畅"为例，非受事为主语的中动句的生成过程如图 2.4 所示。

此外，王和玉（2014）也利用最简方案对汉语中动结构的生成进行探讨。她基于致使轻动词和情态屈折语，指出中动句的主语（受事）

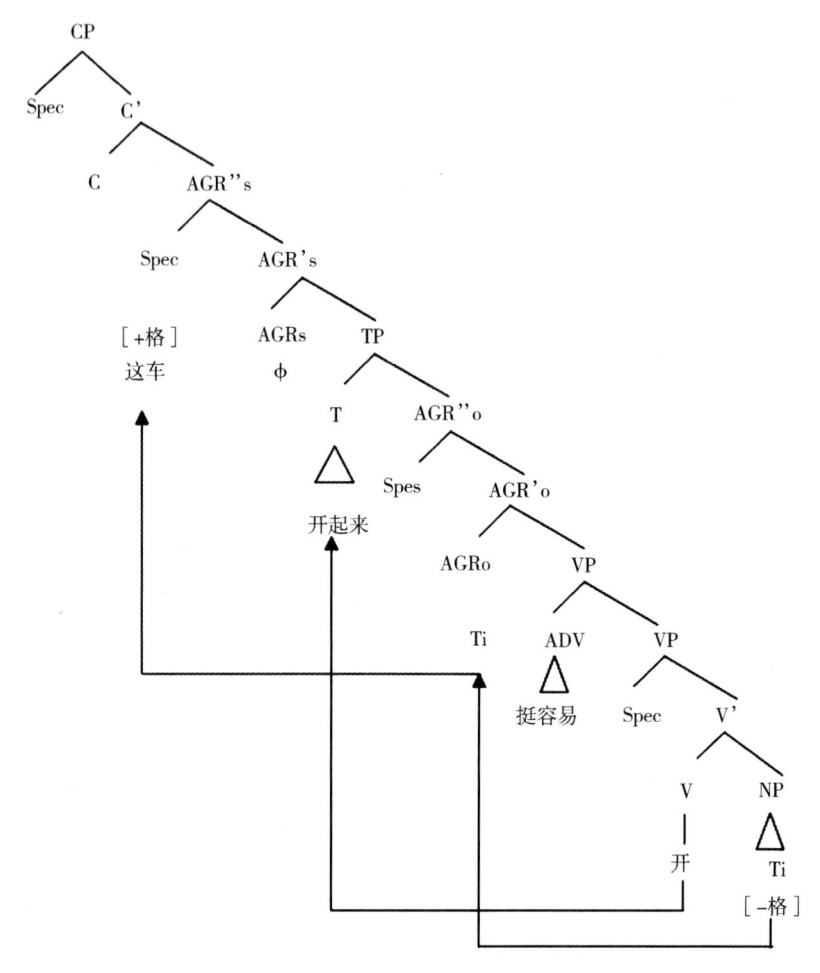

图 2.3 "这辆车开起来挺容易"生成过程（周晓岩、高腾，2007：54）

既可以与轻动词外论元合并，也可以从内论元的位置上移位到spec-VP处，为致使轻动词的无解特征［uC］赋值（王和玉、温宾利，2014）。

由此可见，对中动结构生成的研究反映了生成语法理论的发展。研究者根据理论的不同发展阶段采取了不同的研究方案，前期主要用格理论和管辖约束理论来讨论论元角色的指派与施事的句法地位等问题，而近期研究则主要在最简方案的框架下进行。

二　认知研究

对汉语中动结构认知动因和机制的研究主要有何文忠（2007a），刘

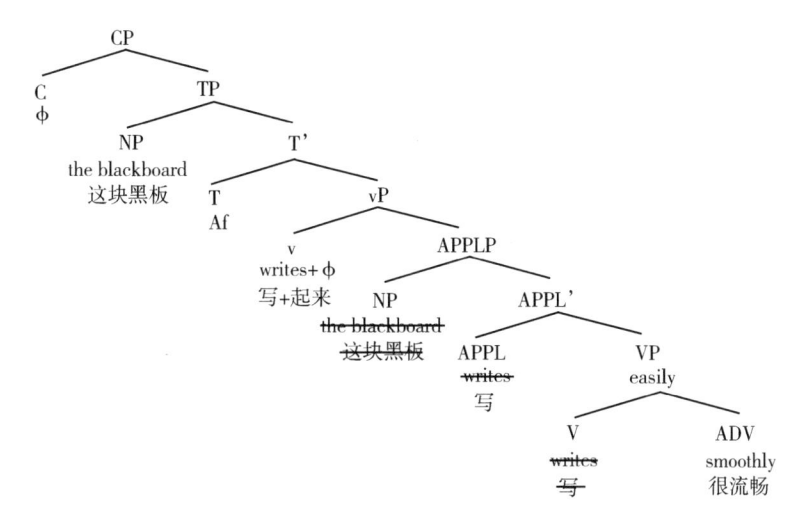

```
        CP
       /  \
      C    TP
      φ   /  \
         NP   T'
    the blackboard
       这块黑板
              /  \
             T    vP
             Af  /  \
                v   APPLP
           writes+φ /  \
            写+起来 NP  APPL'
               the blackboard
                  这块黑板
                       /  \
                     APPL  VP
                     writes easily
                      写   /  \
                          V   ADV
                         writes smoothly
                          写   很流畅
```

图 2.4 "这辆车开起来挺容易"生成过程（何晓炜、钟蓝梅，2012：20）

晓海、石晨（2013），吴炳章、牛雅禾（2017）等。Langacker（1991）认为任何一种语言编码形式都不是随意组合的，每种语言结构背后都有其认知动因。说话人可以根据其对事件的判断来决定选择哪个参与者作为射体，而射体的选择取决于参与者的认知凸显度（付岩，2012）。根据这个理论，何文忠（2007a）指出，中动结构之所以隐含施事，并以非施事成分为主语，是为了凸显被动参与者（非事件发出者）的地位，同时弱化事件发出者在事件中的作用。中动结构主要表达非施事主语对事件发生的促进或阻碍作用，其事件模型可以统一用图 2.5 来表示：

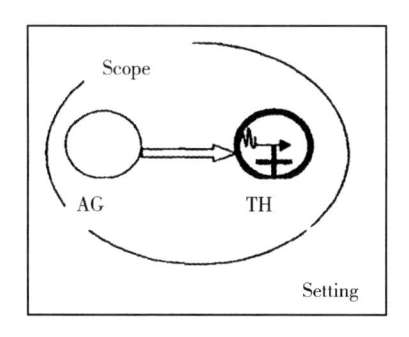

图 2.5 中动句的事件模型（何文忠，2007：164）

图 2.5 为中动事件模型，施事（AG）没有受到凸显，不能进入侧面（profile），只在基体（base）中存在，这就解释了为什么中动句的施事好像存在，却不能用"被"引出，同时也解释了中动句为什么不允

许在语义上强调施事能力或行为的附加语（如"认真""努力""糊涂"等）。抑制施事的同时，发生状态变化（图 2.5 中用曲线箭头表示）的动作对象（TH）得到了凸显。图中的"+"表示说话者对事件的评价，这个评价不仅包括难易，也包括特性、结果等各方面的意义，因此，可以为中动句提供一个统一的解释。

刘晓海、石晨（2013）从生态心理学的角度研究了中动句的认知动因。他们指出，中动句施事没有句法地位且具有任指性是由知觉点（或称观察点）的公共性导致的；中动句的动词只能为自主动词是因为中动句主语的属性是通过知觉者（人）有意识的探索活动来展现的，而只有自主动词才能体现这种意向性和主动性的活动；此外，中动句的附加语可以为指向动词的形容词或指向隐性施事的非自主形容词是因为人类在探索事物时可以获取两种不同类型的体验：第一，体验到事物本身的性质，这种性质独立于知觉者（人）的活动，因此既可以用自主形容词也可以用非自主形容词来表达；第二，体验到探索活动本身使知觉者产生的感受，此类感受完全由探索过程赋予，知觉者对此没有控制力，因此不能用自主形容词来表达。可见，刘晓海、石晨（2013）为中动结构对其组成成分的限制提供了一个认知解释。

吴炳章、牛雅禾（2017）则对中动结构的概念化机制进行了研究。他们指出，事件的基本认知结构是包含因果关系的致使结构，在语言中则表现为施受结构（"施事+动作+受事"结构），这是语言编码的无标记形式。但是语言使用者并不总是按照以上模式编码事件，事实上，事件结构中的任何链条都可以受到凸显，从而用标记形式来进行编码。中动结构所表达的概念意义和主动结构一样，是主动结构的有标记的编码方式，如例（19）中两个句子的事件模型如图 2.6 和图 2.7 所示。

（19）a. 他们用刀切黄油。
　　　b. 黄油切起来很容易。

如图 2.6 所示，例（19a）中施事（他们）到受事（黄油）的能量传导是由工具（刀）为中介的。施事是能量的发出者，在事件中处于主焦点的地位，投射为句子的主语；在能量的传递过程中，受事的内部

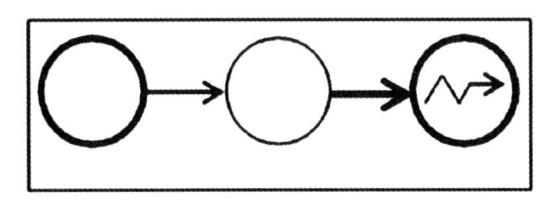

图 2.6 主动句能量传递（吴炳章、牛雅禾，2017：56）

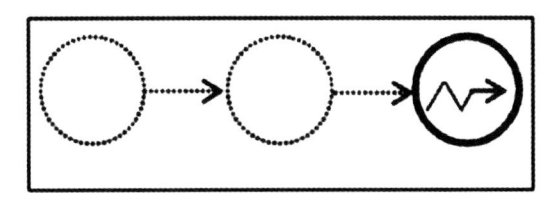

图 2.7 中动句能量传递（同上）

结构受到了改变（图中用曲线箭头表示），因而是事件的次焦点。例（19b）的概念结构（如图 2.7 所示）和例（19a）相同，不同的是在事件中受到凸显的只有受事，施事和工具不能在句法中有所表征。

可见，吴炳章、牛雅禾（2017）对中动句认知机制的解释和何文忠（2007a）类似，二者都认为非施事成分之所以能够占据中动结构主语的位置，是因为它是事件中唯一得到凸显的参与者，而施事之所以被隐含，是因为它虽然在事件模型中存在，却没有得到凸显。也就是说，中动句之所以呈现出其句法表现形式是由其认知动因决定的，不是通过语言操作（包括词库生成和句法生成）实现的。

第三节 汉语中动结构的构句条件

文献中对中动句构句条件的研究多从语义方面进行。正如 Condoravi（1989）和 Lekakou（2005）所指出，中动结构在不同语言中有不同的表现形式，而中动语义却具有跨语言的一致性。因此，以往研究试图对中动构句进行一个统一的解释，对中动句构句条件的研究一般没有具体到某种语言中。文献中提到过的中动构句限制主要有以下三种：影响效应、施事限制以及责任条件。何文忠（2007b）则综合了以上条件，提出中动结构的联合构句条件。

一　影响效应

有不少学者认为中动结构的主语（动词内论元）必须受到动词在语义上的直接影响，如 Roberts（1987）、Hale and Keyser（1987）、Hoekstra and Roberts（1993）、Fagan（1992）、Sung（1992；1994）、宋国明（1997）、Cornips and Hulk（1998）等，这就是所谓的"影响效应"。Jaeggli（1986：608）指出，"影响"这个概念和论元的题元意义（thematic interpretation）相关，而这个题元意义也只有在含有受影响宾语（affected objects）的情况下才有明确的定义（well defined），因为这种宾语一般是谓语动词所表达动作的结果（outcome or result）。

中动结构的"影响效应"是指动词必须对其语法主语有较大影响，使之或发生状态变化或发生位置改变。换句话说，不能对其语法主语（逻辑宾语）造成影响的动词无法进入中动结构，试比较：

（20）a. 土豆皮削起来很容易。
　　　b. *土豆触摸起来很容易。

例（20a）中的动词"削"对其语法主语"土豆皮"产生了影响，因而可以构成合格的中动句，而例（20b）的动词"触摸"无法对其对象"土豆"产生明显的影响，因此不能构成合格的中动句。

"影响效应"虽然较普遍地存在于中动语义中，它却不能解释所有的现象。如例（21）中的句子虽然没有体现"影响效应"，却是合格的中动句：

（21）a. 这本书读起来很轻松。
　　　b. 他跑得极快，追起来没那么容易。

例（21a）中的"读"不会对"这本书"造成直接影响，也很难想象例（21b）中的"他"会受到"追"的任何影响。鉴于此，Tenny（1987）认为受影响的论元不能仅仅理解成发生状态变化的成分。她将

"影响"理解为"划界"（delimitedness），而"受影响论元"指"划界论元"（delimiting argument）。

Condoravdi（1989）同意 Tenny 的看法，并在此基础上对"影响效应"进行了改进。他把受影响的对象解释为"增量对象"（incremental theme），从而把"影响效应"重新阐释为"增量对象限制"。其实 Condoravdi（1989）所说的"增量对象"和 Tenny（1987）的"划界论元"都是指可以测量动作进程的对象或论元，即对象（逻辑宾语）的状况可以反映动作执行的状况。例如，在"修剪花草"这个事件中，人们可以通过观察花草的状况来判断该动作进行的程度：旁枝被去掉的花草代表动作已经执行的部分，当所有花草的旁枝都被剪掉的时候，该事件就完成了。

增量对象不限于上述情况，Ramchand（1997）提到过如下三种增量对象角色（incremental theme roles）：①受事划界角色（Patient-Partition role）（相当于前文所讨论的增量对象）；②受事移动角色（Patient-Move role）[表示位移或者位置变化的动词，如"开（车）"]；③受事变化角色（Patient-Change role）[表示状态变化的动词，如"纠正（问题）"]。

Condoravdi 认为只有增量对象才能被提升到句首作中动结构的主语，即中动结构的主语必须能反映动作的进程，如"修剪花草"这个事件中，花草的状况可以反映"修剪"的进程，属于 Ramchand（1997）所说的第一类增量对象角色，因此，它可以构成如例（22a）所示的中动句。而"开车"这个事件反映了车的位置变化，属于 Ramchand 所说的受事移动角色，因而可以构成中动句例（22b）。"纠正问题"这个事件则表达了"问题"的状态变化，属于受事变化角色，所以可以构成中动句例（22c）。

(22) a. 这些花草修剪起来很麻烦。
　　　b. 这辆车开起来很容易。
　　　c. 市场经济中出现的问题纠正起来没那么容易。

但是，增量对象限制也没能弥补"影响效应"的缺陷，有些没有

"增量效应"的论元也能用作中动结构的主语,如 Lekakou(2005)提到的两个句子:

(23) a. She photographs well.
b. Sheila seduces easily and willingly.

二 施事限制

Achema and Schoorlemmer(1994;2002)认为中动构句的限制和动词的外论元有关,中动句必须以施事为逻辑主语。他们所讨论的"施事"是广义的施事,相当于动作发出者(actor)。Achema and Schoorlemmer 提出了一个判断施事的公式:看一个论元是不是施事,就看它能不能做"what X did was verb Y"中的"X"。施事需要具备[+volition]的语义特征,而[+volition]则蕴含了[+human]这个语义特征。可见,Achema and Schoorlemmer 所定义的施事必须是具有自主性的使动者(人),从另一个侧面讲,表达动作的动词也必须具有[+causative]的语义特征。我们可以用[+volition]和[+causative]来概况施事的以上特征。

我们可以用"施事限制"来说明为什么例(24)中的句子不是合格的中动句:

(24) a. *这种谎言相信起来很容易。
b. 秋风一来,*树叶落起来很容易。

例(24a)虽然含有一个隐性论元,但这个隐性论元不是施事,而是感事,因此该句不符合"施事限制";例(24b)中的"树叶落"是个自发动作,导致该事件发生的因素既有内因(树叶已失去了生命力),也有外因(秋风),但它不需要人的参与,这个外部使动者只有使动性,没有自主性,即其语义特征表现为[+causative]和[−volition]。事件缺乏施事的参与是例(24b)不合格的主要原因。

事实上不仅是例(24a)中的"相信"不能用在中动句中,表示感知、理解、怀疑、情感等意义的动词都不能进入中动结构(Fellbaum,

1986）。上述动词不能进入中动结构是因为其逻辑主语都是感事（experiencer），不是施事，它们具备［+mental］的语义特征，却不具备［+causative］这个特征。可见，这些动词的限制也是从另一个侧面来反映"施事限制"。

"施事限制"可以解决"影响制约"所不能解决的问题，例（21）和例（23）都可以通过施事限制来解释。这些句子的主语（内论元）虽然没有受到动作影响，但它们的逻辑主语都是施事，因而可以构成合格的中动句。

三 责任条件

中动构句的责任条件指的是中动句的主语（逻辑宾语）必须有某些属性（properties），使之能够为动词所表达的动作的发生负责任（Achema and Schoorlemmer，2002）。也就是说中动句虽然有作为事件发出者的隐含施事，但事件发生的方式和效果跟这个隐性施事的关系不大，真正能够起决定作用的是位于主语位置上的非施事成分。

最早提出中动构句必须符合责任条件的是 Van Oosten（1977）。Chung（1995）指出，要构成合格的中动句，其主语必须具备如下特征：

(25) (The properties of) X cause the V-ing (of X) to be Adj.

这个特征的意思是，中动句主语的某些属性能够致使事件按照附加语所规定的方式发生，其中起到致使作用的是主语的属性，即中动句的合格性依赖于主语的内在属性，如例（26）所示：

(26) a. 这本书卖起来很容易。
    这本书的某些内在属性致使卖这本书容易（如内容精彩、制作精美、文字优美、作者有名等）。
  b. 这些稻田耕作起来省时、省力、省工。
    这些稻田的某些内在属性使得耕作稻田省时、省力、省工（如渠通路顺，排灌自如等）。

可见，在中动结构所隐含的事件中，主语的属性比施事起到更重要的作用，试比较：

(27) 这些衣服洗起来很容易，因为……
　　a. ……它们可以机洗
　　b. ……﹡我有大量的时间。

Davidse and Heyvaert（2007）把"责任条件"解释成主语"让"（letting）的意义。这种"让"的情态意义是在力动态（force dynamics）中产生的。力动态指的是扮演两种不同角色的力之间的对抗关系。Davidse and Heyvaert 把事件中两种力的对抗分别看作"主角"（agonist，指力的发出者）和"对抗者"（antagonist）。语言表达关注的是主角能否执行动作，对抗者能否对主角的动作起作用，即能否战胜（overcome）它（Talmy，2000）。根据二者的力量强弱，它们之间的对抗最终会形成一种合力（resultant），这种合力在语言表达中是以主角（力的发出者）为参照点的，如：

(28) a. John won't tell the truth.
　　b. The key wouldn't turn.
　　c. This drawing by my three-year-old son sells!

例（28a）暗含的两种力分别为作为主角的"John"和作为对抗者的"tell the truth"的心理压力，它表达的意思是，"John"拒绝向"说真话的心理压力"屈服。而在含有否定意义的中动句中，力的发出者是隐性施事，句子主语是对抗力量，主语和谓语之间的关系可以看作对力的"妨碍"（hindering）或"阻止"（blocking），如例（28b）表达的意思是"钥匙对力的发出者试图转动它做出抵抗"。而在肯定句中，中动句的主语（对抗者）和动作的关系不是"妨碍"，而是"让"（letting），即不再发出妨碍动作的力，如例（28c）表达的意义是"这幅画让卖这个动作发生"，即"这幅画的内在属性促使它能卖"。

因此，中动结构是一种"主角地位降低"（agonist demotion）的构式，在其地位降低的同时，对抗者得到强调，能够出现在句首或格等级体系（case hierarchy）的高处（Talmy，2000）。中动句的主语在格等级体系中所处的位置低于隐性施事，因而这是一种有标记的投射（marked mapping）。

下面我们来看一组例句：

(29) a. 小型车停起来很容易。
b.？车停起来很容易。

上文所讨论的"影响制约"和"施事限制"都不能解释为什么例(29a)句可以接受，例(29b)句不能接受。而责任条件可以对这种现象做出解释。例(29a)是合格的中动句是因为其主语"小型车"可以致使"停车容易"这件事发生，即其主语的某些属性（体型小）是事件发生的主要原因。而例(29b)的主语"车"的属性无法致使"停车容易"的发生，即其主语不能对事件的发生负责任，违反了"责任条件"，因此在语用上较为怪异。

虽然责任条件在学界被广泛接受，但是合适的语境或语用因素也很重要。例如，Van Oosten（1977）曾提到过如下一对句子：

(30) a. This book sells well.
b. * This book buys well.

她指出，例(30a)和例(30b)的区别在于书的内在属性可以为"卖书"负责任，不能为"买书"负责任。书是否好卖和书本身的特性相关，如封面是否精美、内容是否能吸引人等，而买书是否容易和书本身的属性没有关系。但是在下列语境下，例(30b)是可以接受的：

(31) Prospects that come from referrals are shown to <u>buy more easily and quickly</u> with fewer objections. (A and S, 2002: 171)

需要注意的是，上述所有条件都是中动构句的必要条件，不是充分条件，即每个条件都有例外情况，任何条件单独使用都不能确保中动句的合格性。除了上述条件之外，文献中还有中动构句的其他限制，如 Fagan (1992) 所提出的体式条件（aspectual condition）：能进入中动句的动词必须是 Vendler (1967) 所说的活动词项（activity verbs）和目标词项（accomplishment verbs），如"*听话的孩子爱起来很容易"不是合格的中动句，因为其动词不是上述词类，而是状态词项（state verbs）；Fellbaum (1986) 所提出的反成事条件①（anti-effectedness condition）：中动句的主语不能是由动作创造的物体，即成事，如"*This bridge builds easily"可接受程度差，因为其主语是动作的成事；Fagan (1992) 提出的反双宾语条件（anti-double-object condition）：双及物动词不能进入中动句，如"*语言学家给起来这本书很容易"不成立，因为其动词"给"为双及物动词；Fellbaum (1986) 提出的"非人类受事主语条件"（anti-human subject condition）：中动句的主语不能是人类受事。事实上，"非人类受事主语"只是中动句的典型条件，不是其必要条件，如"这些大学生教起来很容易"的主语虽然是人，但它是合格的中动句。这些条件如表 2.1 所示。

表 2.1　　　各条件所限制的成分（何文忠，2007b：24）

条件＼成分	影响	责任	体式	施事性	反结果宾语	论元敏感度	有界事件	反双宾结构	非人类受事主语
主语	+	+	−	−	+	+	+	+	+
动词	±	−	+	+	±	±	±	±	±
副词	−	−	−	−	−	−	−	−	−

表 2.1 中的"有界事件条件"就是上文所讨论的"增量对象限制"。由表 2.1 可见，中动构句的各项条件彼此重叠，有必要对其进行重新思考。在此基础上，何文忠（2007b）提出了下文要介绍的中动构句的联合条件。

---

① 汉语中动构句不受此条件限制，如"这件毛衣织起来很容易"是合格的中动句。此外，以类指性名词为主语的中动句也可以用成事作主语，如"Sweaters knit easily"是合格的中动句。

四 联合构句条件

何文忠（2007b）认为中动构句有两个关键的元素：一是事件；二是非施事参与者的积极作用。因此，他认为，只需要两个条件来限定中动构句：第一个条件用来限定事件类型，即动词必须为 Langacker（2002）所说的完成类事件动词；第二个条件用于保障非施事参与者的认知凸显性，即事件的某一被动参与者必须能够对事件的发生负责任或发挥重要作用。除此之外，何文忠还提出了作为保障条件的语义和语用过滤，即句子的谓语部分必须表述主语的一种典型属性。这个联合条件如图 2.8 所示。

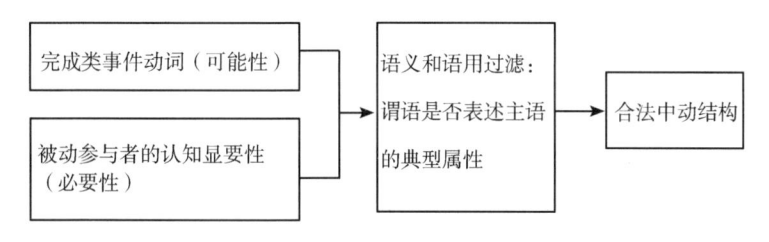

图 2.8 中动构句的联合条件（何文忠，2007b：27）

联合条件比上述任何一个孤立的条件都有解释力。但是，这个联合条件也不能保障合法中动结构的构成。例如，它不能说明为什么 Greenspon（1996）所提到的如下三个句子不是合格的中动句：

(32) a. * Articles about syntax write easily.
　　 b. * Pictures of Paris draw easily.
　　 c. * These books don't sell linguists easily.

例（32）中的动词"write""draw"和"sell"都是完成类事件动词，且其被动参与者都具有较高的认知显要性，也能够通过语义和语用的过滤，但是它们都不符合语法。

更重要的是，上述联合条件没有提到施事的地位。虽然施事在句法中没有得到投射，但它在语义上的存在是中动结构区别于作格结构的重要标准。例（33a）和例（33b）的唯一区别就是前者没有隐性施事，后者有，因此，前者是作格句，后者是中动句。

(33) a. This door opens easily; it only takes a gust of air.
b. This door opens easily; you just have to push it.

第四节　汉语中动结构对其组成成分的限制

如前文所述，汉语中动句由 NP（主语部分）、V 起来（动词短语）和 AP（附加语）构成。汉语中动结构之所以能被看作一个独立的构式，很重要的原因就是该结构对其组成成分有较严格的选择限制。下面分别从它对主语、动词和附加语的限制来简介以往的研究。

一　主语

有关中动句对其主语限制的研究主要集中在其形式和语义类型上。就其形式而言，多数研究者认为中动句的主语应该是名词性成分（何文忠，2007a），也有研究者认为动词性成分也可以充当中动句的主语，例如曹宏（2004c：40）提到过如下几个例子：

(34) a. 刮脸，这么看起来，不光是一种习惯，里面还含着些情韵呢。
b. 和著名作家同台领奖，说起来多么令人羡慕。
c. 那么，多给老人们尽点心，而少生点兄弟姊姐间的闲气，算起来还倒真不错呢！

上例三个句子的主语从表面上看都是动宾短语，但事实上都是表达"××这件事"，具有名词性的特征，如它们都可以用"什么"进行提问，不能用"怎么样"。

不仅如此，她认为介宾短语也能作中动句的主语，如：

(35) a. 关于王升，可就说起来没完了。
b. ……在效率方面说起来实在是不可比的。

c. 所谓笔墨趣味认真说起来还是一个既模糊又复杂的概念。

曹宏认为例（35）中各句的主语分别为"关于王升""在效率方面"和"所谓笔墨趣味"，三者都为介宾短语。

此外，曹宏指出，汉语中动句的主语在很多情况下可以省略，主要有空语类和隐含成分两类，如：

（36）a. 那烟$_1$显然放的时间长了，[e_1] 抽起来十分干呛。

b. 白巡长$_1$已有四十多岁，脸上剃得光光的，[e_1] 看起来还很精神。

c. 幸好临来之前多少看了会子报纸，[话] 说起来才有板有眼。

d. 古腔古调地写东西，如果作者又是一个青年，[他的作品] 读起来那是非常受折磨的一件事。

例（36a）和例（36b）的主语是承前省略的，属于空语类，在指称上与其先行词共指。而例（36c）和例（36d）两句的主语则隐含在话语当中，需要通过语用推理寻回，属于隐含成分。

虽然曹宏（2004c）对中动句的定义不那么严格，上面的句子是否可以归为中动句也值得商榷，但是她对这些句子主语形式的研究可以为我们提供参考。

就主语的语义类型而言，以往研究存在一定的争议。Sung（1994）、曹宏（2004c；2005a）、宋红梅（2008）和刘正光（2008）认为汉语中动句的主语必须是受事，上述学者接受了"影响效应"的观点，认为只有受到动作较强影响而改变了其性质或内部结构的论元，即受事，才能充当中动句的主语。而其余大部分学者认为汉语中动句的主语除了受事之外，还可以是其他语义角色，如何文忠（2007a：78—79）指出，处所、工具、方式甚至场景成分都可以作汉语中动句的主语，它称为"次类中动句"（adjunct middles），如：

(37) a. 这支钢笔写起来不够流畅。
　　 b. 食堂吃起来很方便。
　　 c. 幻灯片演示起来更直观。
　　 d. 大树底下搭起帐篷来很容易。
　　 e. 夏天玩起来比冬天开心。

例（37）各句的主语都不是受事，分别为工具、处所、方式、环境成分（地点）、环境成分（时间），而它们都是中动句。

邓云华、尹灿（2014a）对比了英汉中动句主语的语义类型，并用语料库对各类型的出现频率进行了统计。英语的语料来自 BNC 和 COCA，英语中动句主语在上述两个语料库中出现的情况分别如表 2.2 和表 2.3 所示。

表 2.2　BNC 中英语中动句主语的分布（邓云华、尹灿，2014a：85）

频数 类型	中动句个数	中动句频率 （%）	样本频率 （%）
受事主语	461	96.65	0.615
处所主语	3	0.63	0.004
方式主语	1	0.21	0.001
工具主语	12	2.51	0.016
合计	477	100	0.636

从表 2.2 可见，英语中动句在 BNC 中出现的频率为受事主语句>工具主语句>处所主语句>方式主语句，其中受事主语句具有压倒性优势，在频率上远远高于其他主语类型。在 COCA 中的情况（见表 2.3）。

表 2.3　COCA 中英语中动句主语的分布（邓云华、尹灿，2014a：86）

频数 类型	中动句个数	中动句频率 （%）	样本频率 （%）
受事主语	1326	98.15	0.315
处所主语	5	0.37	0.001
方式主语	5	0.37	0.001
工具主语	15	1.11	0.004
合计	1351	100	0.321

如表 2.3 所示，在 COCA 中，出现频率最高的仍为受事主语中动句，其次为工具主语中动句，再次为处所主语句和方式主语句。基于英语中动句在上述两个语料库中的分布情况，邓云华、尹灿（2014a：86）得出了如下结论：英语中动句主语的频率梯度为：受事主语>工具主语>处所主语>方式主语。

汉语的语料来源于 CCUC（中国传媒大学媒体语言语料库）和 CCL（北京大学现代汉语语料库）。汉语中动句主语在其中的分布情况分别如表 2.4 和表 2.5 所示。

表 2.4　CCUC 中汉语中动句主语的分布（邓云华、尹灿，2014a：87）

频数 类型	总数（句）	中动句频率（%）	样本频率（%）
受事主语	637	95.07	1.937
处所主语	19	2.84	0.058
方式主语	5	0.75	0.015
工具主语	6	0.89	0.031
时空场景主语	3	0.45	0.009
合计	670	100	2.050

可见，汉语中动句在 CCUC 中的出现频率为：受事主语>处所主语>工具主语>方式主语>时空场景主语。下面来看其在 CCL 中的分布情况（见表 2.5）。

表 2.5　CCL 中汉语中动句主语的分布（邓云华、尹灿，2014a：88）

频数 类型	中动句个数	中动句频率（%）	样本频率（%）
受事主语	1084	90.33	0.863
处所主语	38	3.17	0.030
方式主语	17	1.42	0.014
工具主语	25	2.08	0.020
时空场景主语	36	3.00	0.029
合计	1200	100	0.956

表 2.5 表明，汉语中动句在 CCL 中出现频率最高的仍为受事主语，

呈现出"受事主语>处所主语>时空场景主语>工具主语>方式主语"的梯度。综合来看，汉语中动句的主语呈以下分布状况：受事主语>处所主语>工具主语/时空场景主语>方式主语/时空场景主语（邓云华、尹灿，2014a：88）。

二 动词

关于汉语中动句对其动词的选择限制的研究主要围绕动词的及物性和动词的类型展开。首先我们来看有关中动词①及物性的研究。

1. 中动词的及物性

关于中动词的及物性，主要有以下三种观点：第一种观点认为中动词是及物的，以 Sung（1994）和戴曼纯（2001）为代表。他们采取了中动句的"句法生成说"，认为中动结构是通过句法移位生成的，在其生成过程中，动词的论元结构没有发生变化，动词将包括外论元在内的整个论元结构完整地投射到了句法中，因此认为中动词是及物动词。

事实上，这个观点得不到语言事实的支持。根据 Hopper and Thompson（1980）关于及物性的理论，句子的及物性和其参与者、动作性、体特征、瞬时性、肯定性、语气、自主性、施动性、宾语受影响程度以及宾语个体性有关。高及物性的句子具有如下特征：①有两个或两个以上参与者；②动词为动作动词；③表达完成性（telic）事件；④动词具有瞬时性；⑤句子为肯定形式；⑥表达现实性语气（realis）；⑦表达自主性动作；⑧施动性强；⑨宾语完全受影响；⑩宾语个体性程度高。按照这十个标准来考察中动句，可以发现它至少在参与者、动作性、体特征、瞬时性、语气、自主性、施动性七个方面表现出低及物的性质。因此，很难说中动词是及物动词。

第二种观点认为中动词是不及物动词，以徐盛桓（2002）为代表。他认为中动句中只有一个论元出现，且中动词后没有宾语，因而它是不及物动词。事实上，这个观点并不符合大部分说话者的语感，虽然中动句中只有受事出现在主语位置上，但是我们可以感觉到其施事的存在，因而中动词和纯粹的不及物动词不同。如前文所述，隐性施事是区别中

---

① 中动词指用在中动句里的动词，若该动词用在非中动句中，则不是中动词。

动结构和作格结构的重要依据,所以,中动词不是纯不及物动词。

在综合以上两种观点之后,许艾明(2004)提出了一种新的看法:中动词是介于及物动词和不及物动词之间的间及物动词,这是第三种观点。许艾明(2004)认为中动词既有及物动词的特点又有不及物动词的特点,因此最好看成"间及物动词",她将这个想法称为中动词及物性的"中间性假设"。

许艾明认为中动构句的本质是状态化过程,即动词的意义由表动作变成表状态。在这个过程中,动词由[+动作]范畴进入[+状态]范畴,即它经历了一个非范畴化的过程。这种非范畴化弱化了及物性两极之间的差别,使中动词既可以作及物动词,又可以作不及物动词。

她这种"间及物性"的看法比上述及物或者不及物的观点更符合语言事实。但是她没有严格定义"间及物性"的内涵,没有说明它指的是"既有及物动词的特征,又有不及物动词的特征",还是"既可以看成及物动词,又可以看成不及物动词",也没有明确界定"间及物性"所包含的外延。此外,这种看法无疑会给语法分析带来负担,导致及物性系统呈现出及物、不及物、间及物三分的局面,不利于语法研究。

2. 中动词的类型

Sung(1994:39)对比了英汉中动句的动词,发现很多无法用在英语中动句里的动词却能用在汉语中动句中,试比较:

(38) a. *French learns easily.
　　　b. 法语学起来很容易。
(39) a. *Simple stories tell easily.
　　　b. 简单的故事讲起来很简单。

因此,他认为汉语中动词的类型比英语丰富,汉语中动句比英语中动句具有更高的能产性。

在此基础上,曹宏(2004a:14)对汉语中动句的类型进行了较为全面的描述。首先,并不是所有的中动词都能对其宾语造成影响,如:

(40) a. 梁星明看起来有点儿憨,平时不声不响……

b. 这些事情听起来就使人感到怪诞，但它却是发生在罗马街头的真实事情。
　　c. 大理石板摸起来凉凉的。

　　上例中的"看""听""摸"没有对其宾语"梁星明""这些事情""大理石板"造成影响。当然，这些句子是否为中动句还需要考虑。
　　此外，只有及物的自主动词才能进入汉语中动句，非自主动词或不及物动词不能进入中动句。试比较例（41）和例（42）：

　　（41）a. 虽然这些雕像搬起来不费劲，但太占地方……
　　　　　b. 其实事情商量起来很简单，定下开会的日期……
　　　　　c. 客人虽人数不多，安排起来还挺麻烦……
　　（42）a. 走山路的时候，*脚崴起来很容易。
　　　　　b. 跳舞的时候，*腰闪起来很容易。
　　　　　c. *放在出租车后备箱里的行李落起来很容易。

　　例（41）中的动词"搬""商量""安排"都是自主动词，既表示有意识或者有心的动作，是动作发出者能够自主控制的动作（马庆株，1988：22）。而例（42）中的动词"崴""闪""落"都是非自主动词，即动作发出者无法自主控制动作。用马庆株（1988：17）所提到的自主动词的判断方法（前后可以加"来""去"，可以用在祈使句中）来考察上述两类动词可以发现其不同。现以例（41a）和例（42a）为例加以说明。例（41a）的动词可以用在下列句式中：

　　（43）a. 我来（这里）搬雕像来了。
　　　　　b. 我去（那里）搬雕像去。
　　　　　c. 把那些雕像搬走！

　　而例（42a）的动词不能用在上述句式中，如例（44）所示：

　　（44）a. *我来（这里）崴脚来了。

b. *我去（那里）崴脚去。

c. *把脚崴了！

李晔（2015）也提到了中动词的自主性，并把它当作动词准入的必要条件，她指出动词的自主性不是一个二分概念，而是一个连续统，且和语境密切相关（李晔，2015：59）。有些自主动词在某些语境中可用作非自主动词，如表 2.6 所示。

表 2.6　　自主动词的非自主用法（张伯江，2009：35）

动词	自主用法	非自主用法
说	说自己的事	说胡话/说梦话
看	专看马连良的戏	马连良没看多少，净看小丑表演了
做	做了一辈子的好事	做了自己最不情愿的事
听	竖起耳朵听	净听他一个人瞎嚷嚷了
带	带给你两本书	带来一阵风
找	找了你半天	找了一场大麻烦
送	送他两百块钱	反倒送了他一个大便宜

因此，不能不加判断地说某个动词可否进入中动结构，需要看它的搭配，如"找 u 盘"可以进入，而"找麻烦"不行，试比较：

(45) a. u 盘那么小，房间这么大，找起来太费劲了。

b. *麻烦找起来很容易。

何文忠（2007a：186—188）则从体（aspect）方面讨论中动句对其动词的限制。他指出，只有 Vendler（1967）所说的动作词项（activity verbs）和目标词项（accomplishment）才能进入中动结构，完成词项（achievement verbs）和状态词项（state verbs）不能进入。试比较：

(46) a. 这种关门关起来很轻……（动作词项）

b. 有些缺点改正起来真是很难。（目标词项）

c. *这些目标达到起来不容易。(完成词项)
d. *这些答案知道起来不容易。(状态词项)

大多数学者同意何文忠(2007a)的看法,但也有例外情况,如例(47)的动词"保存"是状态词项,它却是合格的中动句。

(47) 电子资料保存起来比纸质文件更方便。

此外,并不是所有的动作词项和目标词项都能构成合格的中动句,例(48)中两句的动词"斟酌"和"纪念"都是动作词项,在中动句中却显得怪异,曹宏(2004a:15)对此的解释是文学色彩太浓的动词一般不用在中动句中。这个观察有一定的道理,中动句不常用于文学语篇中。

(48) a. ? 这些问题斟酌起来不容易。
b. ? 这些烈士纪念起来很方便。

三 附加语[①]

有关汉语中动结构对其附加语的选择限制,以往研究主要关注两方面的内容:①附加语的形式;②附加语的意义类型。下面分别加以评述。

1. 附加语的形式

Ji(1995:65—74)认为汉语中动句需要一个副词性修饰语。由此可见,她认为汉语中动句的附加语是副词性的。这一点显然是比附了印欧语言的说法。汉语的副词主要表示程度、语气、范围等,主要有以下七个类别(李勉东,2003:61):

第一,程度副词,如"最""极""太""十分""很""尤其"

[①] 本书所说的附加语在文献中一般被称为"修饰语",本书不采取这种说法,因为修饰语和中心语的关系是修饰关系,而附加语和中心语的关系是补充说明的关系。后者更符合中动句的现实。

"有点""相当"等;第二,范围副词,如"都""单单""总共""只""就""一概"等;第三,时间副词,如"已经""刚""将要""终于""立刻""曾经""正""依然""忽然""向来""渐渐"等;第四,频率副词,如"常常""再""时常""也""还""再三""又""偶尔"等;第五,情态副词,如"特意""悄悄""亲自""暗暗""猛然""公然""故意""大肆"等;第六,语气副词,如"幸亏""居然""偏""果然""大约""难道""索性""也许""却""何尝"等;第七,肯否副词,如"不""不用""勿""没""不必""未""必""必定""准"等。

由此可见,汉语中动句的附加语不是副词,事实上大多数研究者认为它是形容词,如曹宏(2004a)、何文忠(2007a)、许艾明(2011)等。朱德熙(1956)根据其形式复杂度把汉语的形容词分成两种类别:第一,形容词的简单形式,即形容词的基本形式,包括单音节形容词(如"好""大""美""快""红""多"等)和一般的双音节形容词(如"糊涂""古怪""可怜""大方""漂亮""伟大""干净"等),也称为性质形容词(李勉东,2003);第二,形容词的复杂形式,主要由以下几种方式构成:①形容词重叠,如"漂漂亮亮""古里古怪""远远儿";②形容词带后加成分,如"可怜巴巴""香喷喷""黑乎乎""黑不溜秋";③通过比喻所造的形容词,如"冰凉""精光""粉碎""贼亮"等,前一个音节修饰后一个音节;④形容词加程度副词构成的形容词短语,如"很好""非常方便""那么新鲜""挺大""多么可怜""又白又胖"等。形容词的复杂形式又可以称为状态形容词(李勉东,2003)。

2. 附加语的意义类型

一般认为,用在汉语中动句里的形容词一般是其复杂形式。但并不是所有的形容词的复杂形式都可以用在中动句中,Ji(1995:74)指出,在语义上指向施事的词不能进入汉语中动结构,如:

(49) a. *这本小说读起来很小心。
　　　b. *这些工作做起来很认真。

如例（49）所示，"小心"和"认真"确实不能用在中动句中，但并不是所有指向施事的形容词都不能用于中动句，请看下例：

（50）a. 这么小的孩子教起来很费劲。
　　　b. 这些洋货用起来真舒服！

对比例（49）和例（50）的形容词可以发现，前者可以受到施事自主控制，而后者不能，袁毓林（1993：123—124）分别称为自主形容词和非自主形容词。曹宏（2004a：23）指出，指向施事的非自主形容词可以进入中动句，而指向受事的形容词则无此限制，如：

（51）a. 这些话听起来很可乐/可怕/动听/可笑/感人/好听/有趣/可怜/舒服/可信。
　　　b. 这些话听起来很和气/啰嗦/文雅/诚恳/厉害/随便/亲切/谦虚/粗鲁/悲观。

例（51a）中的附加语都是非自主形容词，而例（51b）的附加语是自主形容词，两组都可以用在中动句里，当然曹宏对中动句的理解有待斟酌。

邓云华、尹灿（2014b）对英汉中动句附加语的类型进行了语料库考察，其中英语语料来源于 BNC、COHA、COCA 三个语料库；而汉语语料来源于媒体语言语料库、国家语委语料库和北京大学现代汉语语料库。英汉中动句附加语在以上六个语料库中的分布情况分别见表 2.7—表 2.12。

表 2.7　　　　BNC 中英语中动句附加语的分布情况

（邓云华、尹灿，2014b：80）

类型 频数	中动句个数	中动句频率（%）	样本频率（%）
易性中动句	248	51.99	0.331
特性中动句	174	36.48	0.232
对比性中动句	34	7.13	0.045

续表

类型	频数	中动句个数	中动句频率（%）	样本频率（%）
定义特征中动句		21	4.40	0.028
合计		477	100	0.636

由表 2.7 可见，英语中动句修饰语在 BNC 中呈如下梯度分布：易性中动句> 特性中动句> 对比性中动句> 定义特征中动句。

表 2.8　　COHA 中英语中动句附加语的分布情况

（邓云华、尹灿，2014b：80）

类型	频数	中动句个数	中动句频率（%）	样本频率（%）
易性中动句		282	33.65	0.085
特性中动句		280	33.41	0.085
对比性中动句		270	32.22	0.082
定义特征中动句		6	0.72	0.002
合计		838	100	0.254

可见，和 BNC 中情况类似，在 COHA 中，英语中动句附加语的出现频率为：易性中动句> 特性中动句> 对比性中动句> 定义特征中动句。

表 2.9　　COCA 中英语中动句附加语的分布情况

（邓云华、尹灿，2014b：80）

类型	频数	中动句个数	中动句频率（%）	样本频率（%）
易性中动句		553	40.93	0.131
特性中动句		471	34.86	0.112
对比性中动句		295	21.84	0.070
定义特征中动句		32	2.37	0.007
合计		1351	100	0.320

如表 2.9 所示，英语中动句附加语在 COCA 中的分布情况在总体上看和 BNC、COHA 类似，为：易性中动句> 特性中动句> 对比性中动句

> 定义特征中动句。

综合以上三个语料库，可以发现英语中动句的附加语在总体态势上呈"易性中动句>特性中动句>对比性中动句>定义特征中动句"分布，但对比性中动句在三个语料库中出现的频率差别较大。汉语中动句的情况（见表2.10）。

表2.10　　　媒体语言语料库中汉语中动句附加语的分布

（邓云华、尹灿，2014b：81）

类型	频数	中动句个数	中动句频率（%）	样本频率（%）
易性中动句		354	52.83	1.076
特性中动句		204	30.45	0.620
对比性中动句		25	3.73	0.076
谓语结构中动句		87	12.99	0.264
合计		670	100	2.036

可见，在媒体语言语料库中，汉语中动句附加语的分布呈如下态势：易性中动句>特性中动句>谓语结构中动句>对比性中动句。

表2.11　　　国家语委语料库中汉语中动句附加语的分布

（邓云华、尹灿，2014b：81）

类型	频数	中动句个数	中动句频率（%）	样本频率（%）
易性中动句		152	44.06	0.585
特性中动句		125	36.23	0.481
对比性中动句		15	4.35	0.058
谓语结构中动句		53	15.36	0.204
合计		345	100	1.328

如表2.11所示，汉语中动句附加语在国家语委语料库中的分布梯度如下：易性中动句>特性中动句>谓语结构中动句>对比性中动句。

表 2.12　　　现代汉语语料库中汉语中动句附加语的分布
（邓云华、尹灿，2014b：81）

类型 频数	中动句个数	中动句频率（%）	样本频率（%）
易性中动句	734	61.17	0.584
特性中动句	327	27.25	0.260
对比性中动句	56	4.67	0.045
谓语结构中动句	83	6.91	0.066
合计	1200	100	0.955

可见，在北京大学现代汉语语料库中，汉语中动句的分布情况如下：易性中动句＞特性中动句＞谓语结构中动句＞对比性中动句。这个情况和国家语委语料库类似。

综合上述三个语料库的情况，邓云华、尹灿（2014b：81）得出了如下结论：汉语中动句修饰语的分布情况为：易性中动句＞特性中动句＞谓语结构中动句＞对比性中动句。

邓云华、尹灿的语料库研究能揭示出英汉中动句对附加语的选择倾向，但是她们对汉语中动句附加语类型的分类值得商榷。她们没有明示分类的依据，也没有界定各类中动句所包含的范围，如对比性中动句指的是难易或者性质的对比，或许不应该单列出来，应该将其分类归于易性中动句或特性中动句。此外，谓语结构中动句不是从语义上的描述，而是语法类型，因此和前三种类型不属于同一个层面，不应该并列在一起讨论。

第五节　汉语中动结构的句法语义特征

一　语义特征

曹宏（2005a）总结了汉语中动结构如下的语义表达特点：①隐性施事在指称上具有任意性；②主语在指称上具有通指性；③整个句子表达的情状类型为状态，命题具有通指性。在此基础上，她将中动句的句式义概括为：在 V NP 的时候，NP 通常 AP（曹宏，2005a：211），如例（52a）的句式义可以用例（52b）来表示：

（52）a. 这些作品读起来相当吃力。
　　　b. 在读这些作品的时候，这些作品通常相当吃力。

事实上，例（52b）的后半部分"作品吃力"这种搭配不符合汉语表达习惯，不能用"吃力"直接描述"作品"，它描述的应该是"读这些作品"。因此，曹宏对中动句式义的概括不够准确。

从上述特点可见，曹宏强调的主要是中动结构的通指性特点（genericity），或称类指性。

除此之外，汉语中动结构在语义上还有其他特点，如何文忠（2007a：46—53）提到的隐性施事的无关性、非事件性、情态性、主语责任性。

何文忠指出，汉语中动句和英语中动句一样，都有一个隐性施事，且这个隐性施事一般具有任指性的特征，试比较：

（53）a. 这种问题解决起来非常麻烦。
　　　b. *这种问题被小明解决起来非常麻烦。

可见，中动句虽然有个隐性施事［如例（53）中的"问题"不能自己解决自己，需要人来解决］但是它一般不是特指的某个人，在意义上大体相当于"人们"或"任何人"。

此外，中动句不叙述具体事件，具有非事件性和情态性，即中动句表达的是事件发生的潜力，而不是汇报已然事件，如例（54）不是要汇报"执行策略"这件事，而是要对这件事的难易进行评价。

（54）这些策略虽说很明确，执行起来还是很艰难。

何文忠（2007a）还提到了中动句主语的责任性，即中动句的主语是导致事件按照附加语所规定的方式而发生的主要原因。这一点和前文所讨论的"责任条件"类似,在此不再赘述。值得注意的是,李炎燕、白解红(2017:143)认为主语责任性是中动结构的核心语义特征,并用图2.9表示它的核心地位:

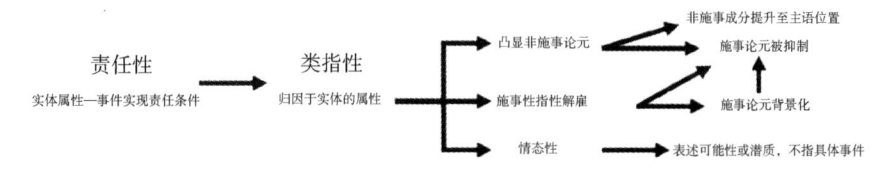

责任性 → 类指性 → ┌ 凸显非施事论元 → 非施事成分提升至主语位置
实体属性—事件实现责任条件　归因于实体的属性　│　　　　　　　　　　　施事论元被抑制
　　　　　　　　　　　　　　　　　　　　　　　├ 施事性指称解雇 → 施事论元背景化
　　　　　　　　　　　　　　　　　　　　　　　└ 情态性 → 表述可能性或潜质,不指具体事件

图 2.9　中动语义之间的关系(李炎燕、白解红,2017:144)

尽管她们的上述看法是否准确有待商榷,但鉴于文献中对中动语义的研究多是孤立地描述其各种特征,很少涉及它们之间的关系,李炎燕、白解红试图揭示各种语义特征之间的关系的做法值得肯定。

二　句法特征

中动结构的句法特征和语义特征紧密相关,上文提到的类指性、非事件性、情态性、主语责任性和隐性施事任指性决定了中动结构的如下句法特征(何文忠,2007a:47—56)。

第一,汉语中动句通常只有一个论元有句法表现,即位于主语位置上的非施事论元,施事成为一个隐性论元,无法用"被"字引出,上面的例(53)可以说明这个问题。这是因为中动句凸显的是主语(非施事论元)的属性,施事论元在认知中不够凸显。

第二,汉语中动句不能和体标记"着""了""过""在"连用,如例(55)所示。这是由中动语义的非事件性和情态性所决定的。

(55) a. *这些问题解决着起来很麻烦。
　　　b. *这些问题解决了起来很麻烦。
　　　c. *这些问题解决过起来很麻烦。
　　　d. *这些问题在解决起来很麻烦。

第三,汉语中动句一般需要一个形容词性附加语,且这个附加语不能是指向施事的自主形容词,如例(56)所示。这是因为中动结构具有施事无关性,不能强调施事的作用。

(56) a. *这些问题解决起来。
　　 b. *这些问题解决起来很马虎。

当然,若有情态动词"能"或"可以",中动句也可以不用附加语,如：

(57) 这些问题能解决。

第六节　汉语中动句的内部语法关系

关于汉语中动句内部语法关系的研究主要围绕"NP+V 起来+AP"结构进行,集中在两个方面：一是中动句的句法层次,即哪部分是主语,哪部分是谓语。二是句子各成分之间的关系,主要集中在对"V 起来"的句法功能的讨论上。

一　结构层次

有关"NP+V 起来+AP"结构的层次关系问题,主要有两种观点,一种观点认为"NP"为主语,"V 起来+AP"为谓语部分,以曹宏(2004b)为代表；另一种观点认为"NP+V 起来"为主语部分,"AP"为谓语,代表文献有殷树林(2006)[①]、宋红梅(2008)和吴为善(2012)。我们首先来看第一种观点。

曹宏(2004b)首先通过朱德熙(1982：95)提出的主谓部分的判断方法(主谓语之间可以停顿、可以插入诸如"啊""呢""嘛"等语气词、可以插入"也许"等副词和"是不是"等疑问形式)来决定"起来"句的主谓层次,发现这个方法不适合分析"起来"句,如例(58)所示：

[①] 殷树林(2006)认为"起来"句可以分为两种类型,一型的结构为 NP/+V 起来+AP,二型为"NP+V 起来/+AP"。二型的部分结构属于我们所研究的中动结构,因此只提他对二型的看法。

(58) a. 他们住的那个家收拾起来很不容易。
　　　b. 他们住的那个家啊/呢/也许收拾起来很不容易。
　　　c. 他们住的那个家收拾起来啊/呢/也许很不容易。

因此，她又用范继淹（1986：131）所提出的"并立扩展法"来研究这个问题。范继淹认为若 ABC 组合的后两项能扩展成并立结构（BC+B′C′），则 ABC = A（B+ C），如"她很聪明"可以扩展为"她很聪明，很勤快"，所以该结构的层次关系应为"她/很聪明"。反之，若 ABC 组合的前两项能扩展为（AB+A′B′），则 ABC =（A+ B）C，如"漂亮的姑娘"可以扩展为"漂亮的和聪明的姑娘"，因而，其层次关系为"漂亮的/姑娘"。

曹宏（2004b：42）用上述方法来分析"起来"句的层次结构，发现，它的后两部分 VP[①]+AP 可并立扩展为（VP+AP）+（VP′+AP′）；而前两部分 NP+VP 不能并立扩展为（NP+VP）+（NP′+ VP′）。鉴于此，她认为汉语中动句的层次构造为 NP /+（V 起来+ AP）。

也有学者不同意曹宏的上述观点，如宋红梅（2008：19）认为"起来"句是有形态标记的话题句，其中"起来"是话题性语素，标记话题。换句话说，宋红梅认为"起来"句的层次构造为（NP+V 起来）/+AP。

她认为主语为非施事成分的"起来"句是通过 NP 的循环移位生成的。它首先移位到 IP 的附加语位置，成为话题，然后移位到主句[spec TopP]的位置，失去话题性，同时得到话题的 EPP 特征，如图 2.10 所示。

吴为善（2012）对"起来"句层次构造的看法和宋红梅（2008）类似，他把"V 起来"部分处理为指称性次话题（小主语），AP 处理为谓语。这种处理方法的证据是 AP 直接陈述"V 起来"（吴为善，2012：4），如"这辆车开起来很舒服"中的 AP"很舒服"陈述的是"开起来"，不是 NP"这辆车"。这种做法虽然有一定的道理，但是 AP 的陈述对象"NP V 起来"在结构上不具有独立性，是否能够看成一个

[①] 此处 VP 指"V 起来"。为方便表达，暂用曹宏（2004b）的叫法：VP。

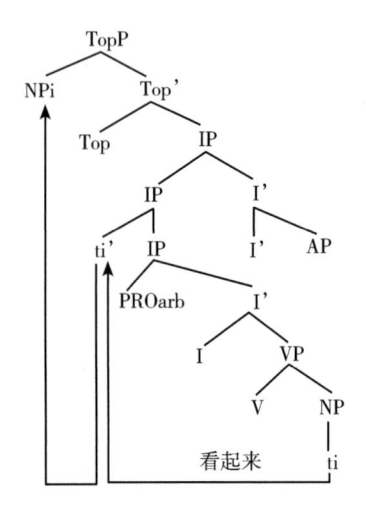

```
              TopP
             /    \
          NPi     Top'
                 /    \
               Top    IP
                     /  \
                   IP    I'
                  /  \  /  \
                ti'  IP I'  AP
                    /  \
                PROarb  I'
                       / \
                      I   VP
                         /  \
                        V    NP
                     看起来   ti
```

图 2.10　"起来"句中的 NP 移位

成分还有待商榷。

二　"V 起来"的句法地位

有关"V 起来"的句法地位问题，除了上述"小主语"或"话题"的看法，还有三种不同观点。Sung（1994）和 Ji（1995）为代表的学者认为"V 起来"是谓语核心；曹宏（2004b）、李晔（2015）等认为它是状语；而吕叔湘（1999）、刘楚群（2005）等学者则把它处理为插入语或独立语。先来看第一种观点。

Sung（1994：76—80）提出如下三种证据来证明"V 起来"不是状语，而是谓语中心。

第一，若主语和谓语本来为不合格的搭配，状语的加入不会改变其不合格性，但"起来"句不是如此。例如：

(59) a. *日记上的字十分困难。
　　　b. 日记上的字辨认起来十分困难。

第二，状语一般可以移动到主语前，但"V 起来"不可以，试比较：

(60) a. 这部作品［在没有正式出版前］就已经面世了。
　　 b. ［在没有正式出版前］，这部作品就已经面世了。
(61) a. 网球场有许多讲究，［修理起来］很费劲。
　　 b. *［修理起来］，网球场很费劲。

第三，中动词的隐性施事可以约束主语中的照应语（anaphor），如例（62）所示：

(62) a. 自己定的原则执行起来比较容易。
　　 b. *自己定的原则比较容易。

曹宏（2004b：47）对上述证据一一进行了反驳。她采取了袁毓林（1987）的看法，认为不少状语无法在不改变句子合格性的前提下从句中删除，如：

(63) a. 我经常［和他］来往。
　　 b. *我经常来往。
(64) a. 我们［向工人］求助。
　　 b. ? 我们求助。

此外，汉语中很多状语不能置于主语前。例如：

(65) a. 他［千方百计］想获取美人的芳心。
　　 b. *［千方百计］，他想获取美人的芳心。

最后，汉语的反身代词"自己"可以为豁免照应语（logophorics），不必受约束，如：

(66) 自己的错误自己承担。

反驳了Sung（1994）的观点之后，曹宏（2004b：48）通过"A不

A"的检验证明了"V 起来"是状语，AP 才是谓语中心。她的证据是"起来"句的 AP 可以用"A 不 A"进行正反重叠，"V 起来"不可以，试比较：

(67) a. 湿土挖起来比较省力。
　　 b. *湿土挖不挖起来比较省力？
　　 c. 湿土挖起来省力不省力？

曹宏这个观点的立足点是可以用"A 不 A"式是谓语核心的特点，但这个立足点是否准确有待斟酌。

吕叔湘（1999）对"V 起来"的句法地位的看法和上述两种观点不同，他认为"V 起来"应看作插入语，表示估计或着眼于某一方面的意思（吕叔湘，1999：442）。刘楚群（2005）同意吕叔湘的观点，把"V 起来"分析为独立语，即在句中或句子前后插入的一些词语，和句子的其他成分不发生关系，位置一般比较灵活（李勉东，2003：170）。

这种处理方法好像不适合分析属于中动结构的那部分"起来"句，很难说"V 起来"独立于句子的其他成分，且其位置也不具有独立语应有的灵活性。

第七节　以往研究的成果与不足

从以上内容来看，学界对汉语中动结构的研究颇多、成果颇丰，涉及的内容也较为丰富。但是以往研究还存在以下问题。

一是在汉语中动结构的界定方面，研究者之间存在较大的分歧，甚至有学者认为汉语中没有中动句。很多学者把不属于这个范畴的结构包括在内，或把本属于这个范畴的结构排除在外。虽然大多数研究者把非施事为主语的"NP+ V 起来+ AP"当作中动结构，但是这个结构不具有同质性，不能把符合这个格式的所有句子都当成中动句。此外，文献中提到的其他结构（如"NP+V 上去/着/来/下去+AP""NP+难/容易/好+VP"、受事主语句、意念被动句等）可否看成中动结构也值得商榷。由于界定不够科学，很多已有研究成果的价值不高，且研究结论之间没有可比较性。到目前为止，文献中还没有科学、可靠的界定依据，因此，这个话题需要进一步研究。

二是中动句由主动句转换而来的说法也存在问题。首先，并不是所有的中动句都有对应的主动句，如例（68）所示：

(68) a. 老九这双鞋走起来叮当作响。
　　 b. *任何人走老九这双鞋都叮当作响。

其次，并不是所有的主动句都能转换为中动句，中动句由主动句转换而来的说法无法解释为什么例（69a）不能按照其规则转换成例（69b）：

(69) a. 该幼儿教师曾长期虐待儿童。
　　 b. *儿童虐待起来很容易。

再次，中动句的移位生成说无法解释中动句对其组成成分的限制。这些限制在主动句中并不存在，在中动句中却表现出来，如主语的责任性、动词的自主性、附加语的非自主性等限制都无法通过移位生成说得到解释。

最后，中动句在意义上通常和相应的主动句有较大差别，如：

(70) a. 这块山地耕种起来十分困难。
　　 b. 农民耕种这块山地十分困难。
(71) a. 这种野草的根能吃。
　　 b. 大人能吃这种野草的根。

例（70a）和例（71a）凸显受事主语的属性，可以分别解释为"这块山地的某些特点导致耕种它十分困难""这种野草的根具备某些属性，导致能吃它"。而例（70b）和例（71b）凸显的是施事，受事处于被动地位，请比较：

(72) a. *由于消化能力较强，这种野草的根能吃。
　　　b. 由于消化能力较强，大人能吃这种野草的根。

可见，移位生成说不符合语言事实，认知语言学的理论能对中动句的构成做出更好的解释。

三是中动结构的语义特征需要进一步的研究。不少研究者把中动结构看成主动形式表达被动意义，而中动语义和被动意义并不同，如（73a）为中动句，强调主语"这扇门"的特征，意思是"这扇门的某些特征使关门不容易"，具有情态性；而例（73b）为被动句，汇报的是一件事，其主语完全处于被动地位。此外，中动结构的诸多语义特征中哪个才是其核心特征也需要探讨。

(73) a. 这扇门关起来不容易。
　　　b. 这扇门被关上了。

四是有关汉语中动结构对其组成成分的选择限制需要进一步的研究。首先，有关其主语的研究需要加强。文献中对汉语中动语义类型的研究只提到了受事、处所、工具、方式、时空场景等语义角色，而我们注意到汉语中动结构的主语不仅限于以上语义类型，还包括与事、目标、当事、成事等多种语义角色。此外，中动句主语的人称、指称等特点也需要进一步的研究。

其次，对隐性施事的特征需要进一步的描述。多数研究者认为中动句的隐性施事具有任指性特征。也有学者认为汉语中动句的隐性施事可以在句中出现。事实上，以上两个观点都不太准确，如"这辆车开起来很容易"的隐性施事不应该是"任何人"，而是"会开车的人"。如果在上句中插入一个施事，如"这辆车他开起来容易"，其选择限制则有所改变，已不是中动句。

此外，文献中对动词和附加语的研究也有较大争议。中动句为什么需要附加语还是一个悬而未决的问题，何种类型的动词和附加语可以进入汉语中动句也有待研究。它们在语料库中出现的频率也需要进一步验证。

五是在汉语中动句内部语法关系方面，已有研究较少，却分歧较大。仅有的几项研究也没有区别句法核心和语义核心，将它们混为一谈，因而研究结果令人质疑。此外，已有研究认为 AP 要么是谓语、要么是状语，但是我们认为把它处理为补语或许更合适。

六是对汉语中动句的构式语法研究有待加强。文献中用构式语法来分析汉语中动句的研究较少，而且一般集中在"起来"句的多义性分析（如吴为善，2012）或构式义和动词义互动（如徐峰，2014）方面。汉语中动结构的构式地位、构式特征、构式之间的承继链接都值得进一步研究。

综上所述，汉语中动结构还有较大的研究空间，很多问题亟待解决。基于以上情况，本书将在认知构式语法的框架下对汉语中动结构的界定、构式地位，对其组成成分的限制、内部语法关系、意义类型及其与其他类似构式之间的关系等方面进行研究。

第三章

中动语义的特征及其核心探讨

Lekakou（2005：53）指出：中动结构不是一个普遍存在（universal）的结构，在不同语言中可能有不同的表现，而中动语义却具有跨语言的一致性。中动语义可以独立于其语法特征而存在（Condoravdi，1989：24），中动结构只不过是中动语义在某种语言中的实现形式。因此，有诸如"英语中动结构""汉语中动结构"的说法，但没有"英语中动语义""汉语中动语义"的说法。

此外，根据构式语法的观点，构式是形式和意义的结合体，意义在很大程度上影响或决定形式（Goldberg，1995）。可见，对中动结构的研究应以中动语义为出发点。鉴于此，本章将在前人研究的基础上对中动语义进行系统研究，并试图揭示出其核心特征。

首先，我们将对"主动形式表达被动意义"的观点进行批驳，指出，中动结构表达的是属性义，不是被动义。其次，将细致讨论中动语义的各种特征，并对其进行新的解读。最后，将在文献分析的基础上探讨中动语义的核心特征及其与其他特征之间的关系。我们先来讨论中动语义的特征。因为中动语义在不同语言中具有一致性，所以本章所举例子不限于汉语。

第一节 中动语义的特征新解读

一 属性义

不少学者将中动结构定义为主动形式表达被动意义的结构（曹宏，2005a；殷树林，2006；周晓岩、高腾，2007；宋红梅，2008；杨晓军，

2008；杨佑文，2011；蔡淑美，2013；李炎燕、白解红，2017等），如例（1）的主语"this book"是谓语动词"reads"的宾语，这一点类似被动句，然而，其谓语动词并未采用"be+ Ven"的形式，在这一点上又类似主动句，因而得出了"主动形式表达被动意义"的说法，认为例（1）的意义可以用例（2）来表达：

（1）This book reads easily.
（2）This book is always read easily by anyone.

事实上，例（1）表达的是主语的属性，即"Some properties of this book make the reading events easy"，而例（2）则是对阅读事件的概述，即"all reading events involving this book are easy"。可见，中动句和被动句表达的意义不同。例如：

（3）a. This door won't lock.
　　b. This door is not locked.

例（3a）的意思是"门的某些问题导致它锁不上"，而例（3b）则表达"门没有上锁"的意义。可见，中动句表达的意义不是被动义，而是属性义。中动语义不同于被动语义：首先，中动句是描述句，描述主语属性；而被动句多为叙述句，汇报具体事件。其次，中动句的主语有较强的能动性，其属性可以促进或阻碍特定事件的发生；而被动句的主语完全处于被动地位，没有任何能动性。因此，中动句不是用主动形式来表达被动意义。

二　情态性

中动语义的情态性是指，中动结构描述某种事件发生的可能性，不汇报已经发生的事件。因此，很多学者将中动句释义为含有情态词的被动句，如 Fagan（1992）就指出中动句可以用含有"can"的被动句来释义：

(4) a. The chicken-skin tacos sell easily.
b. The chicken-skin tacos can be sold easily.

事实上,例(4)中两个句子的意义并不完全相同。Kratzer(1981)指出"can"是一种"存在情态量词"(existential modal quantifier),因此,例(4b)的意义是:"鸡皮玉米卷卖起来容易"这件事至少可以发生一次,假如卖了100次鸡皮玉米卷,其中有一次或两次卖起来容易,我们就可以用例(4b)。但如果只有一两次卖起来容易,例(4a)是不成立的。例(4a)所暗含的意义是:卖100次鸡皮玉米卷,其中有98次或99次卖起来容易。可见,例(4a)和例(4b)有不同的真值条件,这一点也可以通过其否定形式来提供一定的佐证,如例(5)所示:

(5) a. It is not the case that the chicken-skin tacos sell easily.
b. It is not the case that thechicken-skin tacos can be sold easily.

例(5a)的否定义比例(5b)弱很多。若卖了100次鸡皮玉米卷,其中有三五次卖起来不容易,例(5a)就可以为真。而例(5b)的意义相当于"鸡皮玉米卷卖起来不可能容易",即几乎不存在"鸡皮玉米卷卖起来容易"的情况。可见,中动语义的情态和"can"所表达的情态是不同的。中动语义表达的不是"存在情态",而是近似于"全称情态"(universal modality)的意义。当然中动情态义也不完全等同于全称情态,前者允许例外情况,如:

(6) a. Omelets cook very fast in a waffle maker.
b. All cooking events that involve omelets in a waffle maker are fast.
c. Generally speaking, cooking events that involve omelets in a waffle maker are fast.

若用华夫饼机做 100 次鸡蛋饼，其中有 98 次很快，例（6a）即为真，而含有全称量词"all"的例（6b）则不能成立。可见，例（6a）的意义更接近于例（6c），也即中动语义里的情态性接近全称情态，但不等同。

三 非施事主语的责任性

一般认为，中动句的主语是非施事论元有标记的投射，其属性可以为事件的发生负责任，即中动句作为一个命题，其真假取决于主语的属性，如例（7a）是合理的，而例（7b）则显得怪异。也就是说，事件能否发生和句子主语的属性有关，如例（8a）可以接受，例（8b）则不太常见。例（8a）之所以比例（8b）更容易接受，是因为"停车是否容易"和车的大小有关，和其颜色无关。

(7) This bread cuts easily…
   a. …in virtue of its texture.
   b. ? … in virtue of the sharpness of the knife. (Lekakou 2006)

(8) a. Small cars park easily.
   b. ? Black cars park easily.

关于中动句主语责任性的另一个重要问题是主语对事件所起的作用。Roberts（1987）、Hale and Keyser（1987）、Sung（1994）等认为中动句的主语是受影响的对象，表现出"影响效应"。这种观点实际上忽视了主语在事件中的积极作用，对中动现象的解释力不强。

与此相反，Van Oosten（1984：155）则指出：受事可以独立执行动词所表达的动作，是动作的引发者。Kemmer（1993）也认为受事在事件中处于动作发出者（initiator）的位置。同样，Yoshimura and Taylor（2004）也指出中动结构的主语具有类施事的特征。但是，这种观点夸大了主语的"使动者"地位，如中动句不能和"on its own"或"all by oneself"连用，如：

(9) a. The car drives easily.
→ * The car drives easily all by itself/on its own.

此外，中动句的主语也不具备 Dowty（1991）所列举的五个施事性特征：意愿性、知觉性、使役性、运动性（相对于另一参与者的位置），以及独立性（独立于动词所表达的事件而存在）。可见，中动句的主语不是施事，在事件中不能充当使动者的角色。

因此，中动句的主语虽然对事件的发生起积极作用，但它不是动作的发出者。中动句主语的责任性在于它对动作的发生所起的促进或阻碍作用，不在于它的使动者地位。动作的发生仍需外部使动者，即下一节要讨论的"隐性施事"。

四 施事性

从表面上看，中动句只有一个论元得到投射，即位于主语位置上的非施事论元。那么施事是不是在整个事件过程中完全不起作用呢？这是一个颇有争议的问题。Rapoport（1999）认为中动结构在任何层面都没有施事的存在，并不是所有的中动句都不能和"all by oneself"连用，如：

(10) a. This kind of glass breaks easily all by itself.
b. Milk chocolate melts smoothly all by itself.
c. These heavy windows open easily all by themselves. (Rapoport, 1999)

事实上，大部分有关中动结构的研究都不包括像例（10）这样的句子，它们属于 Keyser and Roeper（1984）所说的作格结构。中动结构和作格结构最大的区别就在于前者有施事的存在。然而，这个施事是否在句法层存在也是一个争议较大的问题，主要有以下两种观点：Stroik（1992；1995；1999）、Hoekstra and Roberts（1993）、Sung（1994）等认为中动句的施事在句法层是存在的；而 Hale and Keyser（1987）、Fagan（1992）、Ackema and Schoorlemmer（1994；1995；2002；2007）等则认为中动句的施事在句法层不存在。我们先以 Stroik（1992）为例来说明第一种观点。

Stroik（1992）列举了可以证明施事在句法层得到投射的两个证据：一是照应语（anaphors），如：

(11) Books about oneself never read poorly.

因为照应语必须在其管辖范围内受约束，所以约束例（11）中照应语的只能是任指的施事 PRO，而只有 PRO 存在于句法层，才能保证照应语在其管辖范围内受约束。然而，正如 Achema and Schoorlemmer（1995）所指出的那样，例（11）中的照应语可以是豁免（logophoric）照应语，再如：

(12) a. Physicists like yourself are a godsend.
　　　b. Books about oneself can bring much grief.

例（12）中的两句没有隐性论元，但它们和例（11）一样能在主语位置上出现照应语。可见，例（11）并不能证明中动句的施事在句法层存在。Stroik 所提出的另一个证据是"for"所引导的附加语，如下例所示：

(13) That book reads quickly for Mary.

他认为 *for*-短语引出的是施事，既然施事可以以附加语的形式出现在句中，那么它一定在句法层存在。事实上，这种说法一方面太过宽泛；另一方面也太过狭窄。首先，具有同样意义的 *for*-短语也可以出现在没有任何隐性论元的非中动句中，如例（14）所示。其次，并不是所有中动句的施事都可以通过 *for*-短语表达出来，如例（15）所示。

(14) That book is too thick for Mary.
(15) a. These books don't sell (* for the average people).

b. Stows on floor or shelf (* for tidy people)

例（14）和例（15）说明：一方面 *for*-短语可以出现在非中动句中；另一方面它不能出现在所有中动句中。可见，中动结构的隐性施事在句法层未得到投射。但是，如前文所述，若认为中动结构在任何层面都没有施事存在的话，就无法将它和作格结构区别开来，也不符合大部分说话者的语感。因此，中动结构的施事存在于语义层。

五 类指性

Krifka（1995）认为类指句可以表达习惯或属性，分两种类型：一种是惯常性（habitual）类指句；另一种是属性（dispostional）类指句（Laca，1990）。前者是对一系列习惯事件的概括，后者是对实体属性的描述，试比较：

(16) a. She goes to work on foot.
b. This machine washes dishes.

例（16a）的真假取决于"她上班的习惯"，必须有"她走路上班"的重复性发生，它才为真。而例（16b）的真假不依赖于重复事件的发生，即使该机器还从未被用来洗碗，或者将来也无人使用，例（16b）仍可为真。可见，属性类指句不同于惯常性类指句：前者具有一定的情态义，表示事件发生的潜力，是对主语属性的描述；而后者是对一系列重复事件的概括。

那么中动语义的类指性属于哪种类型呢？Condoravdi（1989）认为中动句的类指性是针对事件而言，是对一系列重复事件的概括；而Fagan（1992）则认为它是对实体而言，体现在对隐性施事的概括上。事实上，中动语义的类指性不是对过去事件的概括，也不是对隐性施事的概括，而是对未来事件的预测，如 "Hunter's *Biology* reads easily" 不概括 "过去的阅读经验"，也不表示 "任何人都可以很容易地读这本书"。例如，文盲或者对生物学一无所知的人可能读起来就不容易。它表达的意义是：这部书有读起来容易的特点，因此，未来的阅读体验可能是容易的。因此，中动句是属性类指句。

第二节 中动语义的核心

一 以往研究分析

上文对中动语义的主要特征进行了全新解读，而哪种特征是中动语义的核心却颇有争议，文献中处理为中动语义核心的有三个特征：①隐性施事；②情态性和类指性；③主语责任性。下面分别讨论这三种观点。

1. 隐性施事

多数研究者将隐性施事看作中动语义的定义性特征（Roberts, 1985; Hale and Keyser, 1987; Fagan, 1992; Ackema and Schoorlemmer, 1994; Iwata, 1999）。前文提到，中动句的施事在语义层存在，但没有句法地位，Ackema and Schoorlemmer（1994）指出，不在句法上得到投射的论元必须具备下面两个条件中的一个：

A. 可以在上下文中得其所指。
B. 在指称上具有任意性。

中动句符合 B 条件。Achema and Schoorlemmer（2007：203）进一步指出中动语义的界定性特征是隐性施事的任指性，将中动构句的本质简化为例（17），即隐性施事获得任意性解读。

(17) MF: Actor = ARB

他们认为隐性施事的任意性直接引出类指性，即含有任指性施事的句子都是类指句。然而，中动结构的隐性施事并不总是任意的，它可以指某个具体的人，可能是说话者自己，如例（18a）中"开车"的人很可能是说话者自己，它不能在脱离说话者的语境中使用，如例（18b）所示：

(18) a. The car drove well.

b. * The car drove well while I was sleeping in the backseat.

无论它是否具有任指性，隐性施事作为中动结构的界定性特征几乎成为学界的共识。如前文所述，隐性施事的存在是区别中动结构和作格结构的重要依据，如作格句例（19a）和中动句例（19b）的唯一区别就是后者有施事的存在：

（19）a. The door opens easily; it only takes a gust of air.
　　　b. The door opens easily; it only takes the slightest effort.

这是否说明隐性施事是中动语义的核心特征呢？回答这个问题，只需要进一步考察隐性施事能否统领其他特征。首先，含有隐性施事的句子不一定是类指句，不一定具有非事件性和情态性。其次，含有隐性施事也不能保证句子是属性归因句，如例（20）表达的是过去发生的事件，没有情态性，不是属性归因句。因此，隐性施事不能看作中动语义的核心特征。

（20）The book was read with ease in yesterday's class.

2. 类指性和情态性

Massam（1992）认为隐性施事不是中动语义的必要特征，中动语义的核心特征应该是类指性和情态性。她指出"中动句含有一个使句子获得类指义的情态成分，这是中动句的界定性特征"（Massam, 1992: 121）。她认为并不是所有的中动句都有隐性施事，如：

（21）a. Accidents happen easily.
　　　b. Some problems arise easily.
（22）a. Some players hit home runs easily.
　　　b. I don't panic easily.

可见，Massam（1992）所讨论的中动句的范围较宽泛。例（21）

和例（22）中的各句并不是中动句，分别属于非宾格句和非作格句。因此，她对中动语义核心特征的探讨有失偏颇。事实上，类指性和情态性只是中动语义的典型特征，而不是其核心特征。

首先，有些中动句表达已然事件，不具有类指性，如 Iwata（1999）提到的句子：

(23) If it hadn't been for the wet weather, <u>my kitchen floor would have waxed easily</u>. (Iwata, 1999: 530)

其次，也并不是所有的中动句都有情态性。如前文所述，中动的情态性是指未来事件发生的可能性，而例（23）描述的是过去的事件，因而没有情态性。

再次，类指性和情态性也无法引出中动语义的其他特征，如主语责任性、施事性等，即并不是所有有类指性和情态性的句子都描述主语的属性或含有隐性施事，如例（24）所示。

(24) Steven beats his wife.

3. 主语责任性

李炎燕、白解红（2017：143）认为主语责任性是中动语义的核心特征，统领其他特征。她们用图 3.1 表示主语责任性的核心地位：

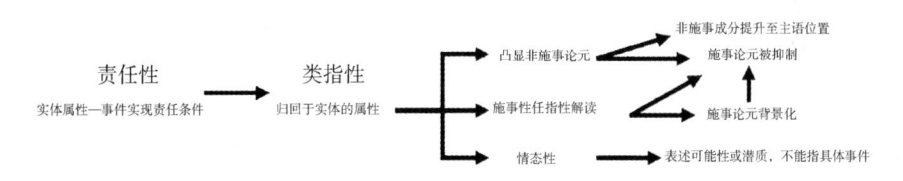

图 3.1 中动语义关系（李炎燕、白解红，2017：144）

从图 3.1 来看，责任性可以引发类指性，类指性引发情态性和施事的任指性。实际上，上述关系是不成立的。首先，主语的责任性和类指性没有必然联系，如例（25）中主语 he 的主观努力对动作的发生起主要作用，但该句没有类指性。其次，类指性也不一定会引发情态性，如例（26）中的法语句子虽为类指句，却没有情态性，表达的是人们的惯常做法。

  （25）He got promoted a few days ago.
  （26）Les cuisses de grenouilles se mangent avec les doigts.
     The legs of frogs REFL eat with the fingers.
     Frog's legs are eaten with one's fingers. (Boons et al., 1976: 131)

此外，并不是所有的中动句都有主语责任性，Van Oosten（1984）曾经提到过一类中动句，她称为"Independent-of-Action middles"，如例（27）所示。类似例（27）的句子在广告语篇中较常见，它描述商品的设计特征，没有主语责任性，也没有情态性。因此，和情态性一样，主语责任性也只是中动语义的典型特征，而不是其核心特征。

  （27）[Shoe chest:] Stows on floor or shelf.

二　中动属性义

根据上文的分析，施事性、类指性、情态性和主语责任性都不能看作中动语义的核心特征。从定义上看，中动结构是对主语属性的描述或评价，因此，可以说中动结构表达的是属性，而不是动作，即从本质上讲，中动语义其实是一种属性义。这种属性义才是中动语义的核心。值得注意的是，中动结构是通过人的意向性动作间接描述主语的属性。因此，中动事件必须有人的参与，不能是自发动作，我们将这种属性义称为"中动属性义"。"中动"二字限定了"属性"的范围，即它不能是动作发出者的属性。此外，这种属性和人的意愿相关，即中动动作是人有意发出的，试比较：

  （28）a. The glass breaks easily; handle it with care!
     b. The glass breaks easily; all you have to do is drop it on the floor.

例（28a）是作格句，表达"杯子易碎"的意义，而且这种"易碎"的特点并不是施事所希望出现的，其中的"easily"意为"at the slightest provocation"，可以在不改变意义的前提下，放在动词前或直接删除。而例（28b）是中动句，表达的是"杯子具备很容易就可以摔碎的属性"，这种属性是施事希望出现的，句中的"easily"表达的意思是"without effort"。例如，演话剧或电影时，演员要摔碎杯子，需要选择容易碎的类型，此时就可以用例（28b）。可见，中动动作表现了施事的意愿性，不是意外事件。

这种中动属性义是中动语义的核心是因为，首先，它是中动结构的定义性特征，即所有的中动句都是对其主语属性的描述或评价，其次，它可以引发中动语义的其他特征，即中动语义的其他特征都依赖于属性义。下面来剖析中动属性义和其他意义之间的关系。

如上文所述，具有属性义的句子是描写句，不汇报某事件或动作，如例（29）不是叙述"开车"这个事件，而是通过"开起来快"来描述"车"的属性。

(29) His new car drives fast.

可见，中动句是属性类指句，又称为"属性归因"类指句，它是以主语为中心的，即动作的发生依赖于主语的属性，这就是文献中所说的"主语责任性"。可见，"责任性"和中动属性义有关。此外，以主语为中心也就意味着它不能描述其他位置上的成分。例如：

(30) a. Betty speaks Italian.
　　　b. The new scissors cut easily.

例（30a）描述的是主语 *Betty* 的能力，即"他会说意大利"，不能描述意大利语的特性；而例（30b）强调的是主语 *the new scissors* 的属性，即"这把新剪刀具有剪起来容易的特点"，不描述"用剪刀的人"的能力。也就是说，属性类指句的主语不是施事时，它具有施事无关性，即不能强调施事的特征。如例（31b）不合语法是因为它含有一个特指的施事,和属性类指句以主语为中心的语义特征相冲突。

(31) a. It handles more easily in smooth snow than in crud.
b. * It handles more easily in smooth snow than in crud by Lily.

正如前文所述,属性类指句对未来事件具有预测性,即事件有发生的可能性,这种可能性就是文献中所说的中动情态性,如例(32a)表达的动作可以重复,即"cut smoothly"有再发生的可能性,因此,它是合格的中动句。而例(32b)中的动作没有重复性,对该面包来说,不可能再重新做一遍,因此,它不是合格的中动句。可见,情态性也是属性类指句的一个特征。

(32) a. This bread cuts smoothly.
b. * This bread makes easily.

综上所述,表达中动属性义的句子多为属性类指句,有以下几个特征:
A. 以非施事主语为中心,描述主语属性,具有主语责任性。
B. 不强调施事的能力,具有施事无关性。
C. 不是叙述句,而是描写句,具有非事件性。
D. 所表达的动作具有未来发生的可能性,因此,具有情态性。
由此可见,属性义统领中动语义的其他方面,是中动语义的核心。其语义关系可以如图 3.2 所示。

事实上,中动属性义不仅统领中动语义的其他特征,而且可以将中动句和类指性被动句区别开来。一般来说,前者是属性类指句,而后者属于惯常性类指句,试比较例(33)中各句:

(33) a. This book reads easily.
b. This book is read easily.
c. This book reads easily, but it isn't easily read.

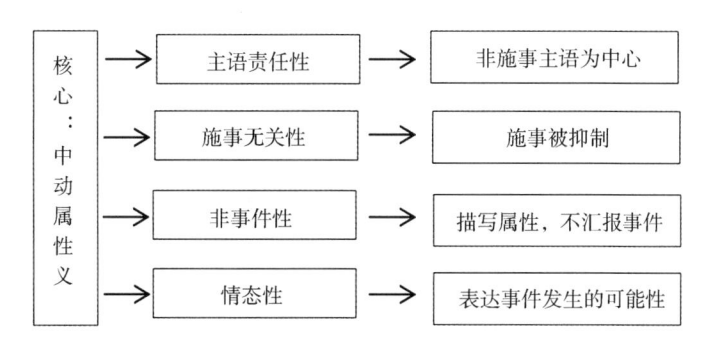

```
核          ┌─→ 主语责任性 ─→ 非施事主语为中心
心:         │
中          ├─→ 施事无关性 ─→ 施事被抑制
动          │
属          ├─→ 非事件性   ─→ 描写属性,不汇报事件
性          │
义          └─→ 情态性     ─→ 表达事件发生的可能性
```

图 3.2　中动语义系统

例（33a）是中动句，描述主语"this book"的属性，而例（33b）是类指性被动句，是对"read easily"这些事件的概括。它们有不同的类指义。因此，即使把例（33a）和例（33b）的否定形式合成例（33c），也不会自相矛盾，它可以描述一本写得很流畅的大部头著作。

此外，中动句的句法形式也和属性义有关。语料分析表明，中动词在进入中动结构之前多是动作动词，具有［+自主］、［+及物］、［+动作］的语义特征，而进入中动结构以后，动词失去了以上语义特征，变成了派生的不及物动词（付岩、陈宗利，2017）。在中动句中，动词义（动作义）和中动结构的构式义（属性义）相冲突，因此，动词义在构式义的压制下改变了自身性质，实现了参与者角色和论元角色的融合，如图 3.3 所示。

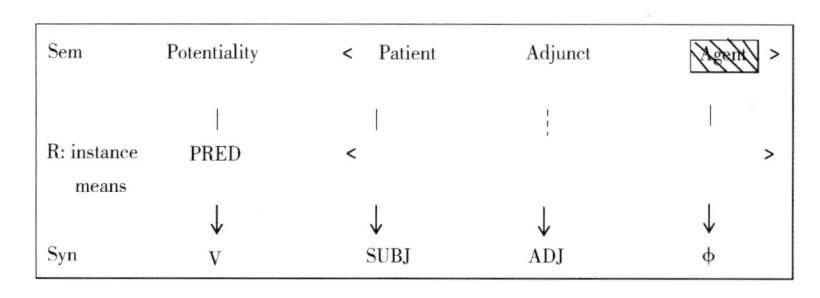

```
Sem         Potentiality    <   Patient      Adjunct     ⟨̸A̸g̸e̸n̸t̸⟩
                 |                |             |             |
R: instance    PRED          <                               ⟩
    means
                 ↓                ↓             ↓             ↓
Syn              V              SUBJ           ADJ            φ
```

图 3.3　中动结构参与者角色和论元角色的融合

可见，中动属性义不仅统领其他方面的意义，能够将中动句和其他类似结构区别开来，而且还可以解释中动构句的本质：中动构句是动词义和构式义的互动过程，动词的动作义屈从于构式的属性义，临时改变

了其语法属性。因此,中动属性义是中动语义的核心。

第三节 本章小结

本章集中探讨了中动语义的主要特征,并指出了其核心特征,得出了如下结论。

第一,中动的情态性近似于全称情态,但允许例外情况。

第二,非施事主语的属性对事件具有一定的致使性,但这不意味着主语能够独立执行动作。一方面,它是受动作影响的对象;另一方面,它对事件的发生起积极作用,因此被称作"中动"。

第三,中动句的施事和主语相比,处于背景地位,它只存在于语义层,在句法层没有得到投射,因而成为一个隐性论元。这个隐性施事并不总是具备文献中所说的任指性,如例(34)中两句的施事都不具有任指性,例(34a)是对会弹钢琴的人而言的;例(34b)描述的是某品牌文胸的特征,只对某年龄阶段的女性适用。因此,隐性施事的任指性不是中动句的必要特征。

(34) a. This piano plays superbly!
b. This wire-free bra fits beautifully!

第四,中动语义的类指性是属性类指性,即中动句通过施事的意向性动作间接描述主语属性,不概括过去发生的事件。因此,有些句子虽然在形式上类似于中动句,却不是真正的中动句,如例(35)所示,原因就是它们不是属性类指句。

(35) a. Nexus 5-32GB-Black Unlocked Smartphone-Ships Immediately. (李炎燕、白解红,2017:146)
b. His books still sell nearly four million copies a year.
c. The plane is boarding.

事实上,中动语义的以上特征并不是毫无关联、独立存在的。中动语义的核心是属性义，中动句是属性类指句，这是其他所有特征的基础。首先，属性类指句都是非事件句，不叙述事件或动作；其次，属性类指句以非施事主语为中心，具有主语责任性，即主语的属性是导致中动事件发生的主要原因；再次，以非施事为主语的属性类指句不强调施事的属性，因此，施事的地位被背景化；最后，属性类指句表达事件发生的可能性，因而具有情态性。

中动句是中动语义在某种语言中的实现。因此，在中动语义的驱动下，中动句表现出如下句法特征（如图3.4所示）：第一，以非施事成分为主语；第二，施事是隐性论元；第三，不能用表达具体时间点的成分；第四，多用一般现在时。

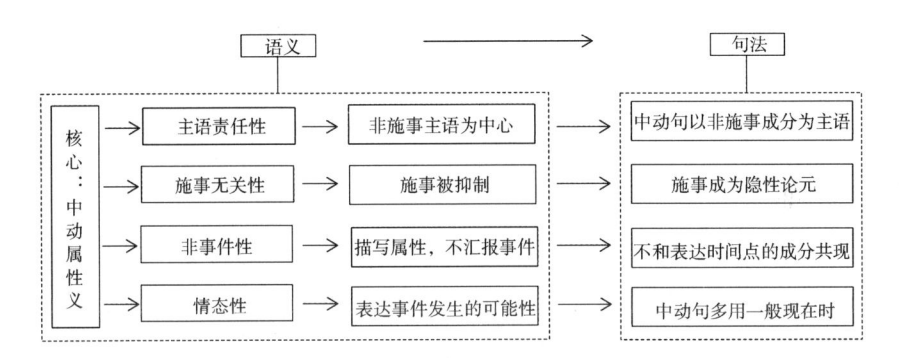

语义			句法
核心：中动属性义	主语责任性	非施事主语为中心	中动句以非施事成分为主语
	施事无关性	施事被抑制	施事成为隐性论元
	非事件性	描写属性，不汇报事件	不和表达时间点的成分共现
	情态性	表达事件发生的可能性	中动句多用一般现在时

图 3.4　中动结构语义、句法关系

由此可见，把属性义看成中动语义的核心有重要的意义。首先，能够厘清中动语义之间的内部联系；其次，能够将中动结构和其他类似结构区别开来；再次，能够解释中动词失去动作性的原因；最后，能够揭示中动结构句法、语义限制背后的动因。

第四章

汉语中动结构的界定

近年来，虽然有关汉语中动结构的研究很多，也取得了一些不错的成果，但研究结果有较大的差异，造成这种结果的一大原因就是学界对汉语中动结构的界定存在较大差异。目前主要有三类观点：

一是，中动结构即"NP+V起来+AP"结构；

二是，中动结构包括"NP+V起来+AP"结构及其他结构；

三是，"NP+V起来+AP"结构不是中动结构，后者指的是其他结构。

多数学者采纳第一种观点，例如 Sung（1994），司惠文、余光武（2005），何文忠（2005；2007），Han（2007），周晓岩、高腾（2007），余光武、司惠文（2008），何晓炜、钟蓝梅（2012），熊学亮、付岩（2013）等；采纳第二种观点的研究者认为汉语中动结构还应包括"NP+V上去/来/着+AP"结构（曹宏，2004a，b，c；纪小凌，2006；蔡淑美，2013）、"NP+V下去/出来"结构（蔡淑美，2013）以及"NP+难/能/可以/好+VP"结构（Tao，2011；王和玉、温宾利，2014）；采纳第三类观点的学者主要包括陈立民（2006），Ting（2006），何元建（2010），沈阳、陶媛（2010）等，他们分别将带特定标志成分的受事主语句、无被动标记的受事主语句、"NP+好/难/容易+VP"结构和表达被动意义的"给"字句确定为汉语中动句。

任何研究都要首先确定研究对象，对于汉语中动结构的研究也不例外。上述有关中动结构的不同界定在很大程度上削弱了相关研究成果之间的可比较性，不利于研究者的相互交流与借鉴。形成这种情况的根本原因，在很大程度上是由于以往研究没有深入讨论中动结构的界定标准和依据。例如，Sung（1994）仅仅依据英语中动句翻译成汉语时多用

"起来"句式就把"NP+V起来+AP"结构断定为汉语中动结构。其他研究者要么同 Sung（1994）一样，要么直接把前人研究中提到的结构看成中动结构。

因此，在开展新的研究之前，有必要首先确定合理的界定标准，并在此基础上确定汉语中动结构的具体范围。本章拟依据前人相关研究提出相关界定标准，并据此对文献中提到的"疑似"结构进行逐一考察，确定它们是否真正属于中动结构。

第一节 汉语中动结构的界定依据

跨语言研究表明，要判断一个句式是否为中动句，没有一条单一的形式标准。例如，有些语言，如法语、德语和意大利语，存在中动标记（分别为 *se*, *sich*, *si*），另外一些语言，如荷兰语和英语，则没有这种标志，如：

（1）法语：Un veston de laine se lave facilement. "A cardigan washes easily"

（2）德语：Die Schuhe tragen sich gut. "The shoes wear well"

（3）意大利语：L'automobile si guida velocemente. "The car drives fast"

（4）荷兰语：Deze boeken vercopen goed. "These books sell well"

（5）英语：This ice cream scoops out easily.

此外，文献中往往将中动结构归结为"NP+VP+AP"的形式。其中，NP不是施动者，VP不带被动标记，多用一般现在时，AP一般是副词或者介词短语，充当动词的状语或补语。然而，上述特征仅仅是中动句的表征，而不是其充要条件。例如，例（6）和例（7）证明，即使一个句子满足上述特征，也无法界定为中动结构。

（6）The rock rolled down the hill quickly.（作格句）

(7) 现代化的迷信看起来比旧时代的迷信还可笑。("看起来"为插入语)

鉴于此,我们在界定汉语中动结构时,应放弃纯形式的标准,采纳构式语法的观点,将中动结构①看作一个构式。同其他构式一样,中动结构是形式和意义的结合体,其中意义在很大程度上影响或决定形式(Goldberg, 1995)。因此,在界定中动结构时应以意义为出发点,同时兼顾其句法形式。具体来说,我们提出两条判断标准:①表达中动语义;②以动词为谓语核心。下面分别阐释。

一 中动语义

Lekakou (2005) 指出,中动结构没有独特的、统一的句法形式,它总是寄生在已有的结构中。因此,中动结构作为一个语法范畴是不存在的。唯一具有跨语言一致性的是中动语义,而所谓的中动结构不过是中动语义在不同的语言里的句法实现。因此,要判定一种结构是不是中动结构,首先要看其能否表达中动语义。

如前文所述,中动结构是对非施事主语属性的描述或评价。Lekakou (2005) 认为该结构属于属性归因句,它将事件的发生归因于非施事主语。我们在前文中进一步指出,中动结构属于属性类指句,其语义的核心是属性类指性。具体来说,属性类指句具有一定的情态意义,表示事件发生的潜力,是对主语属性的描述。因此,它是以主语为中心的。例 (8) 描述的是 "horses" 的内在特征,即马之所以骑起来容易,是因为它的某些内在属性。

(8) Horses ride easily.

属性类指句的另一个重要特征是施事无关性。该类句式表示的事件是类指事件,具有施事任意性,即与施事是谁无关。下面的例 (9b) 之所以不能接受,是因为它含有一个特指的施事,和属性类指句的语义

---

① 此处的"中动结构"是一个普通语言学概念,不专指汉语中动结构。

特征相冲突。

(9) a. Oak splits much easier than other woods.
　　 b. ? Oak splits much easier than other woods.

二　动词核心

要讨论这条标准，首先需要厘清中动结构和中动语态的关系。不少研究者（如古川裕，2005；严辰松，2011等）将它们看成一种现象。事实上，二者并不等同。中动语态又称"中间反身态"或"反身态"，表示某一行为与行为主体（主语）具有密切的关系；或行为涉及主语本身，或行为因主语而发（戚雨村等，1993），具有反身的性质；中动语态也可以指主语的身体动作或者精神活动（Fagan，1992）。从定义上看，中动语态的范围比中动结构广，后者是前者的子集。事实上，这一观点在文献中也被普遍采纳。

例如，Valfells（1970）列举了冰岛语中动语态的如下四种类型，其中的无施事中动型是我们所讨论的中动结构：

(10) leggja "lay" —liggja-st "lie down"（反身型）
(11) berja "hit" —berja-st "fight (each other)"（相互型）
(12) opna "open" —opna-st "open"（起始型）
(13) finna "find" —finna-st "be found"（无施事中动型）

同样，Kemmer（1993）按语义类型将中动语态分为四类：相互型、心理事件型、自发事件型、类被动中动型［分别如例（14）—例（17）所示］，其中的类被动中动型是中动结构。

(14) The graduates followed each other up onto the platform.（相互型）
(15) John feared the gorilla.（心理事件型）
(16) The fruit ripened.（自发事件型）

(17) The book sells well. （类被动中动型）

Steinbach（2002）也采纳相似的观点，他把中动语态分为反身型、中动型、非致使型、内在反身型四种语义类型［分别如例（18）—例（21）所示］，其中的中动型是中动结构。

(18) Herr Rossi rasiert sich. "Mr. Rossi is shaving (himself)"（反身型）
(19) Das Buch liest sich leicht. "The book reads easily"（中动型）
(20) Die Tür öffnet sich. "The door opens"（非致使型）
(21) Herr Rossi erkältet sich. "Mr. Rossi catches a cold"（内在反身型）

由此可见，中动结构是中动语态的一个类型。鉴于语态描述的是句子中动词和参与此动作之主语之间的关系，中动结构的谓语核心应为实义动词，不能是系动词或形容词。

第二节 疑似中动结构分析

文献中曾被定义为中动结构的主要有以下结构："NP+V起来+AP""NP+V上去/着/来+AP""NP+好/容易+VP""耐/经/值得"句、"能/可"句。本部分将依据上面两条标准逐一考察这些结构。

一 "NP+V起来+AP"结构

如前文所述，多数研究者同意"NP+V起来+AP"结构为中动结构。然而，这个结构的内部并不同质。根据谓语核心不同，我们将它分为两大类型，分别称为AP核心型（A型）和"V起来"核心型（B型）。

1. AP核心型（A型）

此类结构的AP直接描述主语NP的特征，可以和主语NP构成主谓关系。其句首 NP 不是动作的施事，也不是典型的受事，一般是对象（theme）。

就动词而言，A 型结构的动词多是表示感知、言说等意义的词语。动词短语"V 起来"可以在不改变句子概念意义的前提下，移位到句首或从句子中删除，此外，多数情况下，不只是"起来"的意义虚化，V 也丧失了原本的动作意义，有了不同程度的虚化，如：

（22）两个卖梨的摊子，一个卖一元一公斤，一个只卖 6 角，只是个儿稍小一些，<u>看起来</u>不如前者橙黄、漂亮。

（23）穿过马路，她正往家走，手里提着大包小包，<u>看起来</u>很疲劳。

（24）这件事<u>看起来</u>虽然有些个荒唐。

例（22）—例（24）中的"看起来"在语义上逐步虚化，例（22）中的"看起来"保留了"看"的部分动作义，有微弱的"通过视觉判断"的意义，表达说话者通过视觉（眼睛）做出的判断；例（23）中"看"的"视觉"义更加虚化，强调的是说话者的主观评价，尽管这种评价多需要依赖于视觉判断；在例（24）中，它的意义已经虚化到和"视觉"几乎没有关系，表达的是说话者的推测或估计，不依赖于视觉判断。此时，"V 起来"的意义完全虚化。可见，A 型结构中的"V 起来"在句法功能上算是一种插入语成分。刘楚群（2005）称这种成分为"独立语"，齐沪扬、曾传禄（2009）则称为"话语标记"，因此，A 型结构的谓语核心是 AP，不是"V 起来"。

2. "V 起来"核心型（B 型）

B 型结构和 A 型不同，首先，B 型结构中的 NP 一般是体词性成分，以名词短语为主，多数是指物名词[①]。从主语和动词的语义关系来看，NP 大多数情况下是 V 的受事或对象，也可以是其工具、方式、处所等。有时，NP 也可以不在小句中出现，但其所指对象可以从上下文中推测

[①] B 型结构的主语 NP 也可能是小句/动词短语，但其主要功能是指称功能，因此，在功能上和体词性成分一致，如下例所示："深入生活，进行创作教学，说说容易，认真做起来不容易，长期坚持是要有点韧性的。"

出来。例如：

(25) 如果教材编写合理、适合学生的心理特点、学起来饶有趣味，也能激发学生学习的动机。

(26) 这种主张对维护国家主权来说是好，但实际执行起来非常复杂。

例（25）中"学起来饶有兴趣"的主语"教材内容"可以从上文中推测出来，属于主语隐含型；而例（26）中"执行起来非常复杂"的主语"这些问题"在前一小句中已经出现，属于主语承前省略型。

其次，B 型结构中 AP 的主要功能不是做谓语，而是对"V 起来"进行补充说明。同时，B 型中的"V 起来"与 A 型也有较大差别。它不是感官、言说动词，而是动作动词；其意义也不像 A 型动词那样虚化，带有较强的动作意义。V 一般由及物动词充当，但当主语是工具、处所等环境成分时，可能是不及物动词。就其句法结构来看，B 型中的"V 起来"是句子的谓语核心，不可移到句首，也不可从句中删除。

就意义而言，A 型的 AP 是对主语 NP 的直接陈述，"V 起来"仅表达"着眼于某一方面"（吕叔湘，1999：442）的意义。如例（23）中的"看起来"表达"着眼于外观"或"从外观上判断"的意义，其谓语部分"很疲劳"是对主语"她"的直接描述，不需要动作"看"的参与。相反，B 型结构的 AP 不是对主语 NP 的直接陈述，它表达的是动作作用于主语所表现出的难易、性质、结果等意义，这种意义的发生多依赖于主语 NP 的属性，因此，B 型结构能够表达中动语义。

可见，B 型和 A 型结构差别较大，判断"NP+V 起来+AP"结构是否为中动结构时需要把二者区别看待。从语义上看，大部分的 A 型句不是属性类指句，因此，不能表达中动语义；从动词上看，A 型结构的谓语核心是 AP，不符合中动结构以实义动词为谓语核心的要求。可见，A 型不属于中动结构。而 B 型既表达了中动语义，又以实义动词为谓语核心，因此，"NP+V 起来+AP"的 B 型是汉语中动结构。一般来说，B

型能构成"V+NP+AP"结构,试比较例(27)和例(28)。前者为 A 型结构,其 AP"混乱无比却又有条不紊"在语义上指向主语 NP"这种场面",因此例(27a)无法转化成例(27b)这种形式;后者为 B 型结构,其 AP"相当麻烦"在语义上指向 VP"制造'司南'",因此例(28a)可以用例(28b)来表达。

(27) a. 这种场面看起来混乱无比却又有条不紊。
    b. *看这种场面混乱无比却又有条不紊。
(28) a. "司南"制造起来相当麻烦。
    b. 制造"司南"相当麻烦。

二 "NP+V 上去/来/着+AP"结构

曹宏(2004a,b,c;2005)认为汉语中动结构除了用"起来"之外,也可用"上去""着""来"等,纪小凌(2006),余光武、司惠文(2008)和蔡淑美(2013)也同意曹宏的这种看法。例如:

(29) 她那又大又黑的眼睛里充满了紧张和悬念,脸色是苍白的,<u>看上去</u>显得有点憔悴。
(30) 这样无目的的读书,<u>说来</u>有些不可理解,但做个学生总比在社会上游荡要强得多。
(31) 他是高班学生,<u>看着</u>又生性沉默,郁郁寡欢,所以我们开始也无啥交往。

从语义上看,大部分"上去/来/着"句不是属性类指句,不表达中动语义。虽然"上去"和"起来"在很多方面有着类似的意义,但"上去"强调"接触义",其虚化程度不如"起来"高,因此,它不适合作中动标记;"V 来"是"V 起来"的进一步虚化,类似 A 型中表示"推测"的"V 起来",而且意义没有虚化的实义动词不能用在"VP+V 来+AP"结构中,因此,"来"不能用在中动句中;"着"和"起来"对动词有着不同的选择限制,双音动词一般不能进入"NP+V 着+AP"结构。

从谓语动词上看，例（29）—例（31）中的动词都是表示感知的感官动词，在句中的意义虚化，作为插入语，表达"从某方面评价"（吕叔湘，1999：442）的意义，其句子结构和意义也跟上文提到的"NP+V 起来+AP"结构的 A 型类似，一般可以把"上去""来""着"替换成"起来"，转换成 A 型结构。此外，其 NP 也可以直接和 AP 构成主谓短语，"V 上去/来/着"可以移至句首，也可以从句中删除，因此，"NP+V 上去/来/着+AP"结构不是中动结构。

三 "NP+好/容易+VP" 结构

有学者认为"NP+好/容易+VP"结构是汉语中动构式的一个类型（古川裕，2005；何元建，2010；王和玉、温宾利，2014）；也有学者认为只有这个结构才是和英语中动结构相对应的汉语中动结构（宋红梅，2008；严辰松，2011）。符合这个结构的例子如下：

（32）秋天晒在那儿的蘑菇干可没有鲜蘑菇那么好吃。
（33）美籍华人被盗后心理阴影难挥去，因害怕不敢进家门。
（34）手离熨斗那么近，容易烫着。

从语义上看，它似乎能表达中动语义，和"NP+V 起来+AP"的 B 型相似，但从句法结构上看，它们有本质的不同："NP+V 起来+AP"的 B 型结构为"主语+谓语核心+补语"，而"NP+好/容易+VP"则分析为"主语+形容词谓语+补语"（王义娜、李亚培，2016），可见，后者不以实义动词为谓语核心，不属于中动语态的范畴，自然不是中动结构。此外，它们对动词的限制不同，B 型只接受自主的动作动词，不接受"表示感知、怀疑、情感的动词"（Fellbaum，1986）或非自主动词，而这些动词都可以进入"NP+好/容易+VP"结构，试比较例（35a）和例（35b）：

（35）a. 他的话好懂。
　　　b. *他的话懂起来容易。

四 其他结构

1. 意念被动句

意念被动句也称受事主语句。Ting（2006）和高秀雪（2011）把此类句子也当成中动结构，如：

（36）石头滚下山了。
（37）车胎打爆了。

虽然例（36）、例（37）句以动词为谓语核心，但从语义上看，它们都表达特定事件，不描述主语 NP 的属性。此外，这类句子可能表达自发事件，不一定隐含施事，如例（36）中的"石头"可能是在重力的作用下自己滚下山，不需要人的参与。即使隐含施事，该施事也不具有任指性，如例（37）中所隐含的施事指向特定的某个人，即"给车胎打气的那个人"。可见，意念被动句不符合中动语义情态性、非事件性、主语责任性、隐含施事任指性的特征，不是中动结构。

2. "耐/经/值得"句

蔡淑美、张新华（2015）把"耐/经/值得"句归在汉语中动句式群中，如：

（38）这种旅游童鞋轻巧柔软，式样美观，鞋底<u>耐磨</u>、防滑而富有弹性。
（39）还是老式手机<u>经摔</u>。
（40）对某些问题的论述，还<u>值得探讨</u>。

从语义上看，这些句子似乎能表达中动语义；就其谓语而言，例（38）中的"耐磨"和例（39）中的"经摔"已经固化为形容词，失去了动词性，能用"很""非常"等程度副词修饰，能和形容词并列使用，如例（40）和例（41）所示：

（41）鞋底柔软、舒适、耐磨、美观……

（42）老式手机小巧、灵便、经摔……

例（40）则要分析为"主语+谓语核心（形容词）+补语"，"值得"前可以用程度副词修饰，因此，"耐/经/值得"句不以实义动词为谓语核心，不是中动结构。

3. "能/可"句（"NP+能/可以+VP"结构）

蔡淑美、张新华（2015）讨论中动句式群时，把"能/可"句也划入其中（"可"是"可以"的缩略形式），如：

（43）这一规律能通过人口调查的具体历史来阐明。
（44）真理可以暂时掩埋，但智慧的闪光并不是那么容易磨灭的。

从语义上看，此类句子表达的是中动语义，如例（43）表达的意义是：这一规律的某种内在属性使它可以通过人口调查的具体历史来阐明；从谓语动词上看，它以实义动词为谓语核心，如例（43）的谓语动词"阐明"和例（44）中的"掩埋"都是实义动词。因此，"能/可"句也属于汉语中动结构范畴。同"起来"句一样，能进入"能/可"句的动词也需要是动作义较强的自主动词①，一般为及物动词。下面的例（45）和例（46）不是合格的中动句，因为例（45）的谓语动词"忘记"不是自主动词，例（46）的谓语动词"喜欢"动作义较弱，为状态动词。

（45）*这种故事能忘记。
（46）*莎士比亚的戏剧可以喜欢。

综上所述，汉语中动结构包含"NP+V起来+AP"B型和"能/可"句；而"NP+V起来+AP"A型、"NP+V上去/来/着+AP""NP+好/容易+VP"、意念被动句、"耐/经/值得"句都不属于中动结构，具体情

---

① 有关自主动词和非自主动词的区别，详见第八章，或参见马庆株（1988）。

况如表 4.1 所示。

表 4.1 疑似中动结构对比

结构 标准	"起来"句 A 型	"起来"句 B 型	NP+V 上去/来/ 着+AP	NP+好/ 容易+VP	意念 被动句	"耐/经/ 值得"句	"能/可"句
中动语义	X/√	√	X/√	√	X	√	√
动词核心	X	√	X	X	√	X	√

第三节　本章小结

研究对象的界定是研究的起点，因此，本章首先提出中动结构的界定标准，认为其界定要依据中动语义，并符合中动语态以动词为谓语核心的要求。以此为标准，通过剖析文献中疑似中动的各类结构，指出能够转换成"V+NP+AP"的"NP+V 起来+AP"句以及非动作发出者为主语的"NP+能/可以+VP"句是汉语中动结构。中动的"起来"不表示趋向、结果，也不表示状态的开始，它的意义已经虚化，成为显性的中动语素，它不能独立使用，只能附着在动词后面。中动句作为属性归因句，其构式义较动词义更为强势，表现出明显的构式压制效应，将含有［+及物］、［+动作］意义的动词压制为［—及物］、［—动作］意义的动词。

虽然汉语中动结构有"NP+V 起来+AP"（或称"起来"句）和"NP+能/可以+VP"（或称"能/可"句）两种表现形式，但是两者宜看成同一结构，后者是前者的变体。"起来"句中的附加语在"能/可"句中以情态动词（"能"或"可以"）的形式出现。正如英语中动结构虽然也包含用情态、否定、对比、强调等手段替代附加语的句子，分别如例（47）中各句所示，文献中却不把它们作为单独的结构类型来讨论，在研究汉语中动结构时，也没必要把"能/可"句单独拿出来讨论。

（47）a. The cops will bribe after you do them a few favors.

（Rosta，2008）
      b. Those cops never bribe. （Rosta，2008）
      c. This dress buttons, while that one zips. （Lekakou，2006）
      d. Those cops do bribe. （Rosta，2008）

    属于中动结构的那一部分"起来"句和"能/可"句宜看作同一构式的另一个重要原因是二者对其组成成分有着相似的选择限制，如二者的主语 NP 一般都是动作的受事或对象，也可以是其成事、工具、方式、来源、处所等语义角色；二者的谓语动词 V 一般是具有 [+及物]、[+自主]、[+完成] 等语义特征的实义动词。因此，若没有特殊需要，本书在研究中动结构时多以"起来"句为例，不单独讨论"能/可"句。

第五章

汉语中动结构的构式性

在构式语法的框架下对中动结构的研究主要集中在构式义和动词义的互动上（熊学亮、付岩，2013；徐峰，2014），据我们所知，对汉语中动结构的构式地位、构式类别、构式特点的专门研究在文献中尚未出现。鉴于以往对中动结构的构式语法研究多以英语中动结构为研究对象，而且汉语中动结构是否存在本身就是一个有争议的话题（如严辰松，2011）等认为汉语中没有中动结构，因而有必要对汉语中动结构的构式性进行分析，从而为汉语中动结构的存在提供一个佐证，同时也为其他结构的构式语法分析提供一个研究框架。

本章拟从汉语中动结构的构式地位出发，首先证明它是一个独立的构式；其次，确定它所属的构式类别；最后，按照复杂度、语音具体度与概念类别三个维度和图式性、能产性，以及组构性等三个要素探讨其构式特点。

第一节 汉语中动结构的构式地位

Hilpert（2014：14—22）根据构式的定义指出了构式的四种鉴定方法，若某结构符合下列四个标准中的任何一个，它就可以称为一个构式。

其一，该结构是否在形式上不同于典型结构（canonical patterns）？这个策略是根据 Goldberg（1995；2006）的"形式不可预测性"标准来提出的。若某语言表达的形式在某方面和典型结构不同，该语言表达就可以称为构式。例如，从形式上看"by and large"是由介词、连词和形容词组成的短语，这种组合方式的短语在英语中是独一无二的。虽然在类似"acquainted with and supportive of the school aims"的句子中可以看到"介词+连词+形容词"的组合，但是"with and supportive"在该结构中不是独立的成分。此外，若把"by and large"中的"large"换成其同义词"big"，该结构则完全不能理解。因此，在形式上看，"by and large"具有不同于其他结构的特殊性。

其二，该结构是否带有非组构性（non-compositional）的意义？这个策略是根据 Goldberg 的"意义不可预测性"标准而提出的。非组构性是指整个结构的意义无法通过将其组成成分的意义相加而得出。若结构的意义不是其各部分意义的总和，那么它就可以称为一个构式。非组构性在习语中有较好的体现，如"call the shots""tie the knots"的意义不是其组成成分意义的总和。此外，例（1）—例（3）也展现了意义的非组构性：

(1) During the game John broke a finger.
(2) The result was not much of a surprise.
(3) The Royal Shakespeare Company is a tough act to follow.

例（1）中的"a finger"并不是不定指的"一个手指"，它只能指"a finger of John's"，不能指"a finger of another player's"；例（2）中的"not much of a surprise"不是指"a small part of a surprise"，而是指"no surprise at all"；例（3）中的"The Royal Shakespeare Company"不是"a tough act"，该句的意思是，"following an act such as the Royal Shakespeare Company is considered a tough challenge"。

此处，我们需要提及一个和意义非组构性相关的概念：压制（coercion），指词汇意义和结构意义有冲突的情况，Michaelis（2004：25）提出了"压制原则"（principle of coercion）：若某词汇的意义跟其形态—句法语境不相容，那么该词汇的意义需要去迎合它所在结构的意义。即构式义可能凌驾于词汇义之上。例如，例（4）中的"beer"是不可数名词，却用了复数形式，且有表达数量的"three"来修饰。此处的"beer"受到构式义的压制，临时改变了其语法属性和意义，获得了"bottles of beer"或"glasses of beer"的意义。

(4) Three beers please!

其三，该结构对其组成成分是否有特殊的限制？此策略既和形式相关，又和意义相关，如例（5）中的句子从结构上看没什么特殊性，"the dog over there"是定指性名词短语结构（definite noun phrase construction），和"the lamp on the desk"没什么两样，整个结构可以看成表语结构（predicative construction），类似于"the lamp on the desk is new"。但是，该句仍有一定的特殊性：形容词"asleep"的用法有特殊限制，即它不能作定语。我们可以说"a new lamp"，但是不能说"the asleep dog"，这方面的限制是语言知识的一部分，因此可以看作构式。例（6）属于我们所熟知的"双及物构式"，也表现出构式对其组成成分的限制。一般来说，双及物构式的间接宾语需要具有[+animate]的语义特征，经常是人，也就是说"I brought the desk an interesting book."是不符合语法的。

(5) The dog over there is asleep.
(6) I brought John an interesting book.

其四，该结构是否有搭配上的偏向（collocational preferences）？Hilpert（2014：21）指出，即使一个语言表达的形式规则、意义明显，也没有显而易见的选择限制，它也可能是一个独立的构式，如例（7）所示：

(7) I will call you tomorrow.

例（7）句是英语"will 将来时构式"的一个实例。从形式上看，它完全符合"情态动词+动词原形"结构的限制，可以看作其一个实例；从意义上看，其意义完全可以通过各组成部分的意义相加得出；从选择限制来看，"will"好像可以自由地和动词原形进行组合。既然如此，"will 将来时"为什么可以称为一个构式呢？原因在于有些动词（如"be"）在"will 将来时"中出现的频率远远高于其他动词（如

"procrastinate"）。Hilpert（2008）发现表达将来时的"will"和"be going to"有不同的搭配偏向，前者多和非施事性、连续性、低及物的动词连用，而后者多和施事性、瞬时性、高及物性的动词连用。

下面我们按照这四个标准来考察"NP$_{非施事}$+V起来+AP"和"NP+能/可以VP"结构。

一 形式上的不可预测性

首先我们来考察"NP$_{非施事}$+V起来+AP"结构。该结构的主语NP不是动作的发出者，而是受影响的实体，即它和动词的关系不是主谓关系，而是动宾关系，如例（8）的主语"甲型肝炎"是"治疗"的受事，不是其施事，但从语序上看，作为受事的"甲型肝炎"出现在动词之前。一方面，它的语序和一般的汉语句子不同，如例（9）符合汉语的语序规则，属于"主语+谓语+宾语"结构，在语义上为施受结构，是最常见的主动结构。另一方面，例（8）与例（10）不同，例（10）句的主语"武僧一龙"虽然和例（8）中的"甲型肝炎"一样，都是动作的受事，和动词形成动宾关系，但是其动词有被动标记"被"，因而，它属于被动结构。

(8) 甲型肝炎治疗起来，相对地比乙型肝炎容易。
(9) 女粉丝攻击王力宏，在机场狂喊……
(10) 武僧一龙被西提猜暴揍，从此神话结束。
(11) 泥巴球滚下了山。

例（8）不同于例（9）和例（10）的另一个方面是其施事不能在句中出现，因此可以称为"隐性施事"。但是，它又和例（11）不同，例（11）中的主语"泥巴球"可以理解成在重力的作用下滚下山，不需要任何施事的参与，是一种自发事件，文献中称为"作格结构"。例（8）在句法层虽然没有施事，但是"治疗甲型肝炎"不是自发事件，必须有施事的参与，因此可以说其施事在语义层存在。

不仅如此，例（8）的动词也有一定的特殊性，即它一般是光杆的形式出现，不允许在其后加补语，也不和体标记"着""了""过"共现。一般的汉语句子并没有这方面的限制，如例（9）和例（10）可以分别变成例（9b）和例（10b）：

(9b) 女粉丝攻击了/过/着王力宏……
(10b) 武僧一龙被西提猜暴揍了一顿/揍得满地找牙……

此外，例（8）还有一个不可或缺的成分："容易"。这个特点也是无法从例（9）—例（11）中推测出来的。大部分汉语的句子并不需要这样一个强制的附加语（补语），而它在"起来"结构中却不能省略。可见，从形式上看，作为中动句的例（8）既不能从主动句［例（9）］或被动句［例（10）］推测出来，也不能由作格句［例（11）］推测出来，即"$NP_{非施事}$+V起来+AP"结构是一个独立的构式。

然后，我们来看"NP+能/可以 VP"结构。试比较：

(12) 芹菜的叶子能吃。
(13) 高等师范院校学生学习教育学，是为了在走上中学教师岗位后能做好教育工作。

首先，例（12）中的"叶子"和"吃"是动宾关系，却是用主谓结构来表达的，在语序上"叶子"先于"吃"，因而不同于例（13）；其次，和例（8）一样，例（12）中的施事虽然在语义中存在，却不能出现在句子表层；最后，例（12）中"吃"后一般不能再有附加成分，包括宾语和补语，所以"芹菜的叶子能吃好/吃得容易/吃十个人"不符合语法。可见，"NP+能/可以 VP"结构的形式也无法通过其他类似结构推测出来，它是一个独立的构式。

二 意义上的非组构性

"$NP_{非施事}$+V起来+AP"和"NP+能/可以 VP"结构的主要功能不是汇报具体事件，而是描写主语 NP 的属性。如例（8）的意思是"甲型肝炎具有比乙型肝炎容易治疗的特性"，例（12）的意义为"芹菜的叶子具有可食用的特征"。这个意义不是其组成成分相加的总和。

事实上,"NP_{非施事}+V起来+AP"和"NP+能/可以 VP"结构的意义不仅不是其成分意义的总和,而且和其组成成分的意义有一定的冲突。生成语法把动词当作句子的核心(head),认为句子的意义取决于动词的意义。但是,我们所考察的这两种结构的意义不是来源于动词的意义。一般来讲,这两种结构的动词在定义中多是及物动词,具有较强的动作性和自主性(vilitionality),试比较:

(14) a. 小件的日用百货,装卸起来既不费力又不脏。
  b. 他们正为日本船只装卸货物,忽然……
  c. *小件的日用百货,装卸起来既不费力又不脏。
  d. *小件的日用百货,装卸起来很认真。
(15) a. 这自行车虽然已锈迹斑斑,但还可以骑。
  b. 他见站台上停着一辆给餐车送餐料的三轮车,便飞身上车,骑着它在站台上横冲直闯……

例(14b)表达的是一个事件,可以作为事件链的子事件出现,反映了"装卸"的一般用法,具有自主性、高及物性等语义特征,如可以说"故意装卸货物"或"认真地装卸货物"。而例(14a)中"装卸"的意义不同,它已失去及物性,变成了派生的不及物动词(derived intransitives)。

此外,它也不再具有动作性和自主性,即例(14a)不能作为事件链的子事件出现,不能和具有强施事性语义特征的词语共现,如例(14c)和例(14d)是不符合语法的。可见,由于动词的意义和结构的整体意义不相融,"NP_{非施事}+V起来+AP"结构中的动词V受到结构意义的压制,临时改变了自己的意义和语法功能,表现出构式义对动词义的压制。因此,该结构的意义不是其组成成分意义的总和,也无法通过动词的意义推测出来。

同样,例(15a)中"骑"的意义也不同于其一般用法,如例(15b)所示。例(15a)没有事件义,不能成为事件链的一环,不具备高及物性的特征,而例(15b)正与此相反。可见,"NP+能/可以 VP"结构的意义也无法通过动词的意义推测出来,且它也不是各组成成分意义的总和。因此，我们所考察的这两个结构的意义都是非组构的，即中动结构具有意义上的低组构性。

三 对组成成分的限制

先来看"NP$_{非施事}$+V起来+AP"结构。该结构由三个部分组成：主语NP，谓语动词短语"V起来"和附加语AP。就其主语NP而言，并不是所有的名词短语都可以充当该结构的主语，如不定指的名词不能作该结构的主语，如例（16）所示：

(16)？有个官僚贿赂起来很容易。

此外，该结构对动词有严格的选择限制。从形式上看，V和"起来"之间一般不能插入任何成分，如例（17）中的"摔碎"为动补结构，不能进入该结构；从意义上看，成就动词（achievement verbs）和状态动词（state verbs）都不能用在该结构中，分别如例（18）—例（19）所示，也就是说所有的非自主动词都不能进入该结构。

(17) *玻璃杯摔碎起来很容易。
(18) *这种幸福发现起来很容易。
(19) *可爱的孩子喜欢起来很容易。

不仅是动词，该结构对其附加语也有特殊限制。首先，性质形容词[①]不能进入该结构，除非是用在比较句中，试比较例（20）中各句；其次，在语义上指向施事的自主形容词也无法用在该结构中，如例（21）所示：

(20) a. 系统的"离析"分析起来容易，但综合起来难。
     b. 系统的"离析"分析起来很容易。
     c.？系统的"离析"分析起来容易。

---

① 关于性质形容词和状态形容词的区别，详见朱德熙（1956）。

(21) *这本书读起来非常仔细。

可见,"NP_非施事+V起来+AP"结构对其组成成分有较严格的选择限制,因而是一个独立的构式。虽然"NP+能/可以 VP"结构对其组成部分的限制不如"NP_非施事+V起来+AP"结构严格,但也表现出其独特的选择限制。首先,和"起来"结构一样,"能/可"句的主语也不能用非定指成分,如例(22)所示;其次,不及物动词和状态动词无法用在"能/可"句中,如例(23)和例(24)所示:

(22)? 有个官僚能贿赂。
(23) *这个观点可以笑。
(24) *这些自私的人能恨。

四 搭配偏向

"NP_非施事+V起来+AP"和"NP+能/可以 VP"结构在搭配上也表现出一定的偏向性(preference)。就其主语 NP 而言,虽然受事、处所、方式、工具、时空场景等语义角色都可以充当其主语,它们在语料库中出现的频率有较大差别,如邓云华、尹灿(2014a)用北京大学现代汉语语料库(CCL)考察了各种语义角色充当中动句主语的频率,发现受事主语占中动句总数的 90.33%,其次为处所主语,占 3.17%,其他语义类型所占的比例更小,如表 5.1 所示。

表 5.1　CCL 中动句主语分布情况(邓云华、尹灿,2014a:87)

	中动句个数	中动句频率(%)
受事主语	1084	90.33
处所主语	38	3.17
方式主语	17	1.42
工具主语	25	2.08
时空场景主语	36	3.0
合计	1200	100

可见,汉语中动句倾向于以受事为主语。此外,语料分析表明指物

的名词比指人的名词更容易用在中动句中,且第一人称和第二人称几乎不能进入中动句(李晔,2015)。

就附加语 AP 而言,虽然表示难易、特性、对比等意义的状态形容词都可以进入中动句,其出现频率却大有不同。根据邓云华、尹灿(2014b)对 CCL 的考察,表示难易的形容词占中动句总数的 61.17%,表示特性形容词占 27.25%。可见,中动句倾向于选择表示难易和特性意义的形容词,如表 5.2 所示。

表 5.2　　　　　　CCL 中动句附加语分布情况

(邓云华、尹灿,2014b: 81,有改动)

	中动句个数	中动句频率(%)
难易形容词	734	61.17
特性形容词	327	27.25
比况短语	56	4.67
主谓短语	83	6.91
合计	1200	100

综上所述,中动结构在形式和意义上均具有不可预测性,对其组成成分有特殊限制,在主语和附加语的选择上有明显的倾向性,因此应该看作独立的构式。

第二节　汉语中动结构的构式属性

一　论元结构构式的类别

早期的构式语法研究主要围绕结构和意义上具有特殊性的习语而展开,如 Fillmore et al. (1988) 对 "let alone" 的研究。然而,习语不是构式语法关注的唯一对象,有些从表面上看较为规则的 "简单句" 也得到了关注,如 Goldberg (1995) 所研究的句子:

(25) Pat gave Bill a book.

(26) John threw the ball over the fence.
(27) Bob hammered the metal flat.

从表面上看，例（25）—例（27）句在形式和意义上没有什么特殊之处，好像并不符合上文所提到的构式标准。而 Goldberg（1995）把它们称为"论元结构构式"（argument structure constructions），原因是这些句子都展现出特殊的论元结构特点，分别属于双及物构式、致使移动构式和动结构式。论元结构也可以被称为"价位"（valency），根据其论元结构或价位的变化，我们可以将论元结构构式分成增价构式和减价构式两种类型。

增价构式是指构式增加动词价位的情况，如双及物构式、致使移动构式、WAY 构式、动结构式，分别如例（28）—例（31）所示。

(28) John wrote me an email.
(29) Mary sneezed the napkin off the table.
(30) Frank cheated his way into Harvard.
(31) Tom played the piano into pieces.

例（28）中的动词"write"本是二价动词，带有施事和受事两个论元，而在该句中却有三个论元出现，也就是说该构式为"write"增加了一个接收者（recipient）论元。例（29）中的"sneeze"原为不及物动词，即一价动词，而在该句中增加了一个对象（theme）论元和一个路径（path）。例（30）中的"cheat"本身没有位移的意义，一般和一个直接宾语共现，之后没有表达路径或目标的成分，但是 WAY 构式蕴含了位移义，如"Frank dug his way out of prison"蕴含了"He has left"，因而"Frank dug his way out of prison, but he hasn't gone yet."不是合语法的表达。可见，WAY 构式赋予了"cheat"一种位移义，为它增加了一个路径，同时"cheat"也获得了方式（manner）义，表达"Frank went to Harvard by cheating"的意义。例（31）中的"play"和"cheat"一样，也是二价动词，没有致使义，但在该句中获得了致使义，增加了一个表达结果的成分。

和增价构式相反,减价构式指动词论元减少的构式。主要有被动构式、自反(reflexive)构式、相互(reciprocal)构式、祈使构式、零宾语构式(null instantiation)等,分别如例(32)—例(36)所示:

(32) The paper was rejected.
(33) John shaved.
(34) Let's meet again soon.
(35) For next time, please read chapters three and four.
(36) Tigers only kill at night.

例(32)的动词"reject"本为二价动词,而该句中没有出现施事,变成了一价动词。例(33)和例(34)中的"shave"和"meet"也是二价动词,而此处没有出现受事。例(35)中的"read"的施事在该句中没有出现。而例(36)中减掉的是动词的受事。

二 作为减价构式的中动结构

中动结构也是一种论元结构构式,具体来说它属于减价构式,如例(37)中的"制作"在进入中动句之前是二价动词,而在该句中则表现为一价动词。在价位改变的同时,动词的意义也有一定程度的改变。在词库中"制作"是自主性的动作动词,而在中动句里却变成了非自主性的状态动词,即主语"此类广告"不能自主地控制"制作",且该句不叙述"制作广告还是不制作广告"这个事件,而是描述"广告制作起来怎么样",因此,句子的语义核心在表达"怎么样"的附加语"省时省力"。可见,正如前文所述,动词进入中动结构以后,不仅失去了及物性,也失去了自主性和动作性,这就是中动构式义对动词义的压制,如图5.1所示。

(37) 此类广告制作起来省时省力。

图5.1反映了典型中动结构对其动词的压制,矩阵左下方和右下方的小框分别代表动词进入中动结构之前和之后的情况,分别从句法、语义和价位三个方面进行描述。矩阵最上方显示的是动词进入中动结构后

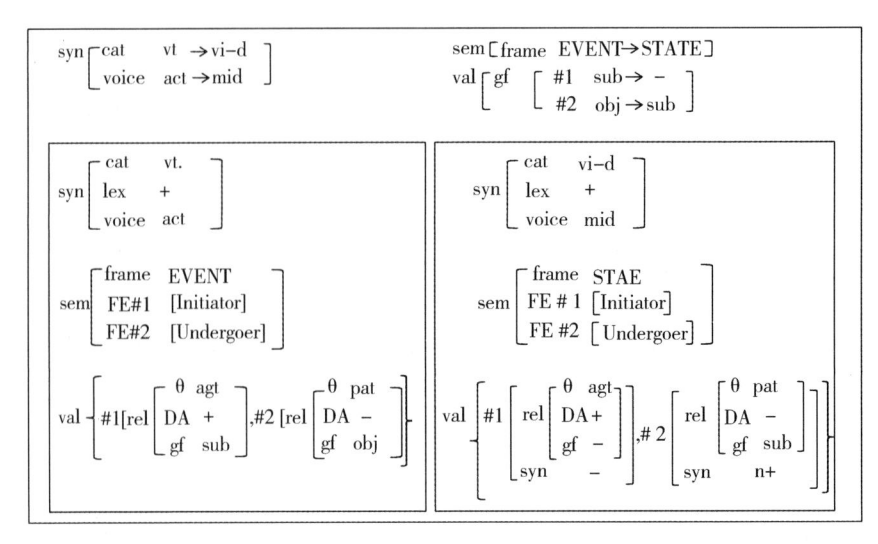

$$
\begin{gathered}
\text{syn}\begin{bmatrix} \text{cat} & \text{vt} \rightarrow \text{vi-d} \\ \text{voice} & \text{act} \rightarrow \text{mid} \end{bmatrix} \qquad \text{sem}\begin{bmatrix} \text{frame EVENT} \rightarrow \text{STATE} \end{bmatrix} \\
\text{val}\begin{bmatrix} \text{gf} & \begin{bmatrix} \#1 & \text{sub} \rightarrow - \\ \#2 & \text{obj} \rightarrow \text{sub} \end{bmatrix} \end{bmatrix}
\end{gathered}
$$

左框:
syn [cat vt; lex +; voice act]
sem [frame EVENT; FE#1 [Initiator]; FE#2 [Undergoer]]
val { #1[rel θ agt, DA +, gf sub], #2[rel θ pat, DA −, gf obj] }

右框:
syn [cat vi-d; lex +; voice mid]
sem [frame STAE; FE#1 [Initiator]; FE#2 [Undergoer]]
val { #1[rel θ agt, DA+, gf −, syn −], #2[rel θ pat, DA −, gf sub, syn n+] }

图 5.1　典型中动结构对其动词的压制

的变化。

如图 5.1 所示，在进入中动结构之前，动词在句法上（syn）是一个用在主动语态（act）的及物动词（vt），其语义框架（frame）为事件（EVENT），至少有两个参与者（FE#1）为事件发出者（initiator），（FE#2）为动作经受者或受影响者（undergoer）。在价位上（val）来看，它是一个二价动词，事件框架中的两个参与者分别为施事（agt）和受事（pat），前者在主动语态中投射到主语位置上（DA +），后者不投射到主语位置上（DA −），在语法功能（gf）上分别作主语（sub）和宾语（obj）。

在进入中动结构之后，动词在范畴上（cat）变为派生的不及物动词（vi-d），在语态上变为中动语态（mid），其语义框架变成了状态（STATE），两个参与者虽然在语义中继续存在，在价位上却发生了变化。首先，作为事件发出者的 1 号论元失去了语法功能（gf），在句法上（syn）没有投射。其次，作为经受者的 2 号论元在语法功能上作主语（sub），在句法上由名词性成分（n+）来体现。

总体来看，动词在进入中动结构之后，由及物动词变成了派生的不及物动词（vt→ vi-d），由主动语态变成了中动语态（act→ mid），语义框架由事件变成了状态（EVENT→ STATE），原先作主语的 1 号论元失去了其语法功能（sub→ －），而原先作宾语的 2 号论元则变成了主语（obj→ sub）。

可见，动词进入中动结构之后，受到中动构式义的压制，在句法、语义和价位信息上均有一定的变化。通过这些变化，动词的参与者角色和构式的论元角色实现了融合（fusion），典型汉语中动结构的融合过程如图 5.2 所示。

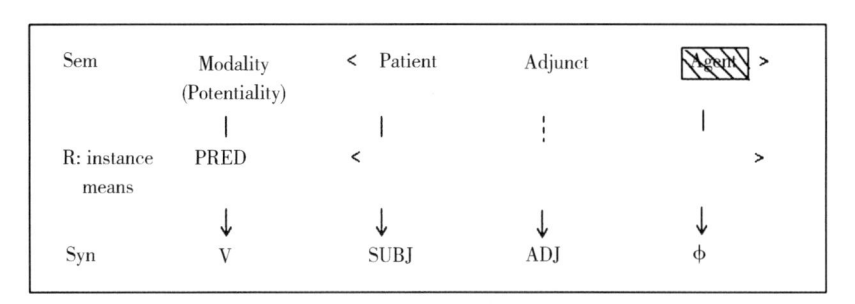

```
Sem         Modality          <  Patient      Adjunct         Agent  >
            (Potentiality)
                 |                 |              ⋮              |
R: instance     PRED          <                                  >
    means
                 ↓                 ↓              ↓              ↓
Syn             V               SUBJ            ADJ              ϕ
```

图 5.2　典型中动句参与者角色和论元角色的融合

第三节　汉语中动结构的构式特点

一　中动结构的构式维度分析

构式是形式和意义的结合体，这个结合体可以由多个级差（gradient）维度来体现，如大小（size）、语音具体度（degree of phonological specification）、概念类别（type of concept）等（Traugott and Trousdale，2013：11），如表 5.3 所示。

表 5.3　　　　　　　　　　　　构式的维度

大小	单形的 "un-"　"book"	复杂的 "on top of"	中间型 "cranberry"
语音具体度	有实质的 "red"　"-s"	图式性的 N、SAI	中间型 "V-able"
概念类别	实义的 "pen"、V	语法性的 "-s"、PASSIVE	中间型 "What's X doing Y？"

如表 5.3 所示，就其大小而言，构式可以是单形的（atomic）或

者复杂的（complex），也可以介于两者之间。单形构式指单语素的情况，如"un-""-dom""red""book"；复杂构式是由多个可分析语块组成的，如"on top of""John hit Mary"；介于二者之间的构式指部分可分析的结构，如"bonfire"的"fire"是一个独立语块，而"bon"不是。

语音具体度描述构式是否有语音实质，包括有实质的（substantive）、图式性的（schematic）和介于二者之间的（intermediate）三种类型。有实质的构式有具体的语音内容，如"red""may""dropout""-s"等；完全图式化的构式是抽象的语言单位，如N、SUBJECT-AUXILIARY INVERSION等；介于二者之间的构式既有实质性的部分也有图式化的部分，如"V-able""the Xer, the Xer"等。

概念类别指构式的语义内容，它可以是实义的（contentful），也可以是语法性的（grammatical），也可能介于二者之间。实义的语言单位具有指称性，在形式上由名词、动词、形容词等图式化范畴来表达；语法性的构式用于表达视角、语言单位之间的关系等方面的意义。实义单位和语法单位的区别不仅是级差的，而且是可以变化的（如"be going to"由实义单位变成了语法单位）。事实上，构式语法认为词汇和语法是一个连续体，没有截然的区别（Langacker, 2011b: 96）。

用上面的维度分析汉语中动结构，可以发现它是一个复杂的、图式性的、语法性的构式。首先，中动结构由多个可分析语块构成（NP+VP+AP），在承继（inheritance）关系上，这些语块和中动结构之间体现了次部分链接（subpart links），即上述语块是中动结构的组成成分；其次，它是一个抽象的语言单位，没有具体的语音表现形式；最后，它在概念方面也是非指称性的，可以看作一个语法性的构式。其维度特点见表5.4。

表5.4　　　　　　　　　中动结构的维度特点

大小	复杂构式
语音具体度	图式性构式
概念类别	语法性构式

二 中动结构的构式要素分析

Trousdale（2012）指出，以下三个要素和构式架构（architecture）紧密相关：图式性（schematicity）、能产性（productivity）和组构性（compositionality）。如上文所述，图式性指语言单位在形式和意义上的抽象程度。能产性和图式（schema）有关，包含两个方面的内容：第一，它在多大程度上可以允准（sanction）图式性较低的构式；第二，它在多大程度上是受到限制的（constrained）。构式的能产性多由其出现频率（frequency）来体现。组构性是指一个语言单位的形式和意义的关系在多大程度上是明显的。在构式语法中，组构性最好理解为形式和意义之间的匹配（match）或不匹配（mismatch）关系。同构式的维度一样，以上三个要素也都是级差概念。下面我们从以上三个方面来考察中动结构的特点。

就图式性而言，中动结构处于汉语构式系统的高层，属于高图式性的构式。典型的中动结构是受事主语结构的下位范畴，而它本身又包含"起来"句和"能/可"句两种类型，是它们的上位范畴。"起来"句又可以细分为易性"起来"句、特性"起来"句、适意性"起来"句等类型。而且易性"起来"句还可以继续分为"容易"和"困难"两种语义类型，如图5.3所示。

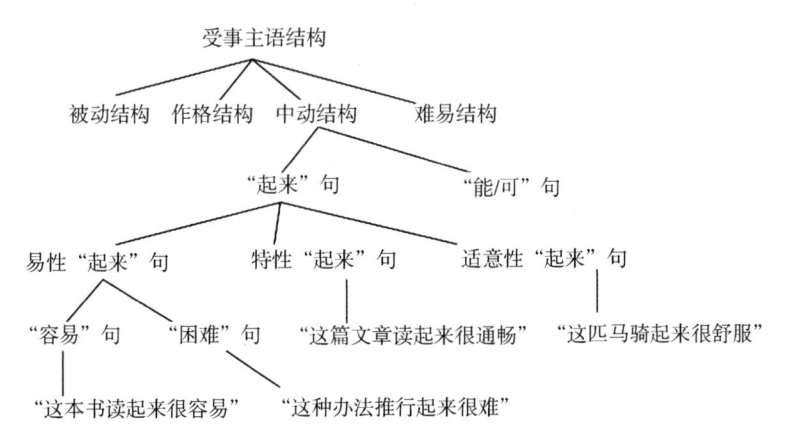

图 5.3 中动结构的图式性

由图5.3所示，受事主语句、中动结构、"起来"句、难易"起来"句、"容易"句在承继关系上表现为实例链接(instance links),下义范畴为上义范畴的实例。

在能产性上,首先我们来看中动结构对图式性较低的结构的允准程度。如前文所述,中动结构在主语上可以允准受事、方式、工具、处所等多种语义类型;在附加语上可以允准易性、特性、适意性等多种意义。因此,我们可以按照主语的语义类型将中动结构分为受事主语中动句和旁格主语中动句(包括方式主语中动句、工具主语中动句、处所主语中动句等类型),也可以按照附加语的意义将其分为易性中动句、特性中动句、适意性中动句等类型。由此可见,中动结构有较丰富的意义类型。这些意义类型在承继关系上体现为多义链接(polysemy links)。从这个角度讲,中动结构具有较高的能产性。

然而,我们也需要分析其受限制程度。上文提到,中动结构对其动词和附加语都有较严格的选择限制。状态动词、非自主动词都不能进入中动结构。不仅如此,事实上并不是所有的动作动词都能进入中动结构,如"出卖""批评"等施事性较强的动词一般不能用在中动句中,如例(38)和例(39)所示:

(38)？这种朋友出卖起来很难。
(39)？小学生批评起来很容易。

此外,在语义上指向施事的自主形容词也无法用在中动结构中,如"认真""仔细""马虎""感动"等形容词都不能用在中动句中。事实上,绝大多数的中动句都是以表示难易的成分作附加语。从这个意义上讲,中动结构的能产性不高。

从其出现频率来看,根据邓云华、尹灿(2014b)的研究,中动句在媒体语言语料库、国家语委语料库和北京大学现代汉语语料库中出现的频率并不太高,分别为2.04%、1.33%和0.95%,如表5.5所示。

表5.5　中动句在语料库中的频率(邓云华、尹灿,2014b：81)

	总数(句)	中动句数(句)	频率(%)
媒体语言语料库	32893	670	2.04

续表

	总数（句）	中动句数（句）	频率（%）
国家语委语料库	25984	345	1.33
北京大学现代汉语语料库	125644	1200	0.95

综上所述，汉语中动结构在能产性上呈现出中等能产的特点。它一方面能在较高程度上允准各种类型的中动句；另一方面又受到较为严格的限制。此外，它在语料库中出现的频率也反映了其中度能产的特点。

就其组构性而言，中动结构具有低组构性的特点，即它的形式和意义之间呈现出不匹配的特点。Troseth（2009）认为中动构句的本质就是动词价位和构式价位的不匹配。这种不匹配性表现为上文所讨论的"压制"，如例（40）的动词"移植"在中动构式义的压制下，受事提升到了主语位置上，而施事则没能投射到句法中，详见图 5.4。

（40）洋葱移植起来很容易。

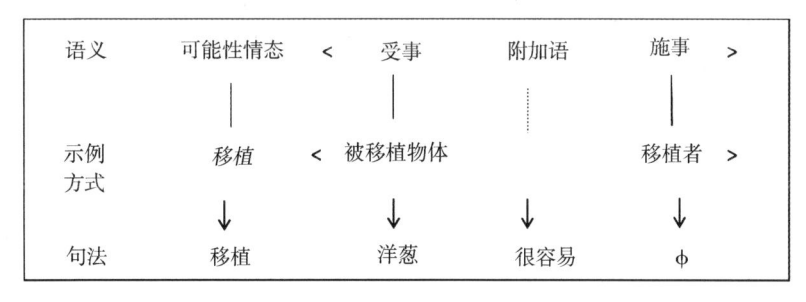

语义	可能性情态	< 受事	附加语	施事 >
示例方式	移植	< 被移植物体		移植者 >
句法	移植	洋葱	很容易	φ

图 5.4　"洋葱移植起来很容易"形式和意义的不匹配

第四节　本章小结

本章以构式语法为理论框架对中动结构的构式性进行了系统研究。首先，我们按照构式的定义从形式和意义的不可预测性、构式对其组成成分的特殊限制及其搭配偏向性四个方面考察了汉语中动结构的构式地位。研究表明，汉语中动结构是一个独立构式，它无法通过其他构式推测出来，也不依赖于其他构式而存在。

然后，我们确定了汉语中动结构所属的构式类别，指出中动结构是一种论元结构构式，并按照动词价位的增减把论元结构构式分成增价构式和减价构式，进而将中动结构界定为减价构式。中动结构的"属性义"和谓语动词的"动作义"相冲突，因此，动词义为了迁就构式义在句法和语义上临时做出了改变，体现了构式义和动词义的互动。

最后，我们从构式的维度和要素两个方面分析了汉语中动结构的构式特点。从维度上来看，中动结构是一个图式性、复杂性的语法单位。它由多个独立的语块构成，在形式和意义上具有较高的图式性。从影响构式架构的要素来看，中动结构表现为高图式性、中度能产性、低组构性的特点。

从以上分析可见，汉语中动结构一方面表现出构式义对动词义的压制，另一方面也表现出和其他构式之间的承继关系，如中动结构和受事主语句之间表现出示例链接，和其组成成分之间为次部分链接，它的各种意义类型之间体现为多义链接。事实上，中动结构也是一种多重性（multiple）链接，即它不仅可以看作受事主语句的一个实例，也可以看作低及物结构、"起来"结构①、评价结构等构式的实例，它们共同构成汉语构式系统。

---

① 此处"起来"结构指具有"NP+V 起来+AP"形式的结构。除中动结构之外，"起来"结构还包括以施事为主语的"起来"句，以及以感官动词和言说动词为谓语动词的"起来"句。例如，"李四唱起歌来很动听""他算起来也有四十多岁了"。

第六章

"NP+V 起来+AP"中动句内部的语法语义关系分析

我们在第四章把"NP+V 起来+AP"结构和"NP+能/可以+VP"结构界定为汉语中动结构,其中后者的内部语法关系较简单,没有引起争议,而前者则较复杂,争议也较大。因此,我们有必要对前者各组成成分之间的句法语义关系进行细致分析。

本章所说"NP+V 起来+AP"中动句是指我们界定为中动结构的那部分"NP+V 起来+AP"结构。其具体特征如下:①NP 大多数情况下是 V 的受事,也可以是其对象、工具、处所等成分;②V 不是感官、言说动词,而是动作动词,一般由及物动词充当,但当主语是工具、处所等成分时,可能是不及物动词;③"起来"虚化为中动标记,黏附于动词之后,所以"V 起来"通常被看作一个整体;④AP 不能从句中删除。如例(1)—例(3)所示:

(1) 这种做法,别说<u>学起来困难</u>,<u>用起来更困难</u>,阻碍了僮族人民的进步。
(2) 气动快门的皮线也牵制手脚,<u>操作起来不方便</u>。
(3) 质料是灰色的丝哔叽,颜色深浅适度,<u>穿起来很凉快</u>。

学界关于这类结构的研究并不少,但是对其组成成分之间的语法语义关系的研究不多,且各执一词、莫衷一是。有关"NP+V 起来+AP"中动句内部语法关系的争议集中在哪个成分是谓语核心上,有两种看法:一是"V 起来"是谓语核心;二是 AP 是谓语核心。第一种观点认为"V 起来+AP"是句子的谓语部分,其中"V 起来"是核心,AP 是其修饰语（Sung，1994；Ji，1995；余光武、司惠文，2008）。第二种观点虽然都把 AP 看作句法核心，但对"V 起来"的处理不同，主要有三种处理方法：一是"V 起来"是次话题（小主语），如吴为善（2012）；二是"V 起来"作状语，如曹宏（2004）、李晔（2015）；三是"V 起来"是插入语，如吕叔湘（1999）。

因为大部分学者都把非施事作主语的"NP+V 起来+AP"结构看作汉语中动结构，如 Han（2007），何文忠（2007），何晓炜、钟蓝梅（2012），熊学亮、付岩（2013）等，正确处理其内部语法关系对准确界定中动结构有重要意义，并且对汉语状中结构和述补结构的范畴问题有一定的启示。因此，有必要进一步探讨中动"NP+V 起来+AP"句各组成成分之间的句法语义关系。

第一节　"NP+V 起来+AP"中动句的谓语核心

一　"NP+V 起来+AP"结构的层次关系

要确定"NP+V 起来+AP"结构的谓语核心，首先要确定其谓语部分。对此学界有两种看法：第一种把 NP 当作主语，"V 起来+AP"当作谓语，大部分学者持此观点，如曹宏（2004）、何文忠（2007）、李晔（2015）等；第二种把"NP+V 起来"处理为主语部分，AP 是谓语，如吴为善（2012）。

"NP+V 起来+AP"句的主语和谓语该如何切分？我们来看主语的定义：主语是句子的一部分，通常由名词、代词或具有名词用途的词（有时加上附加语）充当，它指称事物（王力，1980）。由此定义可见，典型的主语是指人或指物的体词性成分，用来回答"谁"或者"什么"的问题。从句法特征上看，主语一般是名词或者名词性词组。从语义特征上看，首先，主语跟谓语动词之间有选择关系，即主语是谓语动词的施事、受事、工具等成分；其次，主语是有指称的，其指称对象一般是有定的（李临定，1994：167—170）。

根据主语的定义及其句法语义特征，可以判断"NP+V 起来+AP"句的主语是 NP，不是"NP+V 起来"。"NP+V 起来"不是一个完整的句法成分，不具有指称性，也很难说它是 AP 的哪种论元角色。而 NP 则是体词性成分，可以回答"什么"的问题，在句中充当 V 的受事，通过比较例（4）和例（5）可以发现："八旗生计问题解决起来很棘手"的主语为"八旗生计问题"。

（4）a. 什么问题解决起来棘手？
    b. 八旗生计问题。
（5）a.？什么棘手？
    b. *八旗问题解决起来。

此外，范继淹（1986）提出的"并立扩展法"也可以解决组合结构的层次问题。范继淹（1986：131）指出若 ABC 组合的后两项可以扩展为并立结构（BC+B′C′），那么 ABC = A+（B+C）。用此法分析"NP+V 起来+AP"句，可以发现"NP+V 起来"不能扩展为并立结构，而"V 起来+AP"可以，如例（6）所示：

（6）a. 这种石墨研起来很费劲。
    b. 这种石墨研起来很费劲，找起来也困难。
    c. *这种石墨研起来、这种石墨找起来很困难。

可见，"NP+V 起来+AP"结构的主语部分为 NP，谓语部分为"V 起来+AP"。那么"V 起来"和 AP 哪个是谓语核心呢？下面来探讨这个问题。

二　"V 起来+AP"的句法核心[①]争论

"NP+V 起来+AP"结构的谓语由两部分组成："V 起来"和 AP，因此，其句法核心有两种可能：其一，句法核心是 AP；其二，句法核心是"V 起来"，分别称为"AP"说和"V 起来"说。

1. "AP"说

持"AP"说的学者以曹宏（2004）、吴为善（2012）和李晔

[①] 文中的"句法核心"和"结构核心""谓语核心"不做区别，可以互换。

(2015) 为代表。曹宏 (2004) 认为否定词 "不" 一般位于主要谓语之前，"A 不 A" 式只能对主要动词提问，而就 "V 起来+AP" 而言，"不" 只能出现在 "V 起来" 后 AP 前，而且 AP 可以有 "A 不 A" 式正反重叠。因此她把 AP 看作句法核心。下面我们分别讨论 "A 不 A" 的用法和 "不" 的否定辖域问题。

① "A 不 A" 式

曹宏 (2004：48) 提到 "A 不 A" 式是主要谓语的特征，如例 (7) 和例 (8) 所示。而 "NP+V 起来+AP" 句中能用这种正反重叠的只有 AP [如例 (9) 所示]，因此证明 AP 是谓语核心。

(7) 小王个头高不高？（曹宏，2004：48）
(8) 你到底答应不答应？（同上）
(9) a. 意志是人类特有的心理过程，研究起来比较困难。
    b. 意志是人类特有的心理过程，研究起来困难不困难？
    c. *意志是人类特有的心理过程，研究起来不研究起来比较困难？

然而，汉语中的确存在内嵌式的 "A 不 A" 式，即 "A 不 A" 式中的 "A" 不一定是句子的主要动词，例如：

(10) 你觉得他们会不会来？

可见，能用 "A 不 A" 式的成分不一定是句法核心。此外，并不是所有的主要动词都可以用 "A 不 A" 进行提问。事实上，表示完成义的句子不能用这个格式，如例 (11b) 所示：

(11) a. 张三画了一个圆圈。
    b. *张三画不画了一个圆圈。

再如，Huang (1988：284) 提到 "他们来了" 有完成 (perfective) 和起始 (inchoative) 两种意义，而 "他们不来了" 只有起始义，没有完成义。

综上所述，一方面，"A不A"式的使用并不限于句法核心；另一方面，并不是所有的谓语动词（句法核心）都可以用"A不A"式进行提问。因此，能用"A不A"式不能证明AP是句法核心。

② "不"的辖域

我们先来比较例（12b）—例（12d），为什么例（12a）不能用"不"否定，但是能用"没有"和表示强调的"不是"来否定呢？

（12） a. 他们去了西藏。
　　　b. *他们不去了西藏。
　　　c. 他们不是去了西藏。
　　　d. 他们没有去西藏。

原因是"不"的辖域和"没有""不是"不同。"不"否定其直接成分，即紧随其后的成分①，而"没有"和"不是"则否定整个VP。因此，例（12b）—例（12d）可以分析为例（12b'）—例（12d'）：

（12） b'. 他们 [[V^0不 [V^0去] 了] 西藏]
　　　c'. 他们 [INFL 没有] [VP 去西藏]
　　　d'. 他们 [INFL 不是] [VP 去了西藏]

例（12b'）中的"不"先和"去"结合，然后"不去"再和完成体标记"了"结合，它表达的意义非常怪异："不去"这件事完成了。我们知道没有发生的事是无法完成的，因此，这种结构不成立。而在"不"后插入强调动词"是"，"不"就被限定在了INFL范围内，"不是"的辖域是整个NP。同样，例（12c'）中完成体"有"的否定

---

① Huang（1988：284）提出一个原则："不"否定的是其后的第一个核心动词（Principle P：The negative morpheme "bu" forms an immediate construction with the first V^0 element following it）。我们认为，"不"否定其后的第一个成分，不管它是不是核心动词，如：在"这种花不容易养"中，"不"否定形容词"容易"，不否定动词"养"；"他们不会去北京住"里的"不"否定的是表示推测的情态词"会"，不是动词"去"或"住"；"我不在图书馆学习"，否定的是"在图书馆"，不是"学习"。

形式"没有"的辖域是整个 NP，表达的意义是"去西藏"这件事没有发生。这就解释了为什么"这种石墨研起来很费劲"中的"研起来"不能用"不"否定，也不能用"A 不 A"式来提问［如例（13）所示］，"很费劲"是对事件的评价，没发生的或者不确定的事件无法谈论它是否费劲。

(13) a. *这种石墨［（不研起来）很费劲］。
b. *这种石墨［（研起来不研起来）很费劲］？

可见，可以被否定不能证明 AP 是句法核心。事实上，非核心成分反而有吸引否定词，使自己处于否定辖域内的能力（沈家煊，2003：21），如例（14）中的状语和补语：

(14) a. 我没有快跑。（跑了，但是不快，核心仍为"跑"）
b. 我没有跑累。（跑了，但是不累，核心仍为"跑"）

英语中的否定也是如此，如"He doesn't run fast"表达的不是"He doesn't run"，而是"He runs slow"。

2. "V 起来"说

Sung（1994：76—80）指出 AP 不是"NP+V 起来+AP"结构的句法核心，其证据如下。

一是如果主语满足不了主要动词的选择限制，加入附加语（adjunct）也无法变成合语法的句子。但是"NP+V 起来+AP"句不是如此，如例（15）所示：

(15) a. *这门课很有挫折感。
b. 这门课教起来很有挫折感。（Sung，1994：77）

二是附加语一般可以移动到主句主语之前，但是"V 起来"不可以，试比较例（16）和例（17）：

(16) a. 这家公司［在你来之前］就已经宣布破产了。
　　 b. ［在你来之前］这家公司就已经宣布破产了。
(17) a. 橄榄球［打起来］很刺激。
　　 b. *［打起来］橄榄球很刺激。（Sung，1994：78）

三是动词的外论元（"NP+V起来+AP"结构中的外论元为隐含形式）可以约束其统制域中的照应语（anaphor），因此，删除"V起来"的句子不合法，如：

(18) a. 这种玩笑开起来对自己没有好处。
　　 b. *这种玩笑对自己没有好处。

Sung（1994：80）进一步指出，虽然"自己"可以出现在主语位置，获得任意性解读［如例（19）所示］，但是例（18a）不同于例（19），例（18a）这类句子的结构可以用例（20）来表示：

(19) 自己的事情总比别人的重要。
(20)

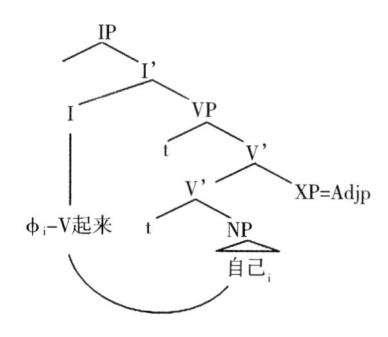

```
              IP
             /  \
            /   I'
           /   /  \
          I   /    VP
          |  /    /  \
          | /    t    V'
          |/        /    \
      φ_i-V起来    V'     XP=Adjp
                  /  \
                 t    NP
                      |
                    自己_i
```

（Sung，1994：80）

Sung（1994）所提出的证据基本可靠，但是这些证据只能说明"V起来"不是状语，并不能真正说明它是句法核心。要说明这个问题必须提出句法核心的判断标准。

三 句法核心的判断方法

袁毓林（2001）、沈家煊（2003）和宋文辉（2004）都零散提到过句法核心的判断方法，我们在其基础上提出以下五条标准。

A. 论元选择。有两个或两个以上谓词性成分的句子可以通过论元选择来确定句法核心。就"NP+V 起来+AP"结构来说，需要看施事和受事是 V 的论元还是 AP 的论元，是哪个成分的论元，哪个成分就是句法核心。显然，"这些问题处理起来很容易"的主语"这些问题"是动词"处理"的受事，而其任指的隐含施事"任何人"是"处理"的施事。此标准说明"V 起来"是句法核心。

B. 重动句。能够通过重叠构成重动句的动词可以看作句法核心①。请看例（21）：

(21) a. 他跑累了。⇨a′. 他跑步跑累了。
　　 b. 他跑了一个小时。⇨b′. 他跑步跑了一个小时。
　　 c. 他跳行了一段路。⇨c′. *他跳舞跳行了一段路。
　　 ⇨c″. 他跳行行了　一段路。

例（21a）和例（21b）的动词"跑"都可以通过重复构成重动句，因此，可以说这两句中的"跑"是句法核心。例（21c）中的"跳"不能通过动词重复的检验，而"行"可以。因此，"行"是这个句子的句法核心。用此标准来考察"NP+V 起来+AP"句可以发现，能够重复的成分是 V，不是 AP。例如：

(22) a. 大杯喝起来很过瘾。
　　 b. 大杯喝酒喝起来很过瘾。
(23) a. 奔驰开起来很快。
　　 b. 开奔驰开起来很快。

---

① 需要注意"重动句"只是判断句法核心的充分条件，而不是必要条件，即不是所有的句法核心都能够构成重动结构，如"他累死了"无法构成重动句。可见，"重动句"这条标准无法判断不能加宾语（部分不及物动词和形容词作谓语）的情况。

可见，可以通过 V 的重复来构成重动句也说明"V 起来"是句法核心。

C. 语法功能一致性。一般来说，向心结构的核心（head）是跟整体的语法功能相同的结构（Bloomfield，1933）。例如，在语法功能上"看清楚"="看"，"吃饭"="吃"，因此"看清楚"的结构核心是"看"，"吃饭"是"吃"。同理，"V 起来+AP"的结构核心为"V 起来"，一个重要的证据是这个结构可以带宾语①，而带宾语是动词的语法特点。这说明"V 起来"的语法功能和"V 起来+AP"整体的语法功能更一致，因而确定"V 起来"是结构核心。

D. 否定。正如沈家煊（2003）所说，非核心成分有吸引否定词使自己处在否定辖域内的能力。一般来说，对复合结构的否定是对非核心成分的否定，不是对核心成分的否定，请看下列例句：

（24）他打扫得不干净。——他打扫了，不干净。
（25）他没仔细找。——他找了，不仔细。
（26）他没穿鲜艳的衣服。——他穿衣服了，不是鲜艳的。
（27）他没吃鸡蛋。——他吃了，不是鸡蛋。

例（24）中"打扫得不干净"为动补结构，动词为句法核心，否定的是补语；例（25）中"仔细找"是状中结构，动词为句法核心，否定的是状语；例（26）中"鲜艳的衣服"是定中结构，名词是结构核心，否定的是定语；例（27）中"吃鸡蛋"是动宾结构，动词是结构核心，否定的是宾语②。用这条标准来检验"NP+V 起来+AP"句，可以发现否定的是 AP，不是"V 起来"［如例（28）所示］，因此，

---

① 一般情况下，这个结构的逻辑宾语是出现在句首的形式主语 NP，当主语为工具等非受事成分时，宾语可以出现在 V 后，"起"和"来"之间，如："这把刀切起冻肉来很快""高速路开起车来很过瘾"。

② 这种方法比较适合分析焦点性较强的宾语。例如，"他没吃饺子""他没开奔驰"最自然的意义是"他吃饭了，不是饺子""他开车了，不是奔驰"。而"他没吃饭""他没开车"中"吃饭"和"开车"已经凝结成一个词（相当于英语的"eat"和"drive"），"饭"和"车"所指的范畴不具体、辨识性不强，可以说它们不是典型意义上的宾语，因此无法否定"饭"和"车"。

AP 不是句法核心。

(28) a. 将整体剥离为子系统时，分析起来容易，但综合起来难。
　　　b. ……分析起来不容易，但综合起来不难。
　　　c. ……*不分析起来容易，但不综合起来难。

E. 意义类型。Talmy（2000）认为核心与非核心的区别是：核心属于开放类。此处所说的"开放类"不是指词的语法范畴，而是指句法成分的意义类型是否多样。若某句法成分只能由几种有限的意义类别来充当，可以说它是封闭类。语料分析表明"NP+V 起来+AP"结构中的 AP 只能是表达评价意义的短语，具体来说包含难度、适意性、特性比较三种类型，分别如例（29）—例（31）所示：

(29) 甲型肝炎治疗起来<u>比较容易</u>。
(30) 真空光电管体积大，使用起来<u>不方便</u>。
(31) 这酒喝起来<u>像水一样</u>。

绝大多数的 AP 表达难度或适意性，可见，AP 的语义类型较为单一，不属于开放类，因而不是结构核心。相反，动词 V 的意义类型多样，大多数的自主动词都可以进入"NP+V 起来+AP"结构。可见，"V 起来"比 AP 更具有句法核心的特征。

用这五条标准可以确定"NP+V 起来+AP"的句法核心是"V 起来"，事实上这些标准也可以用来判断其他结构的句法核心，如动结式、连动式、动宾结构、状中结构、定中结构等。此处不详述。

第二节 "NP+V 起来+AP"结构的语义核心

一 语义核心的判断标准

沈家煊（2003：20）指出：语义核心可能和句法核心不一致，有必要将语义核心和句法核心区分开来。语义核心是话语表达的重心，是话语的自然焦点，也可以称为"语义焦点"或"话语焦点"。语义焦点总是以新信息的形式出现，是说话者认为听话者没有掌握但有意让其了解的那部分信息（Jakendoff，1972：230）。语义核心通常具有如下几个特点。

第一，语义核心不能缺失。任何话语都必须有新信息，如果传递的是听者已知的信息，那么陈述无效（陆俭明，2013：246）。比如"The house was built."虽然语法上没有问题，但它没有任何意义，若加上时间成分变成"The house was built in 2010."就可以接受了，原因是"in 2010"通过为话语提供新信息而成为语义核心。

第二，语义核心一般具有较强的可扩展性。例如：

（32）a. 他走得很慢。
　　　b. 他走得慢得厉害。
　　　c. 他走得慢到你不相信的地步。
　　　d. 他走得慢到连蚂蚁也赶不上，更别说……（王丘丕君、施建基，1992：79）

第三，若没有焦点标记或重音，汉语话语的语义核心倾向于位于句末，因此被称为焦点在尾（end-focused）的语言。比如"我给了张三一幅画"的自然焦点是"一幅画"，而"我把那幅画给了张三"的自然焦点则是"张三"。

袁毓林（2003；2012）曾提到过一些确定语义焦点的原则。他指出汉语中有一些焦点标记词，或称焦点敏感算子，如"只""甚至""总是""不""必须""居然""都""也"等。通过这些算子可以判断焦点，具体原则如下。

A. 局域性（locality）。汉语的焦点算子和焦点需要处于同一小句中。试比较：

（33）a. 你必须通知学生下午去演播室录像。
　　　b. 你通知学生下午必须去演播室录像。

c. 你通知学生下午去演播室必须录像。

B. 约束的方向性（directionality of binding）。汉语话语的语义焦点必须在算子的统制域内，即算子在左，焦点在右。例如，"狗必须抱着"的焦点是"抱着"，即"不能让狗自己走"；而"必须抱条狗"的焦点是"抱条狗"，即"不能没有狗，不能抱只猫"。

C. 域的选择（domain selection）。汉语焦点算子的统制域只能是大于 VP 的语类，即 VP、IP、CP，不能是 NP 或 PP。例如，"他甚至打他的母亲"，不能说成"*他打甚至他的母亲"。

D. 最短距离原则（minimal distance）。汉语焦点算子需要浮动到尽可能靠近焦点的位置。如例（34）各句中，只有 c 句的焦点是"跑步"：

(34) a. 李四总是星期天早上跑步。
b. 总是李四星期天早上跑步。
c. 李四星期天早上总是跑步。

E. 焦点投射与重音（focus projection and stress assignment）。在算子的辖域内，树形图递归方向最深的成分及其投射均可成为焦点（Cinque, 1993），而且不必重读，如例（35）中的焦点可以是"三遍""读三遍""认真地读三遍"。算子辖域内的其他成分也可以成为焦点，但要重读，如"认真地"和"读"：

(35)

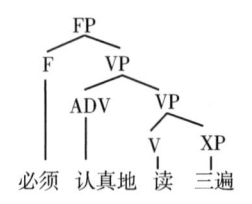

```
        FP
       /  \
      F    VP
      |   /  \
      |  ADV  VP
      |   |  /  \
      |   | V    XP
      |   | |    |
     必须 认真地 读  三遍
```

除了上面提到的焦点标记之外，很多学者认为"话题—陈述"句中的"很"几乎丧失了表示程度的功能（刘月华，1982；张伯江，

2011），逐渐虚化为一个焦点标记（朴正九，2016：394）。例如，"她很漂亮""他跑得很快"中的"很"并不表示程度高，若要强调程度高，可以用"极""十分"等副词来表达。事实上，"NP+V起来+AP"结构的AP在很多情况下是由"很+性质形容词"组成的形容词的复杂形式，如"材料所揭发的人和事处理起来很难"中的"很"的程度义很弱，去掉它语义几乎不受影响，因此，可以看作焦点算子。

没有焦点算子的情况该怎么确定焦点呢？袁毓林（2003：325）指出疑问句的焦点通常落在疑问词上，而陈述句的焦点结构需要和相应的疑问句一致，因此，可以用疑问句作为陈述句焦点的测试方法。例如，"这辆车开起来很快"不是叙述"开不开车"这件事，而是描述"车开起来怎么样"。因此，对它最自然的提问方式是"这辆车开起来怎么样？"或"这辆车开起来快不快？"，而不是"这辆车能不能开？"或"开不开这辆车？"。可见，"NP+V起来+AP"结构的语义核心是AP。

二 AP的语法地位

汉语语法结构和语义结构之间的关系比很多语言都要复杂，如陆丙甫、应学凤、张国华（2015：200）指出：汉语主语的话题性及宾语的焦点性强于大多数语言，表现之一是语义上"非典型主语"（non-canonical subjects，如"这土豆切片""一锅饭吃十个人"）和"非典型宾语"（non-canonical objects，如"吃食堂/官司/父母/大碗/软饭/那一套"）特别多。鉴于此，虽然确定了AP语义核心的地位，我们仍需要探讨其在句中的句法地位。关于这个问题，学界主要有两种观点：AP作谓语（曹宏，2004；李晔，2015；蔡淑美、张新华，2015等）和AP作状语[①]（Sung，1994；何文忠，2007；邓云华、尹灿，2014；王和玉、温宾利，2014等）。我们认为AP既不是谓语也不是状语，而是补语。前文已经论述过AP不是谓语的观点，此处不赘。AP是不是状语呢？我们需要从状语和补语的区别谈起。

1. 状语和补语的区别

汉语中的很多形容词既可以作状语也可以作补语，一般认为这些形

[①] 很多文献称为"修饰语"，如邓云华、尹灿（2014b），王和玉、温宾利（2014）等，我们认为他们所说的"修饰语"和本文中的"状语"没有区别，因此，将这些观点归为一类。

容词位于动词前则作状语,位于动词后则作补语(徐彩霞,2016:52)。状语和补语的区别不仅表现在语序上,也表现在语法语义特征、时间序列和话语功能上,详见表6.1。

表6.1　　　　　　　　　　状语和补语的区别

	状语	补语
句法功能	修饰动作	补充说明动作
所在句子性质	叙述句	描写句
时间序列	动作前或与动作同时	动作后或与动作同时
信息功能	旧信息	新信息
事件链中的地位	子事件	非子事件
与评议标记的兼容性	弱	强

由表6.1可知,在语法和语义特征上,状语所在的句子是叙述性的,起主要作用的是动词,状语只起辅助的修饰作用;补语所在的句子是描写性的,起主要作用的是补语,动词本身的意义反而要退居其次(尹绍华,2002:213)。此外,形容词作状语时多表示动作或动作者本身所具有的情态,作补语时则可以描写与动作相关的结果、状态、程度,也可以对它进行主观评价。试比较:

(36) a. 他开开心心地讲完了那堂课。
　　　b. 他讲那堂课讲得很开心。

在时间序列上,状语指称的状态一般不是动作导致的,它可以在动作发生之前就存在,也可以与动作过程同时存在;而补语则需要与动作的发生直接相关,多表示与动作同时呈现或出现于动作之后的新状态(邓思颖,2010:120),例如:

(37) a. 他糊里糊涂地坐了起来。➡a′. *他坐得糊里糊涂的。
　　　b. 第二十首d小调演奏得最多。➡b′. *第二十首d小调最多地演奏。

在话语功能上，首先，状中结构的新信息由动词来传达，而动补结构的信息焦点是补语；其次，状中结构往往叙述事件链中的一个子事件，与其他子事件有时间先后关系；动补结构是说话人对事件的主观评价，不与后续事件构成时间先后关系；再次，动补结构可以带"觉得""认为"等评议标记，也可以出现在感叹句、反问句、比较句等评议性较强的句式中（朱文文，2008：97）。请看例（38）：

（38）a. 胡振武<u>捆绑好</u>抬杠，和景荣老五挨肩<u>坐</u>在条凳上，<u>接过</u>老五递来的一支纸烟，<u>点着</u>了，<u>诚恳地说</u>："你一个人怎么办呢？"

b. "过两天我再来"耿林尽管<u>说得诚恳</u>，他还是脑袋里做了迅速的权衡……

（朱文文，2008：89）

2. AP 的句法属性

根据状语和补语的区别来考察"NP+V 起来+AP"中的 AP，可以发现：在语序上，它位于动词之后；在时间序列上，它与动作的发生直接相关；在语义上，它所在句子是描写性的，是对动作的主观评价；在话语功能上，它是信息焦点，可以出现在评议句式中。可见，AP 具备了补语的所有特征，处理为补语①比较合适。

因此，"V 起来+AP"结构可以看作类似于"V 得+AP"的动补结构，其相似性表现在以下几个方面：首先，二者都是描述句，不具有事件性；其次，二者都以 V 为句法核心，以 AP 为语义核心；再次，补语是形容词时，一般为状态形容词或形容词的复杂形式，只有表示对比时才会用性质形容词。

事实上，"V 起来+AP"结构和带评议补语的"得"字句在句法和

---

① 本书所说的"补语"不同于英语中的"complement"（为了和"补语"区别，译为"补足语"）。在传统语法中，"complement"被定义为"出现在系动词之后的名词或形容词词组，起描述或限定主语的功能。有些动词可以在宾语后带补足语，对宾语进行描述"（*Collins Cobuild English Dictionary*，2000：327）。生成语法中的"complement"指由核心投射出来，并在句法上与核心相邻或附着于核心的成分。而现代汉语中的"补语"是动词或形容词后面的补充说明成分（邵菁、金立鑫，2011：49）。

语义上都有极强的相似性，因此，可以把"起来"结构处理为评议性动补结构，和"得"一样，"起来"的意义也已经虚化，可以当作另一个补语标记，用来引出评议性补语。在已有研究成果的基础上，我们将汉语有标记的补语进行如下分类：

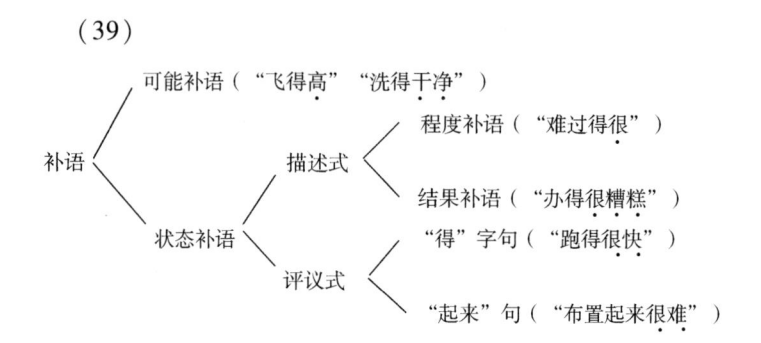

(39)

```
         ┌─ 可能补语（"飞得高""洗得干净"）
         │                ┌─ 程度补语（"难过得很"）
补语 ────┤    ┌─ 描述式 ──┼─ 结果补语（"办得很糟糕"）
         │    │           └─ "得"字句（"跑得很快"）
         └─ 状态补语 ──┤
                       └─ 评议式 ── "起来"句（"布置起来很难"）
```

各补语类型之间的区别如表 6.2 所示。

表 6.2　　可能补语、描述性补语、评议性补语的区别

	可能补语	描述性补语	评议性补语
性质形容词	+	−	−
评议性	−	−	+
习惯/能力	−/+	−/−	+/+
已然事件	−	+	(+)
可扩展性	−	(+)	+
否定形式去掉"得"	+	−	−

第三节　本章小结

鉴于文献中鲜有对"NP+V 起来+AP"中动句内部句法语义关系的研究，且研究结果有较大争议，本章对其句法语义核心做出了进一步的探讨，并提出了不同于以往文献的看法。

首先，我们依据主语的句法语义特征，并借助"并立扩展法"确定了"NP+V 起来+AP"结构的层次关系为"NP+（V 起来+AP）"。

其次，通过讨论已有研究存在的问题，提出了判断句法核心的标准，揭示了该结构的句法核心不是 AP，而是"V 起来"。"AP 说"存在的主要问题是没有弄清否定词的辖域，为了解决这个问题，我们提出了"不"的辖域："不"否定紧随其后的成分。

最后，本章探讨了"NP+V 起来+AP"中动句的语义核心。本章所讲"语义核心"其实是个语用概念，指的是信息焦点。各种证据表明，该结构的语义核心是表达评价意义的 AP，即该结构不是汇报"V NP"这件事，而是描述"V NP"这件事怎么样。需要注意的是，虽然我们用"AP"来标识这个句法成分，它不一定是形容词短语，也可能是动词短语、主谓短语、介词短语等。但无论是什么成分，它们的句法功能是一致的：都是作补语对动作进行主观评价。因此，我们提出："V 起来+AP"不是状中结构，而是动补结构。

这种分析对语法研究有重要的意义：首先，把"V 起来"处理为句法核心，AP 处理为语义核心，进一步证明了述补式结构和意义的不平衡性；其次，把 AP 看作补语，让我们认识到汉语的补语标记除了"得""个""得个"[1]之外，还有"起来"；最后，把"NP+V 起来+AP"中动句看作评议性补语句，让我们认识到中动结构不是孤立存在的构式，而是动补结构的一个类型。

---

[1] "个"后面的成分是否为补语有较大争议，详见尚新（2009：28—29）。

第七章

汉语中动结构的论元实现

我们在第三章讨论中动语义时曾经提到中动结构是对非施事主语属性的描述,具有施事无关性。从句法表层来看,只有在认知上受到凸显的非施事论元出现在句中,占据主语位置。而施事在认知上处于次要地位,除了依然是动作发出者之外,其特征和能力与事件关系不大,因而只存在于语义层,在句法上成为一个隐性论元。尽管如此,隐性施事的存在仍是中动语义的重要特征,学界对其讨论较多,争议也较大,因此,本章不仅讨论有句法地位的非施事主语,也对隐性施事的特征做出一定的说明。

第一节 隐性施事

学界一般认为中动结构的隐性施事具有任指性特征,可以将其解释为"任何人"或"人们"(曹宏,2005;何文忠,2007a 等),例如(1a)大概可以用例(1b)来进行解释:

(1) a. 类似的设备共有约 30 个,安装起来比较复杂。
　　 b. 任何人安装这些设备都比较复杂。

Ackema and Schoorlemmer(1994:69)甚至认为中动构句的本质就是隐性施事的任指性,中动句的类指性就是由施事的任指性特征所引起的。事实上,正如前文所述,中动结构的隐性施事的任指性是有一定限制的。我们最多只能说它在某种范围内具有任指性,而不能说它指向"任何人",如例(1a)的隐性施事不应是泛指的"任何人",而是"一般的安装人员"。下面的一组例子也可以说明这个问题：

(2) a. 控制军备协议来之不易，落实起来更加困难。
　　b. 异形纤维有许多本领，可是制造起来并不复杂。
　　c. 由于不法书商流动作案、非法出版物散布很广，这类案件查处起来困难很大。

在例 (2a) 句中，"落实控制军备协议的人" 不是 "任何人"，而是各国军方领导人；例 (2b) 中动作的施事 "制造异形纤维的人" 也不可能是 "任何人"，只能是该领域的专家；同样，例 (2c) 中 "查处这类案件的人" 也不是泛指的 "任何人"，而是警方或相关工商管理部门。可见，一般情况下，中动句的隐性施事不是没有任何限制的 "任何人"，而是能够执行动词所表达动作的一般人。

在中动构句过程中，施事在认知中的地位下降，成为背景性参与者，因而没能成为中动句的论元。这反映了中动结构构式义和动词义的互动。如前文所述，构式和动词的互动关系主要体现为动词的参与者角色 (participant roles) 和构式的论元角色 (argument roles) 的融合。而其融合也不是无条件的，Goldberg (1995) 提到过融合的两个条件：一是语义一致原则 (The Coherence Principle)，即只有语义上相容的角色才能融合；二是对应原则 (The Correspondence Principle)，即有词汇表现形式的参与者角色必须和构式中侧面化的 (profiled) 论元角色相融合。但是中动结构的动词义和构式义并不具有一致性（动词义强调动作性，而构式义强调状态性），因而不符合上述语义一致原则，动词的主动参与者，即动作发出者无法和构式的施事论元相融合。在此情况下，中动构式义较动词义更为强势，表现出构式义对动词义的压制，动词义在压制下临时改变了其意义和语法属性。典型中动结构的构式义对动词义的压制可如图 7.1 所示。

由图 7.1 可知，在动词义和构式义的互动中，中动结构的施事在句法中没有得到投射。换句话说，中动词的施事在构式中没有被侧面化 (profiled)，因此，中动词所表达的事件具有施事无关性，即事件按照何种方式或结果发生和施事的属性无关。可见，中动构句只规定了施事

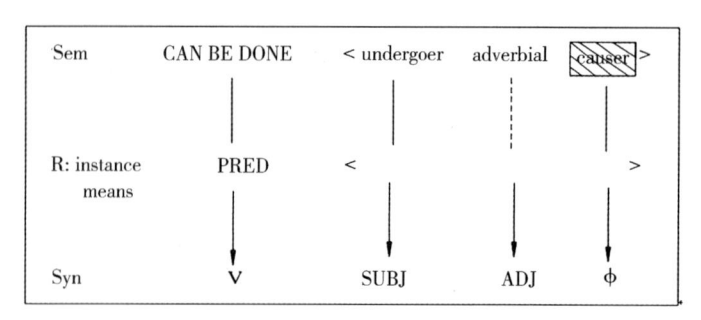

```
Sem    CAN BE DONE    < undergoer   adverbial   <causer> >
          │                │            ┊           │
          │                │            ┊           │
R: instance  PRED       <                           >
   means     │                │                     │
             ↓                ↓            ↓        ↓
Syn          V              SUBJ          ADJ       φ
```

图 7.1　中动结构构式义和动词义的互动

无关性，没有规定其任指性。在有些情况下，中动句的隐性施事可以是特指的某个人。例如：

（3）a. 九岁的孩子靠自己改变自己的命运，这事儿做起来真的很难。

b. 他们夫妻俩熬夜的习惯也该改掉，然而实际改起来却很难。

c. 一九四九年后，他上学的路程走起来更长了。

例（3a）中"做"的施事是"九岁的孩子"，例（3b）中"改"的施事是"他们夫妻俩"，而例（3c）中"走"的施事是"他"。可见，这些句子的施事都不具有任指性，事实上，它们的所指都可以在语篇中找到。事实上，还有一些中动句的施事可以出现在语篇中，通常以"××发现/认为/觉得""对××来说""依靠××的力量"等方式出现，如：

（4）a. 专家说，普通车的司机将发现"氢动一号"驾驶起来相当容易。

b. 我觉得这种无土栽培的花养起来省事，有观赏价值，而且好养。

c. 这些投诉的热点和难点问题，依靠消费者自身的力量解决起来非常困难。

d. ……三个选择对于很多家长更是成本的选择，第一个对

<u>于大部分家庭</u>来说，实现起来很容易。

上例（4a）中驾驶"氢动一号"的人"普通车的司机"，例（4b）中养花的人"我"，例（4c）中解决问题的人"消费者"，以及例（4d）中实现"三个选择"的人"大部分家庭"都出现在句中。根据我们搜集的语料来看，像这种施事以某种形式在语篇中出现的情况在CCL中有78例，占中动句总数的3.58%，如表7.1所示。

表7.1　　　　　　　　汉语中动句施事在语篇中出现的情况

施事出现情况	隐含	在语篇中出现	合计
数量	2100	78	2178
比例（%）	96.42	3.58	100

细看表7.1中施事在语篇中出现的例子可以发现，其施事的确立不是通过句法，而是通过语用推理来实现的，所谓的施事成分要么和中动句不在一个小句之内［如例（4a）和例（4b）两句］，要么是以附加语的形式出现［如例（4c）和例（4d）］，可见，它们不是中动句的论元。事实上，它们在其所在小句中的语义角色不是施事，而是感事（experiencer）。因此，上述各句不能证明汉语中动句的施事可以以普通论元的方式在句中出现。当然，也有学者不同意上述看法，认为汉语"起来"句的施事可以以论元的形式直接出现在句中（如古川裕，2005；严辰松，2011等），如何文忠（2007a：39）曾提到下面几个句子：

（5）a. 这个问题高材生解决起来比较轻松。
　　　b. 这个局面老警察控制起来比较容易。
　　　c. 那种机器孩子们操作起来很简单。

从表面上看，例（5）中的句子除了有施事出现之外，其他方面和我们所讨论的中动句没有分别。但实际上，例（5）中各句并不是中动句，而是主谓谓语句或双重主语句，是一般话题句，属于潘国良（1986）所说的话题句的一个类型。它们是下面各句的话题化：

(6) a. 高材生解决起这个问题来比较轻松。
　　b. 老警察控制起这种局面来比较容易。
　　c. 孩子们操作起这种机器来很简单。

例（6）中的各句都是以施事为主语的一般主动句，其话题化表达不是中动句，试比较例（7）和例（8）两组句子：

(7) a. 这个问题高材生解决起来比较专业。
　　b. 这个局面老警察控制起来比较到位。
　　c. 那种机器孩子们操作起来很熟练。
(8) a. ＊这个问题解决起来比较专业。
　　b. ＊这个局面控制起来比较到位。
　　c. ＊那种机器操作起来很熟练。

可见，例（5）中的句子和中动句不同，它们不是以非施事主语为中心的，例（9）和例（10）也可以说明这个问题：

(9) a. 这个问题高材生解决起来比较轻松，因为他们受过特殊训练。
　　b. 这个局面老警察控制起来比较容易，因为他们比较有经验。
　　c. 那种机器孩子们操作起来很简单，因为他们操作过类似的机器。
(10) a.？这个问题解决起来比较轻松，因为高材生受过特殊训练。
　　b.？这个局面控制起来比较容易，因为警察比较有经验。
　　c.？那种机器操作起来很简单，因为孩子们操作过类似的机器。

由此可见，汉语中动句的施事没有句法地位。但这并不意味着它不存在。如前文所述，施事的存在是中动句和作格句的重要区别，如例

(11) 中两句分别为作格句和中动句,其区别就在于例(11a)没有隐含施事,而例(11b)有。

(11) a. 这种伤口愈合起来很慢。
b. 这种伤口治疗起来很难。

综上所述,汉语中动结构的施事在语义层存在,但它在句法层没有得到投射,不能以普通论元的方式出现在句子中,是一个隐性论元,因此被称为"隐性施事"。这个隐性施事对事件发生的方式或结果不起作用,因而可以说中动句具有施事无关性,但它不一定具有任指性,有时可以是特指的。但大多数情况下,它不是特指的某个人,而是某个范围内的一般人。根据我们从 CCL 搜集的语料,2178 条中动句中只有 262 条的施事是特指的,占总数的 12.03%,如表 7.2 所示。

表 7.2　　　　　　汉语中动句隐含施事的指称特点

施事指称特点	某范围内一般人	特指某个人	合计
数量	1916	262	2178
比例(%)	87.97	12.03	100

第二节　非施事主语

汉语中动句的主语是句中唯一有句法表现的论元,我们将从其形式特征、意义类型、指称特点及施受特征四个方面对其进行系统研究。

一　主语的形式特征

语料分析表明,汉语中动句的主语一般是偏正式名词性短语,少数情况下也可以是光杆名词、动词短语、代词、疑问词或房玉清(1992)所说的附加式名词短语,分别如例(12a)—例(12e)所示。

(12) a. 餐馆办起来并非一帆风顺。
b. 驱逐 2.6 万难民听上去声势浩大,实施起来也不容易。

  c. 她学会了自己正位，一旦脱臼，就自己把它扶好、按准，这做起来不知该有多少苦衷。
  d. 哪一个目标做起来更难？
  e. 菜单式的用起来比较容易、简单。

这与何文忠（2007a）的观察有一定的出入。他认为汉语中动句的主语必须是体词性的，动词短语或小句不能做中动句主语，但例（12b）句的主语"驱逐2.6万难民"是动词短语。此外，李晔（2015）认为代词不能做中动句的主语，例（12c）句证明不是如此。但无论是哪种形式做主语，所起的作用都相当于名词短语，如对例（12b）的主语提问，只能用"什么实施起来不容易？"而不能用"怎么样实施起来不容易？"可见，它在本质上还是体词性的，类似于指事的名词①。

在真实语料中，汉语中动句的主语大部分都是有修饰语的复杂形式，很少以光杆名词的形式出现。例如：

  （13）a. 这种车状如自行车拉一个拖车，踏起来比人拉轻快一些。
  b. 这些通过中间商转运来的收音机，使用起来灵敏度高，选择性强。
  c. 这种令顾客放心的"保险锁"制作起来很简便。

此外，在很多情况下，中动句的主语可以省略，包括主语隐含和承前省略两种类型。前者指中动句的主语没有在句中出现，也没有在上文出现，但我们可以通过语境推测出其所指；后者指主语曾在上文中出现，为避免重复，在中动句中省略，分别如例（14a）和例（14b）所示。

  （14）a. 保护人员严重缺乏，装备落后，再加上境外偷猎走私

---

① 汉语的名词有指事和指物之分，前者指称事件，后者指称物体，它们有不同的用法，如可以说"轰炸结束了""战争开始了"，不能说"*桌子结束了""*桌子开始了"。

严重，<u>管起来困难的确不少</u>。

b. ［空调］在原来的基础上，推出了新款式，不但外观造型更美观，且增加了功能显示板，<u>用起来更方便</u>。

例（14a）的主语虽然没有在该句中出现，也没有在前文出现，但我们可以从语篇中推测出其所指应该是"偷猎现象"。例（14b）的主语"空调"没有在该句中出现，但可以在前文中得其所指。

在CCL语料库中各种形式的主语数量及其比例如表7.3所示。

表7.3　　　　　　　　中动句主语的形式分布特点

主语形式	名词短语	动词短语、小句	代词	疑问词	省略	合计
数量（句）	1509	89	12	9	559	2178
比例（%）	69.28	4.09	0.55	0.41	25.67	100

由此可见，汉语中动句的主语在形式上具有多样性，其中大多数是有复杂修饰语的名词短语，占中动句总数的69.28%，其次是主语省略的情况，占25.67%。事实上，不仅在中动句中，在其他语境中汉语句子也经常省略主语，这反映了汉语的一大表达特点，如房玉清（1992）曾提到过的例子：

（15）小鸭也诚然是可爱，遍身松花黄，放在地上，便蹒跚地走，互相招呼，总是在一处。

需要说明的是，表7.2中的代词包括人称代词和指示代词，不包括疑问代词。指示代词也包含"指示代词+名词"的情况，如例（16）中的"这件事""这一点"：

（16）a. 按现在的情况看，<u>这一点</u>却是说起来容易做起来难。
　　　b. <u>这件事</u>真正实施起来有较大难度。

疑问代词包含表示疑问和表示周遍性的两种情况，分别如例（17）

所示：

(17) a. 哪种方法实施起来较简单？
b. 什么不是说起来容易，做起来难！

二 主语的语义类型

文献中关于汉语中动句主语的语义类型的研究并不少，如何文忠（2007a：78—79）指出汉语中动句的主语除了受事之外，还可以是处所、工具、方式和时间成分。邓云华、尹灿（2014a）用中国传媒大学的媒体语言语料库和北京大学现代汉语语料库研究了汉语中动句主语的语义类型，得出了"受事主语>处所主语>工具主语/时空场景主语>方式主语/时空场景主语"的结论（邓云华、尹灿，2014a：88）。李晔（2015：53）用百度新闻搜索里的例句证明能够充当中动句主语的论元角色，按其频率从高到低为：受事、成事[①]、处所[②]、工具。

可见，何文忠（2007a）和邓云华、尹灿（2014a）认为汉语中动句的主语可以有受事、处所、工具、方式、时空场景五种类型。事实上后者的语料库研究正是依据前者的分类而进行的。邓云华、尹灿（2014a）没有提到其他的语义类型，也没有提到其语义类型的判断标准，因而其研究结果令人质疑。李晔（2015）基于小规模的新闻语言语料库所做的研究也有较大的局限性，其研究结果也没有可推广性。鉴于此，我们用北京大学现代汉语语料库重新研究了汉语中动句主语的语义类型，发现，用作中动句主语的语义角色非常丰富，不仅限于文献中提到的少数几个。除了受事、处所、工具、方式、时空场景、成事之外，对象、与事、感事、目标、当事、来源等语义角色也可以充当汉语中动句的主语。分别如例（18）中各句所示：

(18) a. 商贩因争抢摊位发生的纠纷多，且处理起来困难。

---

① 李晔（2015）用的是"结果"，为了和本文其他部分的术语一致，统一采用"成事"的说法。

② 李晔（2015）用的是"地点"，为了和本文其他部分的术语一致，统一采用"处所"的说法。

b. 意大利人讲："真没想到,在兰州还有这样正规的小高尔夫球场,打起来很顺手"。

c. 这种芯,照样能画记号、写字,而且比原先的打印石结实、耐用;只是写起来会弄脏手指,还容易摔断。

d. 我们现在还必须利用《四库全书》,就因为它搜罗宏富,查起来方便。

e. 夜间虽黑暗,路不崎岖,走起来并不感到烦难。

f. 冯总说,"因为国内外的升船机都不多,试验较少,建起来将具有很大的挑战性。"

g. [江南奥拓]是引进目前国外最先进的生产线制造的,密封性能好,噪声小,开起来特别舒适平稳。

h. 他不会汉语,交流起来十分困难。

i. 书生幼稚单纯,吓唬起来比较容易。

j. 有时候他也会走进地里,刨一、两个红薯。霜冻好一阵了,刨起来非常费劲。

k. 优秀棋手做起来并不容易。因为它不仅要求棋手在大喜大悲的结局面前保持平常心,更……

l. 因为我事先知道那公园一到晚上就没有行人,而且逃起来也很方便。

例(18)中的各句的主语分别为受事、处所、工具、方式、时间、成事、对象、与事、感事、目标、当事、来源。可见,可以作汉语中动句主语的语义角色至少有12种,即除了施事之外,几乎所有其他的语义角色都可以用作中动句的主语。

正如在介绍研究方法时所说,本研究不区分受事和对象,不论受不受动词动作的影响,我们都统一称为"经受者"(undergoer)。我们这种做法出于两种考虑：第一,当今的语言学研究一般不区分这两种语义角色,其区分对本书意义不大；第二,上述两种语义角色有时较难区分,如有学者认为例(19)中的主语是受事,有人认为是对象。鉴于此,为了保障数据的可靠性,我们不做区分。

（19）a. 这种牙刷刷毛纤细柔软，刷柄有独特的竹节结构和必要的弯曲度，使用起来轻巧灵便，口感舒适。

b. 一名推车进棚的学生自豪地对记者说，这种车骑起来轻松，速度也快。

在北京大学现代汉语语料库中，以上各种语义角色作汉语中动句主语的频率如表 7.4 所示。

表 7.4　　　　　　汉语中动句主语的语义类型

主语语义类型	数量（句）	比例（%）
经受者	1829	83.98
成事	169	7.76
与事	27	1.24
工具	23	1.06
处所	87	3.99
方式	24	1.10
时间	10	0.46
目标	3	0.14
感事	2	0.09
当事	2	0.09
来源	2	0.09
合计	2178	100

可见，汉语中动句的主语绝大多数都是经受者，占中动句总数的 83.98%，其次为成事，占 7.76%。经受者和成事都是动词的内论元，在主动句中一般作典型的宾语。在以非内论元作主语的情况中，处所占据较大的比例，其次为与事、方式和工具，再次为时间成分。目标、感事、当事和来源虽然可以用作汉语中动句的主语，但其比例较小，因而典型性较低。

三　主语的指称特点

我们将从以下几个方面来探讨汉语中动句主语在指称方面的特点：

①主动句的主语是指向抽象事物还是具体事物？若是具体事物的话，它是指人还是指物？②中动句主语的人称有何特点？是第一人称、第二人称，还是第三人称？③中动句的主语是定指的，还是非定指的？若是定指的，是类指、任指还是特指？我们将用北京大学现代汉语语料库（CCL）对汉语中动句主语在指称上的分布特点进行统计和分析。首先来看第一个方面。

1. 指事主语与指物主语

有不少学者在研究英语中动结构时发现其主语一般都是指向具体事物的，因而得出"中动句不能以抽象事物为主语"的结论（如 Van Oosten，1986；Lekakou，2005 等）。因而，在研究汉语中动结构时，有些学者就照搬了上述说法，认为汉语中动句的主语也不能是抽象事物（Sung，1994）。也有学者因为汉语"起来"句在很多情况下都是以抽象事物为主语而否认它是中动句（殷树林，2006）。

我们认为汉语中动句的主语不一定需要和英语中动句完全对应。我们知道英语和汉语本身就是两种完全不同的语言，前者被称为主语型语言，后者为话题型语言。因此，这两种语言的主语无论在形式上，还是在语义上都有较大区别。英语中动句不能以抽象事物为主语，并不意味着汉语中动句不可以，事实上，预料中有不少抽象事物作汉语中动句主语的情况，请看例（20）。

（20）a. 这与港英政府遗留下来的历史问题有很大关系，这些问题处理起来并不容易。

b. 虽然制订了阿拉伯经济走联合之路的总体战略，但是实施起来困难重重。

c. 胎儿在母体子宫中的发育属于"黑箱过程"，研究起来极其困难。

上例中句子的主语"问题""战略""发育过程"都是抽象事物，不是具体物体，但我们仍然可以讨论其属性，因此可以用在中动句中。

文献中也有不少研究者认为中动句的主语不能指人，只能指物（如 Fellbaum，1986）。这种观察没有充分的证据，如例（21）中的句子都是以指人的名词为主语的中动句：

(21) a. 国家队队员年龄较大，结婚的较多，住处比较分散，管理起来有困难。

b. 老年人耳背眼花身体差，照顾起来要比小孩辛苦得多。

c. 张强认为这些中性化女生交流起来比较容易……

可见，无论是指人名词，还是指向抽象事物的名词都可以作汉语中动句的主语，事实上，汉语中动句的主语不仅可以指向事物（包括人），也可以指向事件。例如：

(22) a. 欧洲国家虽然承诺将增加驻阿维和部队数量，但真正做起来却困难重重。

b. 这个回前诗就告诉你，家住江南姓本秦，这个家住江南考证起来比较繁杂，我今天先姑而不论。

上述各种类型的主语在 CCL 中的分布频率如表 7.5 所示：

表 7.5　　　　汉语中动句主语的指称特点（1）

主语指称类型	指事	指物			合计
		抽象	具体		
			物体	人	
数量（句）	103	858	1166	51	2178
比例（%）	4.73	39.39	53.54	2.34	100

如表 7.5 所示，汉语中动句的主语绝大多数是指物的，2178 条中动句中，有 2075 条以指物的名词短语为主语，占 95.27%，而以指事成分（包括动词短语、小句、代词、主语省略情况）为主语的中动句有 103 条，仅占 4.73%。

指物的情况中，大部分是指向具体事物的。2075 条指物中动句中有 1217 条指向具体事物，占中动句总数的 55.88%，占指物中动句的

58.65%。主语指向抽象事物的中动句共 858 条，占中动句总数的 39.39%，占指物中动句的 41.35%。

主语指向具体事物的 1217 条中动句里，又有 1166 条是指向具体物件（非人）的，占中动句总数的 53.54%，具体事物为主语的占中动句的 95.81%。而以指人的名词短语或代词作主语的中动句只有 51 条，占中动句总数的 2.34%，具体事物为主语的占中动句的 4.19%。可见，汉语中动句以人作主语的情况较少，绝大多数情况下是以物为主语的。

中动句较少以指人的名词或代词为主语，可能是因为说话者较少对人进行直接评论，而且以人为主语的句子可能有歧义。例如：

（23）她找起来比较容易。

例（23）可以有两种解释："找她容易"或"她找某种东西容易"，分别如例（24a）和例（24b）所示。

（24）a. 她不是在家就是在办公室，所以［她］找起来比较容易。
　　　b. 她在国外，你想要的那本书，她找起来比较容易。

根据例（24a）的解释，例（23）是中动句，而若解释成例（24b），它就是主动句。可见，以指人的成分为主语有可能有"主语为动作发出者"（actor）或"主语为被聚焦的动作经受者"（undergoer）两种解释。因此，以人为主语的中动句所占比例较少。

2. 主语的人称特点

李青（2001：42）也指出人称代词一般不做受事主语句的主语，只有在下列情况下可以。

其一，谓语为表示遭受意义的动词，如"他挨打了""他蒙受了不白之冤"。其二，谓语动词为表示使动意义的词，如"他动了手术""他扎了针"。其三，动词前有"可以""值得"等助词，如"他可以信赖""他值得尊敬"，或者情态动词后有"给予""加以"等词语，如"他应当加以抚慰""他应该给予资助"。其四，小主语为名词的主谓谓语句,如"他开水烫的""他火烧的"。

除了上述情况外,汉语受事主语句甚少用人称代词作主语。事实上,汉语中动句一般也不用人称代词作主语,可能是因为人称代词施事性较强,会被误认为是施事,如上文中提到的例(23)所示。但中动句也有人称代词作主语的情况,如:

(25) a. 他内外兼修、以德服人,相处、沟通起来比较容易。
　　　b. 他要是迁走了工作站,对付起来恐怕更难。
　　　c. 如果让他跑到树林里,找起来就难了。

在前文中提到,汉语中动句的主语绝大多数都不是指人的,即使是指人的,在人称上来看,也基本上都是第三人称,我们在 CCL 中没有发现以第一人称为主语的中动句,只发现 2 例用第二人称代词作主语的句子,其中第二句还是表达任指意义,不是真正的第二人称:

(26) a. 我心想,你是搞音乐的,相处起来一定容易。
　　　b. 这儿就是这样,只要你是中国人,相处起来就没有问题。

由此可见,第一人称和第二人称极少充当中动句的主语,这与李晔(2015:56)的结论类似,她没有找到一例用第一人称和第二人称作主语的中动句。这是因为在指人的成分中,施事性最强的就是人称代词,尤其是第一人称和第二人称,很容易被误认为是施事。汉语中动句主语所指的人称分布见表 7.6。

表 7.6　　　　汉语中动句主语的指称特点(2)

主语所指的人称	第三人称	第二人称	第一人称	合计
数量	2176	2	0	2178
比例(%)	99.91	0.09	0	100

3. 定指主语与非定指主语

朱德熙(1982:96)指出,汉语句子的主语一般是有定的事物,

宾语多是无定的事物,即汉语句子倾向于用定指的主语,非定指的宾语。例如:

(27) 桌子上有一幅画。

例(27)中的"桌子"是定指的,即听话者知道其所指,而"一幅画"是非定指的,即听话者不知道其所指。事实上,在表达事件时,位于主语位置上的光杆名词在指称上一般是有定的,位于宾语位置上的光杆名词一般是非定指的,试比较:

(28) a. 客人来了。
　　　b. 来客人了。

例(28a)表达的意思是某个特定的客人来了,说话者和听话者都知道客人是谁,他们可能正在等这个客人;例(28b)中来的客人不是说话者和听话者所期待的人,听话者并不知道客人是谁,因此是无定的。也就是说例(28a)中的"客人"对听话者来说是旧信息,而例(28b)中的是新信息。

汉语句子倾向于用有定事物作主语、无定事物作宾语的特点,是由句子的信息结构决定的。一个句子往往是从旧信息开始,用新信息结尾,即越靠近句尾的位置表达的信息内容就越新(方梅,1995)。

刘道英(2001:9)也认为只有有定的受事才能够提升到话题位置上来,试比较:

(29) a. 我喜欢这个杯子。
　　　b. 这个杯子我喜欢。
(30) a. 他打碎了一个杯子。
　　　b. *一个杯子他打碎了。

例(30b)之所以不能成立,是因为"一个杯子"是不定指的,不能作话题。同样,李青(2001:41)在讨论汉语受事主语句时,也指出位于主语位置上的受事主语通常是定指的,不定指的受事成分不能作主语,如例(31)所示。

(31) a. 那本书送给李明了。
b. *一本书送给李明了。

我们知道汉语中动句的主语是描述或评价的对象,可以看作话题,而且大部分的中动句都是以受事(广义上的受事,包括对象)为主语,因此,不少学者认为汉语中动句的主语在指称上也必须是有定的,如曹宏(2005)等。

但是,根据我们对 CCL 里中动句的分析,汉语中动句的主语有时是非定指的情况,如:

(32) a. 欧盟的一些措施在这类企业中落实起来相对比较困难。
b. 他向大家解释:有些事谈起来不方便……
c. 农村经济和社会进步如何同步发展等新的矛盾和问题,有些问题解决起来难度相当大。
d. 有些日子坎坷不平,艰难险阻,爬起来是无休无止,而有些日子则是缓坡坦途,可以唱着歌儿全速下降。

例(32)中的几个句子的主语都是由"一些"或"有些"修饰的名词短语,在指称上都是无定的。但这并不意味着任何无定形式都可以作汉语中动句的主语,如若把例(32a)中主语的修饰成分"欧盟的"去掉,"一些措施在这类企业中落实起来相对比较困难"就不是合语法的句子,同样,若把例(32b)—例(32d)中的"有些"换成"一些""几个""一个"等无定数量短语,句子也会变得不合语法。

由此可见,除了像例(32a)这种有范围的不定指(我们称之为"假性不定指")之外,其余的不定指形式要作主语,必须加上一个表示无定的语法标记"有",石毓智(2010:131)称为定量的"有"。事实上,不仅中动句如此,其他句子用数量短语作主语时也需要加上

"有",请看例(33)—例(35):

(33) a. *一件事我想跟你打听打听。
b. 有件事我想跟你打听打听。
(34) a. ?一些同学出国了。
b. 有些同学出国了。
(35) a. *几篇文章需要翻译。
b. 有几篇文章需要翻译。

虽然无定主语可以出现在中动句中,但其数量较少,CCL中仅有17例以无定形式为主语的中动句,除了有8例属于上述所说的"假性非定指"现象之外,其余都包含无定标记"有"。如前文所述,中动句是对主语属性的描述或评价,这个被描述或评价的对象一般是说话者和听话者已知的信息,因而一般是有定的。CCL中以有定形式为主语的中动句为2161例,占总数的99.22%,可以说该语料库里几乎所有的中动句都是以有定形式为主语的。

有定形式又可以分为类指、任指以及特指。类指也称通指,指的是某一类事物;任指指称的是任何人或任何事,所指范围具有不确定性,经常可以加上"无论""任何"等词语(吕叔湘,1982);特指为特定指称,指向特定事物(王力,1980),分别如例(36)—例(38)所示:

(36) a. 这种茅舍体积很轻,移动方便,转位自由,编起来并不费力。
b. 女式橱柜比较注重颜色、装饰性,用起来更加温馨。
c. 鱼、虾、贝、蟹等,虽说是餐桌上的美味佳肴,却又脏又腥,拾掇起来颇为麻烦。
(37) a. 什么事情都是说起来容易做起来难。
b. 一门外语学起来已经很费劲,重新开始学法语占用时间太多……
c. 一本书写起来也不是件容易的事,更不用说他要在一年时间内完成三本。

（38）a. 这件事涉及面大，处理起来很容易得罪人。

b. ……力图用波长更短的光进行光刻，从而使槽刻得更细，但这种技术开发起来困难重重。

c. 汉语作为有声语言学起来不算太难，作为有声语言汉语的书写符号汉字，学起来就不那么容易了。

例（37）—例（38）说明汉语中动句的主语可以是类指的，也可以是任指或者定指的。这个发现与 Ji（1995）和曹宏（2005）的观点有所不同。

Ji（1995：46—47）在讨论中动句的类指性特征的时候，曾指出该特征来源于三个方面：①隐性施事的类指性；②中动句所表达的事件的类指性；③主语所指的类指性，如例（39）的类指性可以解释为例（39a）、例（39b）、例（39c）三种：

（39）单亲家庭的孩子教育起来难度较大。
　　a. 人们教育单亲家庭的孩子难度较大。
　　b. 单亲家庭的孩子通常教育起来难度较大。
　　c. 所有单亲家庭的孩子教育起来都难度较大。

也就是说汉语中动句的主语一般具有类指性的特征，曹宏（2005：207）也同意 Ji（1995）的看法。而我们基于实际语料的研究证明汉语中动句的主语极少数是无定的，绝大多数是有定的，后者占总数的99.22%。有定主语又有类指、任指和特指三种情况，其分布如表7.7所示。

表7.7　　　汉语中动句主语的指称特点（3）

主语指称特点	非定指	定指			合计
		类指	任指	特指	
数量	17	1151	23	987	2178
比例（%）	0.78	52.85	1.06	45.31	100

四 主语的施受特征

Fillmore（1968）认为像"主语""宾语"这样的语法范畴没有跨语言的统一性，而语义角色在各种语言中具有较大的一致性，因为它是以人类相似的认知经验为基础的。语义角色是 Fillmore（1968）所提出的格语法（case grammar）的核心，他认为论元的表层语法功能无论怎么变化，其语义角色都不会变化，如在主动句中充当宾语的受事论元，在被动句中作主语时，仍然是受事。然而，这并不是说语义角色可以自由地充当各种语法角色。语义和语法的配对是有一定的依据的，如无标记的主语倾向于按照如下序列选择语义角色：施事>工具>对象/受事。

而 Dowty（1991）则认为语义角色不是离散的范畴，而是一个连续统。他认为只有施事和受事是讨论语义关系时所必需的，因而称为"原型施事"（proto-agent）和"原型受事"（proto-patient）[①]。"原型施事"具有如下五个特点：①自主性，即自主地参与事件或者状态；②知觉性，即对事件或状态有感知；③致使性，即可以引发某事件或状态，或致使另一个参与者的变化；④位移性，即相对另一参与者有位置变化；⑤独立性，即不依赖于动词所表达的动作而存在。

"原型受事"也有五个特征：①经历变化，即进入或淡出某种状态，或大小、形状、组成等发生变化；②受影响性，即受到另一参与者的影响；③静止性，即相对于另一参与者的位置处于静止状态；④属于增量对象（incremental theme），即在事件中逐渐形成，其过程有可测量性；⑤依赖性，即依赖于动作而存在，离开了事件就不复存在。

当然，并不是所有的施事或受事都具有以上所有原型性特征，拥有以上特征越多的语义角色，原型性就越强。原型施事和原型受事处在连续统的两端，其他语义角色根据其施事性或受事性的强弱分布于中间，如图 7.1 所示，其中"R"代表"语义角色"（role）。

在这个连续统中，施事性较强的语义角色靠施事较近，如工具，受事性较强的语义角色靠受事较近，如对象。当然，各种语义角色之间并没有明显的界限。施事性较强的语义角色倾向于作典型的主语，而受事

[①] 也有学者称为"原施事"和"原受事"，如张伯江（2009），或"施事原型角色"和"受事原型角色"，如牛保义（2005）。

```
原型施事 ──────── R ──────── 原型受事
```

图 7.1　语义角色连续统

性较强的语义角色倾向于作典型的宾语，陈平（1994）认为作主语的语义角色序列如下：施事＞感事＞工具＞当事①＞处所②＞对象＞受事。这些语义角色在连续统中的位置可如图 7.2 所示。

```
施事—感事—工具—当事—处所—对象—受事
```

图 7.2　汉语中典型语义角色连续统

图 7.2 中越靠左边的语义角色越倾向于作典型的主语（主动结构的主语），而越靠右边的语义角色越倾向于作典型的宾语（主动结构的宾语）。中动结构是对事件非典型的识解（construal），因而属于有标记的（marked）的表达方式，其主语的选择和主动结构有一定的区别，如前文所述，充当汉语中动句主语的语义角色的连续统可用下图来表示：

```
经受者—成事—处所—与事—方式—工具—时间—目标—当事/感事/来源
```

图 7.3　汉语中动句主语的语义角色连续统

如图 7.3 所示，受事性较强的"经受者"（包括"受事"和"对象"）与"成事"处于中动句主语连续统的最前端，而施事性较强的语义角色，如当事、感事，处于连续统的最末端，而施事性最强的"施事"不能做中动句的主语。这种分布和 Dowty（1991）、陈平（1994）的观察基本一致。

由此可见，中动句的主语具有较强的受事性，在很多情况下是受影响的对象。但是，也有学者指出中动句主语有些类施事的特征，如 Lakoff（1977）、Van Oosten（1986）、Hale and Keyser（1987）等。Van

---

① 陈平（1987）称为"系事"，为使术语统一，本文统一用"当事"。
② 陈平（1987）称为"地点"，为使术语统一，本文统一用"处所"。

Oosten（1986：137）把中动句的主语称为"动作的能量来源"（energy source），认为它能够独立执行动词所表达的动作，能够为事件的发生负责任，在事件中，主语具有引发力量（causal force）。这就是学界盛传的"责任条件"。

很显然，上述观点夸大了中动句主语的施事性，它并不是动作发出者，不能独立执行动作。若认为中动句的主语能够独立执行动作，那隐性施事就没有存在的必要，中动句就和作格句没有分别，都表达自发事件，但事实上并不是如此，试比较：

(40) a. 石头滚下山了。
　　 b. 没人碰这块石头，它自己滚下山了。
(41) a. "氢动一号"驾驶起来相当容易。
　　 b.？"氢动一号"不需要人驾驶，它自己可以驾驶自己。

例（40）、例（41）说明，中动句的主语不是动作发出者，但它也不是完全受动的对象，其属性可以促进或者阻碍事件的发生，因此，Davidse and Heyvaert（2007）称为"促进性"（conducive）主语。换句话说，中动结构的主语既有受事的特点，又有施事的特点。其施事性在于对事件发生的责任性，如例（42）所示。

(42) a. 藏语真正学起来并不难，因为它和汉语有诸多类似之处。
　　 b. 藏语真正学起来并不难,？因为我有很多时间。

事实上，为了提高句子的可接受程度，说话者经常会把主语能够促进或阻碍事件发生的属性明示出来。例如：

(43) a. 这些科普读物［引人入胜而又富有启发］，读起来难度不大。
　　 b. 罗伯森（基金）［一向又是大出大进］，运作起来风险很大。

　　　　c. 我感觉路遥写得［太实在，太陈旧，太沉闷，太拖沓］，读起来太艰难。

　　例（43a）中能够让这些科普读物读起来难度不大的属性是"引人入胜而又富有启发"，例（43b）中导致基金运作风险大的原因是"大出大进"，例（43c）中导致路遥的作品读起来艰难的属性是"太实在，太陈旧，太沉闷，太拖沓"。这些对事件的发生起主要作用的属性都在句中得以明示。根据我们所统计的语料，CCL中有856条中动句像上例一样把主语属性或致使事件发生的原因明示出来，占中动句总数的39.30%，如表7.8所示。

表7.8　　　　　　　　中动句主语责任属性的明示情况

	责任属性隐含	责任属性明示	合计
数量	1322	856	2178
比例（%）	60.70	39.30	100

　　一般来说，责任属性没有在句中明示的情况，是其属性较容易推断或为听话者所熟知。例如：

　　（44）a. 民事官司打起来很麻烦、也很累。
　　　　　b. 这样的小区，真是住起来舒服，用起来方便，看起来顺眼，谈起来高兴呵！
　　　　　c. 血液循环系统疾病、癫痫病、妄想症、痴呆症等一系列疾病，治疗起来比其他精神疾病要复杂。

　　例（44）没有将主语能够促进或阻碍事件发生的属性明示出来。有些学者认为中动句的属性需要隐含，属性明示的句子不是中动句（严辰松，2011）。但中动语义只规定了主语的责任性，没有规定这些责任属性需要隐含，因此，不能因为这些属性出现在句子中，就否认该句为中动结构。

第三节 本章小结

本章主要探讨汉语中动句的论元实现，包括其隐性施事和位于主语位置上的非施事论元。我们认为汉语中动词的施事在语义层存在，在句法层没有位置，因此是一个隐性论元。我们用 CCL 对其指称特点及其是否在语篇中出现进行了统计分析，研究发现绝大多数中动句的隐性施事不出现在语篇中，占总数的 96.42%，在其指称上来看，大部分中动句的隐性施事指向能够执行动作的一般人，占 87.97%。

隐性施事在语篇中出现的情况不能证明汉语中动句的施事有句法地位，因为它们不能以普通论元（regular DP）的形式出现在中动句中，其所指也多是通过语用推理得出的。此外，隐性施事在指称上不具有文献中所说的"任指性"特征，它的任指性有一定的范围限制，即能够执行动作的一般人。

本章对中动句主语的研究主要有如下结论。

一是在形式上来看，汉语中动句的主语一般为有复杂修饰语的名词短语，占中动句总数的 69.28%，此外，汉语中动句的主语经常可以省略，包括主语隐含和承前省略两种情况，占总数的 25.67%。

二是从语义类型上来看，绝大多数的汉语中动句以动词的内论元为主语，包括受事、对象和成事，共占中动句总数的 91.77%。汉语中动句的语义类型较其他语言更加丰富，这可能是由汉语本身的特征所决定的。如前文所述，汉语是话题型语言，很多语义角色都可以充当汉语句子的主语。

三是从指称上来看，汉语中动句多指向具体物体，占总数的 53.54%，但也有 39.39% 的中动句的主语表达抽象事物。除此之外，与文献中的发现不同的是，汉语中动句的主语还可以指向事件或人，分别占 4.73% 和 2.34%。

四是从人称上来看，绝大多数汉语中动句指向第三人称，占总数的 99.91%，以第二人称为主语的情况只有 0.09%。我们没有发现以第一人称为主语的中动句。

五是绝大多数中动句的主语在指称上是有定的，占 99.22%。这是因为汉语句子，尤其是受事为主语的句子，倾向于用定指的形式作主语。这与汉语作为话题型语言的特点也有一定的关系，因为话题一般都是有定的。

六是就施受关系而言，汉语中动句一般倾向于选择受事性较强的语义角色充当主语，但是它不是完全被动的角色，其属性是导致事件按照规定方式发生的主要原因，在这个意义上说，它也具有一定的施事性。汉语中动句主语的属性一般是隐藏的，占 60.70%，当然，也有 39.30% 的中动句将其致使事件发生的属性明示在句中。可见，属性是否隐藏不是中动语义所规定的内容。

第八章

汉语中动结构对其动词的选择限制

本章将从动词的形式特点、意义特点及其及物性三个方面来探讨汉语中动结构对其动词的选择限制。动词的形式特点包括其时体特征（中动句与不同时态和体标记共现的可能性及其频率）和复杂程度（中动词倾向于有复杂修饰语还是用光杆形式？）两个方面。

对其意义特点的研究主要是为了探讨何种类型的动词可以进入汉语中动句，将从其自主性、体类型和及物性三个方面进行分析。需要注意的是，这个部分对动词的研究是指它进入中动结构之前的情况，即在定义中的语义特征。此处的"体类型"是指动词的过程特征，以 Vendler（1967）对动词的分类为依据。

本章第三部分对中动词及物性的探讨是指动词进入中动结构以后的情况，主要关注中动结构构式义和动词义的互动关系。

第一节 动词的形式特点

一 动词的时体特征

1. 时间特征

戴耀晶（1997：1）指出时和体虽然紧密相关，但它们是两个不同的概念。"时态"和说话的时间有关，具有指示性（deictic），而体则和话语发生的时间无关，不具有指示性。一种语言只有具备了表达"时"和"体"意义的形态时，才能认为该语言具备了时范畴和体范畴（戴耀晶，1997：6）。我们知道汉语的动词不像印欧语言那样有丰富的时态变化，因此，有不少学者认为汉语没有"时态"这个概念，只有"体"

范畴，但这并不意味着我们无法谈论过去发生的事情。虽然汉语没有时范畴，我们仍然可以用时间副词或其他词汇方式来表达过去、现在和将来发生的事件。

就中动句而言，在时间特征上，它一般不和表示特定时间点的词语连用。但这并不是说汉语中动句不能描述过去的情况，事实上，有些表达过去时间段的词语，如"过去""以前""当时""建国初期"等，可以用在中动句中，例如：

(1) a. 过去街道打扫起来十分费事。
b. 以前所有的滴灌系统接口都用螺口，在大面积的滴灌中，安装起来十分费事。
c. 不过，若考虑到当时的环境，这一点却是说起来容易做起来难。
d. 十万斤辣椒面今天看起来不算什么，但建国初期，筹集起来可不是那么容易的。

以上几个例子虽然是对过去情况的描述，但它们也都不是事件句，表达的仍然是主语的属性，只是这种属性可能今天已经不复存在。上例也不能说明汉语中动句可以和表达时间点的成分连用，像"那一刻""1999年3月18日上午8点"这样的时间表达方式就不能用在中动句里，请看下例：

(2) a. ? 那一刻街道打扫起来十分费事。
b. ? 1999年3月18日上午8点，所有的滴灌系统接口都用螺口，在大面积的滴灌中，安装起来十分费事。

例(2)中的句子可接受程度较低，这是因为中动句是属性描写句，而属性一般具有较强的持续性，不是在某个特定的时间点才会表现出来。根据我们对CCL里中动句的统计，除了有52例用了"从前""以前""解放前""过去""建国初期"等表达过去时间段的词语之外，也有33例用了"现在""今天"等表示现在的词语，如：

（3）a. 小龙虾像泥鳅一样喜欢在水塘下的泥土中做窝，洪水冲不走它，只是现在捉起来要费些劲，价格也因此贵些。

b. 过去为了工作不得不写的东西，今天读起来仍然感觉新鲜。

c. 所以现在有许多西方的译诗读起来颇为费力，甚至使人觉得有些"朦胧"。

d. 这种事现在办起来很容易，一两句话的事儿。

各种时间表达在 CCL 中的出现情况如表 8.1 所示。

表 8.1　　　　　　　汉语中动句的时间特征

	无时间标记	过去	现在	合计
数量	2093	52	33	2178
比例（%）	96.09	2.39	1.52	100

如表 8.1 所示，汉语中动句绝大多数情况下没有时间标记词，这是因为大多数情况下，中动句所描述的属性具有恒时性，不会随时间的变化而变化。当然，中动句也可以用来讨论由于过去或者现在的条件所限而展现出来的属性，这种属性可能不具有稳定性，会随时间的变化而变化。

2. 体态特征

如前文所述，汉语的动词没有时态形式标记，时在汉语中是通过词汇方式来表达的。体在汉语中的地位和时不同，大部分学者认为汉语的体系统较为丰富和复杂，如高明凯（1948）总结了汉语体范畴的如下六种形式：

A. 进行体，标记词有"正在""着""在""在……着"等；

B. 完成体，主要用"了""好了""过"等词语标记；

C. 结果体，常见标志有"到""着""得""住"等；

D. 起动体，常用"恰""刚""才"等词语标记；

E. 叠动体，常用动词的重叠形式来表达，例如"敲敲""看看"等；

F. 加强体，多用同义词连用的形式来表达，如"观看""叫唤"等。

戴耀晶（1997：3—5）则认为体形式虽然主要用动词来表现，意义却是附着于整个句子的。它表达的是事件的情状特点，有时用词语来表达，有时用形态形式来表达。他按照视角的不同，把现代汉语的体范畴分为两大类六小类。

（1）通过外部观察法表达的是完整体

句子所表达的事件是完整的、不能分解的，包括如下三个小类：

A. 现实体，多用形态标记"了"来表达。该小类表达已经实现的完整事件，包括追忆或假想的现实。

B. 经历体，用"过"进行表达。经历体表达的是经验历程上的完整事件。

C. 短时体，用动词的重叠形式来表达。表达持续时间较短的完整事件。

（2）通过内部观察法来表达的是非完整体

非完整体表达的事件是非完整的、可以分解的，包括如下三个小类：

D. 持续体，用"着"来表现。持续体表达正在持续当中的事件。

E. 起始体，用"起来"进行标记。起始体表达已经开始并将继续进行下去的事件。

F. 继续体，用"下去"来标记。继续体表示到达某个阶段以后还将继续进行的事件。

戴耀晶（1997：33）还指出从语用上来看，完整体具有较强的叙述倾向，非完整体具有较强的描写倾向。也就是说，前者一般是叙述句，陈述一个整体的事件，后者一般描述事件的一个部分。

从整体上来看，中动句表达的是一种非完成体，不叙述完整的事件。从谓语动词来看，它是由动词加"起来"组成的动词短语，不能带上述任何体标记。需要注意的是，汉语中动句里的"起来"不是上述起始体的标志"起来"，二者在意义上有一定的区别，其实"起来"在现代汉语中有较丰富的意义。

刘月华（1998：341）总结了"起来"作为趋向补语的如下四种用法：

A. 趋向意义，表示事物由低到高的移动，例如：

(4) a. 看到主任进来了，方庆立即站了起来。
　　b. 把头抬起来！
　　c. 快去把经理叫起来！

B. 结果意义，表示结合、固定、连接、聚集等方面的意义，例如：

(5) a. 这直径3米的钢管是用钢板焊起来的。
　　b. 高校教师压力大的原因归纳起来主要有三条。
　　c. 首先，把一张正方形的纸对折起来……
　　d. 重要的是要把人民的智慧集中起来。

C. 状态意义，表示事件处于某种状态，例如：

(6) a. 大家都唱起来，跳起来！
　　b. 女大十八变，连小于也变得漂亮起来。

D. 特殊用法，从某方面对人或事物进行描述或评论，或表达说话者的一种观点或看法，例如：

(7) a. 国外的旅馆住起来还是很舒服。
　　b. 这件事看起来又要泡汤了。

中动句里的"起来"属于趋向补语的特殊用法，表达对位于主语位置上的人或事物的描述或者评价。此处的"起来"没有词汇意义，只有语法意义，宋玉柱（1981）称为"时态助词"。当它用在中动句时，可以赋予动词非事件性与状态性的意义，所以我们称为"中动语素"（middle morpheme）或"中动标记"（middle marker）。它和法语里的"se"和德语里的"sich"一样，都可以用来标记中动结构。

二　动词的复杂程度

我们认为，作为中动标记的"起来"由状态义或起始义虚化而来，它不能独立使用，必须附着在动词后。中动的"起来"虽已高度语法化，但仍保留了微弱的状态义。因此，若它用在动词后，就不能再用表达其他意义的补语。事实上，汉语中动句的动词多数情况下以光杆的形式出现，有时也允许有简单的修饰语，例如：

（8）a. 对于政府采取的这些措施，印尼国内的反对声浪也很高涨，真正实施起来，每一步均十分艰辛。
　　 b. 夫妻俩熬夜的习惯也该改掉，然而实际改起来却很难。
　　 c. 解决耕地撂荒问题涉及方方面面，具体做起来恐怕难度还不小。

何文忠（2007a：79）提到汉语中动句的动词有时也可以带宾语，例如：

（9）a. 大树底下搭起帐篷来容易。
　　 b. 双立人的刀切起冻肉来方便。

我们在 CCL 中没有发现类似句子，但从理论上讲，何文忠提到的例子应该可以成立。但中动句动词带宾语的情况极少，而且仅限于主语不是动词内论元的情况，如例（9a）的主语为处所/时空场景，例（9b）的主语为工具。需要注意的是，若动词带宾语，宾语需要放在"起"和"来"之间。

虽然中动词在少数情况下可以带宾语，但它不能带补语，也就是说述补结构不能用在汉语中动句中，如下例所示：

（10）a. *这些杯子打碎起来很容易。
　　　b. *这种纸撕起碎片来很容易。

这或许是因为汉语中动句的"起来"仍有微弱的状态义，因此和表示结果义的补语相冲突。

根据我们对 CCL 的分析，绝大多数汉语中动句的动词是以光杆形式出现的，2178 句中有 2018 句的动词为光杆形式，占中动句总数的

92.65%。该语料库里只有 160 例中动句有简单的修饰语，以"真正""实际""具体""认真"为主，占中动句总数的 7.35%。光杆形式和非光杆形式中动词在 CCL 中的分布情况如表 8.2 所示。

表 8.2　　　　　　　　　　中动词的复杂程度

	光杆形式	非光杆形式	合计
数量	2018	160	2178
比例（%）	92.65	7.35	100

第二节　动词的意义特点

一　自主性

曹宏（2004a：14）认为只有自主动词才能进入汉语中动句，这种看法得到了学界的认可。自主动词和非自主动词的区分是马庆株（1988）首先提出的。他认为自主动词在语义上表达有意识的、有心的动作，即动作发出者能够有意识地决定、自主地执行、自由地支配动作或行为。非自主动词表示无意识、无心的动作或行为，也可以表示变化或属性。变化是动态的，属性是静态的，无论是动态的变化，还是静态的属性，都不受施事或者动作发出者的支配（马庆株，1988）。汉语自主动词和非自主动词的划分如图 8.1 所示。

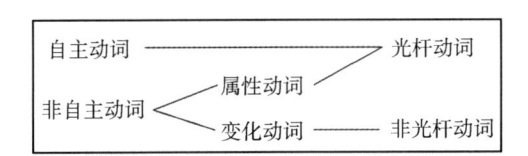

```
自主动词 ──────────── 光杆动词
          ┌ 属性动词
非自主动词 ┤
          └ 变化动词 ──── 非光杆动词
```

图 8.1　汉语里的自主动词和非自主动词（马庆株，1988：22）

自主动词和非自主动词的判断标准，可以看它能否出现在图 8.2 所示的句式中，能出现的为自主动词，不能出现的为非自主动词。

我们以"读"和"塌"为例来说明二者的区别，它们在如图 8.2 所示的句式里的表现分别如例（11）和例（12）所示。

```
I    Ia: V+{祈使}       Ib: V+O+{祈使}
II   IIa: V+来/去       IIb: V+O+来/去
     IIa1: 来/去+V+来/去   IIb1: 来/去+V+O+来/去
     IIa2: 来/去+V      IIb2: 来/去+V+O
```

图 8.2　自主动词的判断标准（马庆株，1988：17）

(11) a. 读！
　　 b. 读这篇文章！
　　 c. 读书去！
　　 d. 去读书去！
　　 e. 来读书！

(12) a. *塌！
　　 b. *塌房子！
　　 c. *塌房子去！
　　 d. *来/去塌房子来/去！
　　 e. *来塌房子！

由例（11）—例（12）可见，"读"可以用在自主动词所出现的典型框架中，而"塌"不可以，因此，"读"是自主动词，"塌"是非自主动词。然而，这并不意味着动词的自主性是其固定的、不变的属性。正如我们在第二章提到的那样，自主动词和非自主动词是一个连续统，没有截然的区分。有时要判断一个动词是否为自主动词，还需要具体的语境，同一个动词在不同语境中可能会表现出不同的自主性，因此，最好用"动词的自主用法"和"非自主用法"来代替自主动词和非自主动词的说法，例证如表 8.3 所示。

表 8.3　　动词的自主和非自主用法（张伯江，2009：35）

动词	自主用法	非自主用法
1. 说	说自己的事	说胡话/说梦话
2. 看	专看马连良的戏	马连良没看多少，净看小丑表演了
3. 做	做了一辈子的好事	做了自己最不情愿的事

续表

动词	自主用法	非自主用法
4. 听	竖起耳朵听	净听他一个人瞎嚷嚷了
5. 带	带给你两本书	带来一阵风
6. 找	找了你半天	找了一场大麻烦
7. 送	送他两百块钱	反倒送了他一个大便宜

因此，曹宏（2004a）有关只有自主动词才能用在中动句中的说法可以修改为：只有动词的自主用法才能进入中动句，如要确定动词"找"是否能进入中动句，需要看其搭配，"找她"可以，"找麻烦"不可以，请看下例：

(13) a. 选中她主要是因为她家住在西区，找起来方便。
　　 b. *这种麻烦找起来不容易。

中动句所表达的事件都是说话者意欲使之发生的，说话者无意或者无法控制的动作不能用在中动句里，试比较：

(14) a. *这么小的孩子在街上乱跑，撞起来很容易。
　　 b. 这口钟撞起来声响很大。

例（14a）不能成立，是因为"孩子被撞"不是说话者有意发生的事情，而例（14b）中的"撞钟"则是。此外，有些本来接受程度差的中动句，在合适的语境中可能会变成可以接受的句子，例如：

(15)? 手机偷起来很容易。

例（15）的可接受程度较差，因为普通人并不希望自己的手机被偷。但若例（15）出自小偷之口，其可接受程度就高多了，因为在这个语境中，"偷手机"是说话者意欲发生的事情。

二 及物性

曹宏（2004a：14）在讨论汉语中动结构对其动词的选择限制时，还提到汉语中动句的动词必须为及物动词，不及物动词不能进入中动句，例如：

(16) a. *战争爆发起来十分容易。
　　　b. *这些故事笑起来很容易。

事实上，有些不及物动词也可以用在汉语中动句中，我们在CCL中发现了109例以不及物动词为谓语动词的中动句，例如：

(17) a. 至于合作对象，要找观念较接近者，沟通起来较容易。
　　　b. 尽管天气转好，但这条路仍然泥泞不堪，走起来十分吃力。
　　　c. 这块被午后阳光温暖的大石躺起来格外舒服。
　　　d. 这双鞋鞋跟很高，走起来有点踩泥的感觉，深一脚，浅一脚。

细看例（17）中的各句可以发现，它们的主语都不是动词的内论元，一般是与事、处所、工具等旁格形式。CCL里用及物动词和不及物动词的中动句的分布情况如表8.4所示。

表8.4　　　　　　　　　　中动句动词的及物性

	及物动词	不及物动词	合计
数量	2069	109	2178
比例（%）	95.00	5.00	100

由此可见，能进入汉语中动句的动词绝大多数是及物动词，只有少数的不及物动词可以用在中动句中。这与中动句主语的类型有关。我们在第六章曾经提到汉语中动句的主语在大多数情况下是动词的内论元

(包括受事、对象和成事),而只有及物动词才有两个参与者,其外论元在中动句中为隐性施事,内论元作主语。然而,并不是所有的及物动词都可以用在中动句中,例如:

(18) a. *听话的孩子讨厌起来很难。
b. *这辆车踢起来不容易。

上例中的"讨厌"和"踢"都是及物动词,却不能构成合格的中动句,因此,我们还需要其他条件来限制能进入中动句的动词。

需要注意的是,我们此处所讨论的及物性是动词进入中动结构之前的情况,即能够进入汉语中动句的动词一般为及物动词。这并不是说中动词,即在中动句语境下的动词,是及物动词。中动词的及物性我们将在下一节进行探讨。

三 体类型

何文忠(2007a)借鉴了Fagan(1992)的看法,认为能够进入中动结构的动词必须是Vendler(1967)所说的活动词项(activity verbs)和目标词项(accomplishment verbs),成就词项(achievement verbs)和状态词项(state verbs)不能用在中动句里,例如:

(19) a. 仙女座距地球过于遥远,观测起来十分困难。
b. 这些民族人口少,居住相对集中,他们的问题解决起来相对容易。
c. *山顶到达起来不容易。
d. *淘气的孩子喜欢起来很难。

例(19a)和例(19b)中的动词"观测"和"解决"分别为活动词项和目标词项,因此可以进入中动句;而例(19c)和例(19d)的动词"到达"和"喜欢"分别为成就词项和状态词项,因而不能构成合格的中动句。以上动词的区别如下例所示:

(20) a. 我们正在观测仙女座。
　　 b. 我们正在解决问题。
　　 c. *我们正在到达山顶。
　　 d. *我们正在喜欢淘气的孩子。
(21) a. 我们观测了三个小时。
　　 b. 我们用了三个小时解决了这个问题。
　　 c. 我们到达山顶三个小时了。
　　 d. 我们喜欢这些孩子三年了。

　　由例（20）可见，活动词项和目标词项可以和进行体的标记"正在"连用，成就词项和状态词项不能用进行体。例（21）表明，四种动词的过程结构不同。活动动词可以和表示时间段的词语连用，如例（21a）表达的意思是"在三个小时内，我们一直在观测"；目标动词和时间段连用的情况和活动动词不同，如不能说"我们解决了三个小时"，只能说"我们用了三个小时解决了问题"，而且该句的意思不是说"在三个小时内，我们一直在解决问题"，而是"三个小时结束的时候，我们解决了问题"。由此可见活动词项和目标词项的区别。

　　成就词项和上述两种动词的不同之处在于它没有时间段的延续，因此，不能和表示时间段的词语连用，只能和表达时间点的词语连用，因此例（21c）的意思不是说"在三个小时内，我们一直在达到山顶"，而是说"三个小时前，我们到达了山顶"，即"到达山顶"这件事三个小时前就完成了。试比较：

(22) a. 我们三个小时前/五点钟的时候到达了山顶。
　　 b. *我们到达三个小时。

　　状态词项与此不同，如例（21d）虽然在形式上和例（21c）类似，意义却有较大区别。例（21d）的意思不是"三年前，我们就完成了喜欢这些孩子的事件"，而是"我们喜欢这些孩子"这个状态持续了三年了，而且还可能继续持续下去。这类动词的动作性很弱，一般是静态的，因此被称为"状态词项"。

根据我们对 CCL 的考察，中动句的动词绝大多数是动作词项，2178 句中动句中有 1850 句用了动作词项，占总数的 84.94%；248 句用了目标词项，占 11.39%。另有 61 句用了成就词项，占 2.80%，19 句用了状态词项，占 0.87%，如表 8.5 所示。

表 8.5　　　　　　　　　中动句的动词类型（1）

	动作词项	目标词项	成就词项	状态词项	合计
数量	1850	248	61	19	2178
比例（%）	84.94	11.39	2.80	0.87	100

由表 8.5 可见，中动句的动词绝大部分都是动作词项，目标词项所占比例比预料中要低得多。之所以如此，可能是因为目标词项一般通过动补结构来表达，而中动句的动词一般为光杆形式，且排斥动补结构，例如：

(23) a. *玻璃杯打碎起来很容易。
　　 b. *圆规画圆起来很容易。

此外，我们发现与学界主流观点不同的是，成就词项和状态词项也能进入汉语中动句，分别如例（24）和例（25）所示：

(24) a. 这只是美好幻想，实现起来非常困难。
　　 b. 小提琴是弓子放在弦上，掌握起来相对比较容易。
　　 c. 课文中的许多新词理解起来有一定的难度。
　　 d. 日记上的字显得很小，辨认起来十分费力。
(25) a. 巡防司令部对面的招待所……住起来比较舒适。
　　 b. 已拆封的进口材料和部件存放起来十分不便。
　　 c. 这块被午后阳光温暖的大石躺起来格外舒服。
　　 d. 如此神秘的物质保存起来颇费周折……

由此可见，并不是只有活动词项和目标词项才能进入汉语中动句，诸如"实现""掌握""理解""辨认"等成就词项和"住""躺""储存""存放"等状态动词也可以用在中动句中。

郭锐（1993）认为 Vendler（1967）对动词的划分不够科学，因为动词的过程结构并不是离散的，而是一个连续统，有中间类型存在。因此，郭锐（1993）根据动词的起点、续断和终点三要素的有无和强弱把汉语中的动词分为五大类、十小类：

A. Va：无限结构：无起点、无终点、续段极弱，如"作为""是""等于"。

B. Vb：前限结构：有起点、无终点、续段很弱，如"认得""认识""晓得""熟悉"等。

C. Vc：双限结构：有起点、有终点、有续段。根据起点、终点、续段的强弱不同，又可以分成五小类：Vc 1— Vc 5 续段逐渐增强（动作性增强），终点也逐渐增强：

Vc 1："姓""相信""重视""喜欢""懂"等；

Vc 2："有""希望""信任""爱护"等；

Vc 3："住""坐""依靠""病""醉"等；

Vc 4："等""敲""端""工作""战斗"等；

Vc 5："看""吃""修改""搬""烧"等。

D. Vd：后限结构：有续段和终点，但无起点，常带有变化的意义，例如"实现""变化""离开""减少""出现""打破"等。

E. Ve：点结构：起点和终点重合，具有瞬时性和变化性，例如"失败""毕业""考试""结婚""碰见""发明""获得"等。

以上各种过程结构类型的区别见表 8.6。

表 8.6　　　汉语动词过程结构（改编自郭锐，1993：75）

大类	小类	了	时量	着	正在	过
无限结构	Va	-	-	-	-	-
前限结构	Vb	I①	I	-	-	-
双限结构	Vc1	I	I	-	-	+
	Vc2	I	I	+	-	+
	Vc3	I, F②	I	+	+	+
	Vc4	I, F	I	+	+	+
	Vc5	I, F	I,	+	+	+

① "I"带"了"表示开始，带时量宾语表示动作的持续时长。
② "F"带"了"表示结束，带时量宾语表示动作结束后的时长。

续表

大类	小类	了	时量	着	正在	过
后限结构	Vd1	F	F	+	+	+
	Vd2	F	F	−	+	+
点结构	Ve	F	F	−	−	+

在此基础上，郭锐（1997：163）指出谓词最重要的特征是时间性，分内在时间性和外在时间性两个方面。前者是指谓词所表达情状随时间而展开的内部结构，包含情状的起点、续断及其终点。后者是指谓词所表达的情状是否实现为真实世界时间流中的一个事件。从外在时间性来看，谓词可以分为两种：一种可以带"了"等时间成分，可以实现为时间流中的一个事件，称为"过程时状"；另一种不能带"了"，不表达时间流中的事件，称为"非过程时状"。因此，汉语的动词可以分为"过程动词"和"非过程动词"，也称"静态动词"和"动态动词"，如图 8.3 所示。

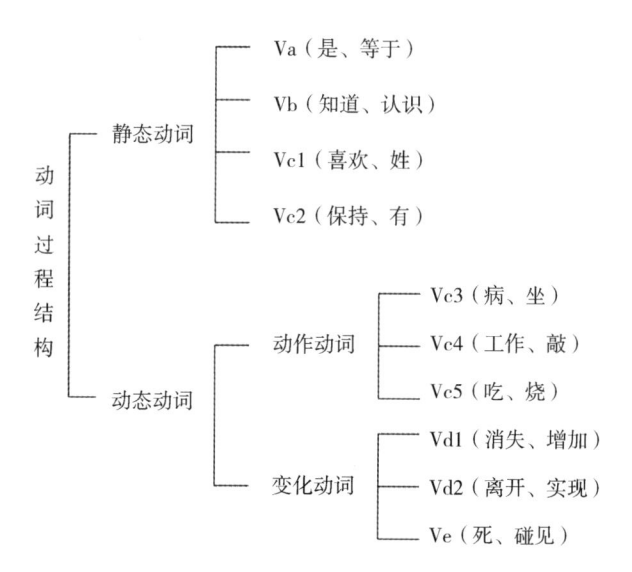

```
                      ┌─ Va（是、等于）
          ┌─ 静态动词 ├─ Vb（知道、认识）
          │           ├─ Vc1（喜欢、姓）
动词       │           └─ Vc2（保持、有）
过程       │
结构       │           ┌─ 动作动词 ┌─ Vc3（病、坐）
          │           │           ├─ Vc4（工作、敲）
          └─ 动态动词 │           └─ Vc5（吃、烧）
                      │           ┌─ Vd1（消失、增加）
                      └─ 变化动词 ├─ Vd2（离开、实现）
                                  └─ Ve（死、碰见）
```

图 8.3　汉语动词的过程结构（郭锐，1997：171）

根据我们对 CCL 的考察，用在汉语中动句中的动词一般为双限结构里的动作动词（Vc3、Vc4 和 Vc5），在 2178 条中动句中，有 1850 条用了该类动词，这和 Vendler（1967）所说的动作词项有一定的重合。

此外，用在中动句里的动词还包括双限结构里的静态动词（Vc1 和 Vc2）、后限结构里的 Vd2，以及前限结构（Vb），数量分别为 19、299、10 条，没有发现无限结构和点结构用在中动句里的情况。其分布情况如表 8.7 所示。

表 8.7　　　　　　　　　　中动句的动词类型（2）

	动态动词		静态动词		合计
	动作动词	后限结构变化动词	双限结构静态动词	前限结构	
代号	Vc3、Vc4、Vc5	Vd2	Vc1、Vc2	Vb	
数量	1850	299	19	10	2178
比例（%）	84.94	13.73	0.87	0.46	100

无限结构（Va）、后限结构里的 Vd1 和点结构（Ve）之所以不能用在汉语中动句中，可能是因为这些动词本身无法和"起来"连用，分别属于房玉清（1992）所说的无法和"起来"结合的五类动词里的第 B、E 和 A 类：

A. 表示动作结束的动词，如："完""结束""见""毕业""死""到"。

B. 不表变化的动词，如："以为""给以""是""好像""例如""等于"等。

C. 表示动作有了结果的述补式合成词，如："推翻""取得""获得""确定""表明""认得"。

D. 表趋向的动词，如："去""回""入""进""出""起"等。

E. 表动态的动词，如："继续""消失""开始""发生""出现"等。

四　物性角色类型

只考虑动词本身，无法保证生成合格的中动句。因此，在考虑动词的同时还需考虑它与主语的搭配，即动词能否反映主语名词某方面的物性角色。按照 Pustejovsky（1991）对名词物性结构的描述，物体有以下四个物性角色，见表 8.8。

表 8.8　名词的物性结构

代号	物性角色	例子
Qc	构成	这把椅子是木头的，这个杯子是玻璃的
Qf	外形	这把椅子是红色的，这本书是 16 开的
Qt	功用	字典是用来查阅的，杯子是用来喝水的
Qa	施成	字典是辞典家编纂的，椅子是木工制造的

构成角色（constitutive qualia）：物体内部的结构，如它的材料、组成部分、工作机制、各组成部分之间的关系等。

外形角色（formal qualia）包含三方面内容：A. 物体的外部特征，如，大小、颜色、形状等；B. 和相似物体的区别；C. 所属范畴，如椅子是家具，蚂蚁是昆虫。

功用角色（telic qualia）：物体有怎样的用途或功能，如书的功能是"读"、椅子的用途是"坐"、汽车是一种交通工具等。

施成角色（agentive qualia）：物体的形成过程。对动物而言，施成角色指它们的出生、成长和死亡历程；对人造物而言，该角色关注的是它们是谁创造、如何创造、如何随着时间而变化等。

名词的物性结构可以用图 8.4 来描述。

$$\text{QUALIA} \begin{bmatrix} \text{CONST} = \text{what } \times \text{ is made of} \\ \text{FORMAL} = \text{what } \times \text{ is} \\ \text{TELIC} = \text{function of } \times \\ \text{AGENTIVE} = \text{how } \times \text{ came into being} \end{bmatrix}$$

图 8.4　物性结构（Pustejovsky，1998：295）

在此基础上，袁毓林（2014：36—37）提出了汉语名词的十种物性角色，如表 8.9 所示。

表 8.9　汉语名词的物性结构

英文名称	物性角色	含义	例子
formal，FOR	形式	所属范畴、语义类别、本体层级特征	石头："自然物""有形物体"；手："人体上肢、身体部位"

续表

英文名称	物性角色	含义	例子
constitutive, CON	构成	结构属性，如组成成分、和其他物体的关系、大小、形状、颜色等	"书"一般由纸张构成，有文字、图片等信息，可以有不同颜色，根据内容、科目可以分为不同类别
unit, UNI	单位	计量单位，一般用量词表示	一本书、一双筷子、一斤白酒、一些问题、一碗饭
evaluation, EVA	评价	对事物的评价，一般带有感情色彩	对"教师"的评价可以有"优秀""一流""高尚""著名""杰出""称职""平庸""三流"等
agentive, AGE	施成	形成方式及过程	"学校"可以创建、兴办、建立、开办、创办等
material, MAT	材料	创造事物所用的材料	"书"的材料可以是纸、树叶、羊皮、丝绸、竹简、电子等
telic, TEL	功用	功能或用途	"水"可以喝、饮用、洗澡、洗涤、灌溉、浇（花、地）等
action, ACT	行为	惯常性行为、动作、活动等	"教师"的行为是教书育人、授课、写教案、做课件、读书、做研究、发表文章、出书、编写教材等
handle, HAN	处置	人对事物的惯常性行为、动作、影响等	对"汽车"的处置是开、停、倒、洗等
orientation, ORI	定位	事物和人或其他事物在时间、处所等方面的位置、方向关系	对"学校"的定位是去、在、到、往、从等

袁毓林（2014）对名词物性结构的描述揭示了汉语名词的搭配系统，其中施成角色、功用角色、处置角色和中动结构的构成关系较大，中动句一般反映名词的以上三个角色，如：

（26）有机物的立体结构式书写起来比较费事，为方便起见，一般仍采用平面的结构式。（施成角色）

（27）真空光电管体积大，使用起来不方便。（功用角色）

（28）上述试验所用饲料质量偏高，推广起来有一定困难。（处置角色）

第八章 汉语中动结构对其动词的选择限制

根据我们对 CCL 里中动句的分析，中动句的动词大多表达主语名词的处置和功用角色，占中动句总数的 89.44%，施成角色占 7.76%，其他角色占 2.80%，见表 8.10。其他角色指难以用袁毓林（2014）所提出的物性结构进行描述的角色，一般是表示与事、来源、时间等意义的名词，不是动词的内论元，如：

（29）他不懂汉语，交流起来十分困难。
（30）那公园一到晚上就没有行人，逃起来很方便。
（31）夜间虽黑暗，路不崎岖，走起来并不感到烦难。

表 8.10　　　　　　中动句动词所表达的物性角色类型

	处置角色	功用角色	施成角色	其他	合计
数量	1207	741	169	61	2178
比例（%）	55.42	34.02	7.76	2.80	100

此外，如前文所述，中动句动词所表达的一般是说话者意欲发生的动作。如"穿这件衣服吧，它撕起来容易"在没有任何语境的情况下很难接受，因为"撕"不是对"衣服"的典型处置方式，不是说话者意欲发生的动作。但如果是演出，在某个场景中需要演员撕衣服，"这件衣服"就临时具备了"撕"的物性，因此，上述句子就是合格的中动句。意愿性可以作为区别中动结构和作格结构的一个重要证据，如例（32）所示：

（32）a. You'd better not use these cups. They break easily.
　　　b. You'd better use these cups. They break easily.

例（32a）为作格句，因为说话者不希望杯子容易碎，即"break easily"不是说话者意欲发生的事情；例（32b）为中动句，句中"break easily"符合说话者的意愿，如在演出中需要演员摔杯子的时候，可以用该句。

需要注意的是，中动句对其动词的选择需要考虑语境，它直接反映人类经验。例如：

(33) a. 香蕉比草莓画起来容易。
　　　b. 买点香蕉吧，香蕉吃起来方便。
　　　c. 最近香蕉比苹果卖起来容易。
　　　d. 这种香蕉管理起来比较容易。

例（33a）可以用在美术课上，例（33b）用在茶话会上较合适，例（33c）是水果摊老板说的话，而例（33d）是香蕉果农所关注的事。可见，要判断哪个动词更典型，需要考虑语境。

第三节　中动词的及物性

在传统语法中，及物性是动词的特征，能够直接带宾语的动词称为及物动词，反之为不及物动词。后期的语言学研究将及物性的讨论范围拓展到动宾关系之外，如 Hopper and Thompson（1980）指出及物性不是某个动词的特征，而是整个句子的特征。此外，及物性也不再是一个一分为二的范畴，而是一个连续统，即不仅有及物和不及物的说法，两极之间还存在中间范畴，各范畴之间的界限并不清晰，允许一定的重叠，如图 8.5 所示。

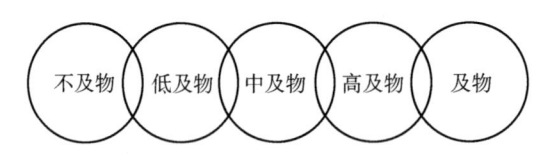

图 8.5　及物性连续统

Hopper and Thompson（1980）还进一步指出了高及物性和低及物性的十个特征（如表 8.11 所示）。用这些特征来检验中动句可以发现，它在参与者数目、动作性、有界性、瞬时性、现实性、自主性、施动性和宾语受影响度等八个维度上表现为低及物性，因此可以认为中动句在及物性连续统中处在低及物的位置。

表 8.11　及物性特征（Hopper and Thompson，1980：252）

	高及物性	低及物性
参与者（participants）	两个或者更多	一个
动作性（kinesis）	动作	非动作
体态（aspect）	有界（telic）	无界（atelic）
瞬时性（punctuality）	瞬时动词	非瞬时动词
肯定性（affirmation）	肯定形式	否定形式
语气（mode）	现实的	非现实的
自主性（volitionality）	自主	非自主
施动性（agency）	强	弱
宾语受影响度（affectedness of the object）	完全受影响	不受影响
宾语个体性（individuality）	高度个体化	无个体化

上文（本章第二节）讨论动词进入中动结构之前的及物性时提到中动结构在绝大多数情况下选择及物动词，占总动词数的95%。而进入中动结构以后，这些动词的及物性发生了变化，表现为低及物的特征，具体表现为论元数的减少，即由两个论元减少为一个论元，可见，动词的及物性不是一成不变的，需要考虑其所在构式，即及物性不仅是动词的特征，更是构式的特征，需要将动词和构式有机结合起来看及物性在句法体系中的性质（吴义诚、李艳芝，2014）。因此，在讨论中动词及物性之前需要先考察动词与构式的融合，如图8.6所示。

```
Sem        Modality        <  Patient        Adjunct        Agent  >
           (Potentiality)
              |                |                ⋮              |
R: instance  PRED            <                                  >
means
              ↓                ↓                ↓              ↓
Syn           V              SUBJ              ADJ             φ
```

图 8.6　中动句动词和构式的融合

如图8.6所示，在中动结构中，动词的参与者角色和构式的论元角色之间不是一对一的关系，施事没有得到投射，即没有获得论元地位，只有受事被投射到主语位置上。因此，中动结构可看作一种减价构式，在及物性上表现为低及物性。动词的及物性变化可由图 8.7 表示。

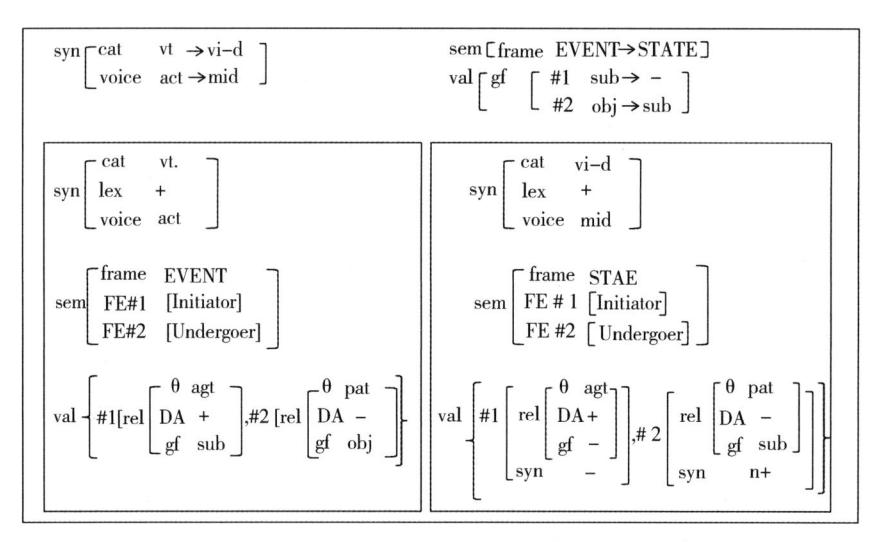

$$\text{syn}\begin{bmatrix} \text{cat} & \text{vt} \to \text{vi-d} \\ \text{voice} & \text{act} \to \text{mid} \end{bmatrix} \quad \text{sem}[\text{frame EVENT} \to \text{STATE}] \\ \text{val}\begin{bmatrix} \text{gf} & \begin{bmatrix} \#1 & \text{sub} \to - \\ \#2 & \text{obj} \to \text{sub} \end{bmatrix} \end{bmatrix}$$

$$\text{syn}\begin{bmatrix} \text{cat} & \text{vt.} \\ \text{lex} & + \\ \text{voice} & \text{act} \end{bmatrix}$$

$$\text{sem}\begin{bmatrix} \text{frame} & \text{EVENT} \\ \text{FE\#1} & [\text{Initiator}] \\ \text{FE\#2} & [\text{Undergoer}] \end{bmatrix}$$

$$\text{val}\left\{\#1\left[\text{rel}\begin{bmatrix} \theta & \text{agt} \\ \text{DA} & + \\ \text{gf} & \text{sub} \end{bmatrix}\right], \#2\left[\text{rel}\begin{bmatrix} \theta & \text{pat} \\ \text{DA} & - \\ \text{gf} & \text{obj} \end{bmatrix}\right]\right\}$$

$$\text{syn}\begin{bmatrix} \text{cat} & \text{vi-d} \\ \text{lex} & + \\ \text{voice} & \text{mid} \end{bmatrix}$$

$$\text{sem}\begin{bmatrix} \text{frame} & \text{STAE} \\ \text{FE\#1} & [\text{Initiator}] \\ \text{FE\#2} & [\text{Undergoer}] \end{bmatrix}$$

$$\text{val}\left\{\#1\left[\text{rel}\begin{bmatrix} \theta & \text{agt} \\ \text{DA+} \\ \text{gf} & - \end{bmatrix}\right], \#2\left[\text{rel}\begin{bmatrix} \theta & \text{pat} \\ \text{DA} & - \\ \text{gf} & \text{sub} \end{bmatrix}\right] \\ \text{syn} \quad - \quad \text{syn} \quad \text{n+} \end{bmatrix}\right\}$$

图 8.7 动词进入中动结构前后变化

图 8.7 矩阵左下方和右下方的小框代表动词进入中动结构前后的情况，分别从句法、语义和价位三个方面进行描述。矩阵最上方显示的是动词进入中动结构后的变化。

进入中动结构之前，动词在句法上（syn）表现为及物动词（vt），语义框架（frame）为事件（EVENT），有两个参与者（FE#1）为动作发出者（initiator），（FE#2）为经受者（undergoer）。在价位上（val）表现为二价动词，包含施事（agt）和受事（pat）两个参与者，分别作主语（sub）和宾语（obj）。

进入中动结构之后，动词在范畴上（cat）变为派生的不及物动词（vi-d）[1]，语义框架变成了状态（STATE），其价位也发生了变化。动作发出者失去了语法功能（gf），在句法上没有投射。经受者成为主语（sub），在句法上由名词性成分（n+）来体现。

可见，动词在进入中动结构之后，由及物动词变成了派生的不及物动词（vt→ vi-d），语义框架由事件变成了状态（EVENT→ STATE），

---

[1] 关于派生的不及物动词，请参阅熊学亮、付岩（2013）。

原先作主语的 1 号论元失去了其语法功能（sub→ -），而原先作宾语的 2 号论元则变成了主语（obj→ sub）。这也表现出中动结构的低及物性质，即构式改变了动词的性质，降低了其及物性。

第四节　本章小结

本章集中讨论了汉语中动结构对其动词的选择限制，包括动词的形式、意义和及物性三个方面的特点。在形式方面，我们讨论了其时体特征和复杂程度。就时间特征而言，汉语中动结构绝大多数情况下没有时间标记词，占中动句总数的 96.09%。就体特征而言，中动结构表达的是一种非完成体，不叙述完整的事件。从谓语动词来看，它是由动词加"起来"组成的动词短语，不能带诸如"着""了""过"等任何体标记。从复杂程度上来看，绝大多数汉语中动句的动词是光杆形式，占总数的 92.65%。CCL 里只有 7.35% 的中动句有简单的修饰语，如"真正""实际""具体""认真"。此外，中动词排斥任何形式的补语。这也许和中动语素"起来"的插入有关。

在意义方面，本章讨论了动词的自主性、及物性、体类型、过程结构和物性结构类型五个方面的特点。如前文所述，自主动词和非自主动词是一个连续统，同一个动词在不同语境中可能会表现出不同的自主性，因此，我们摒弃了自主动词和非自主动词的说法，代之以"动词的自主用法"和"非自主用法"。因为中动句所表达的是说话者意欲发生的事件，所以其动词均为自主用法。

对 CCL 的研究表明，中动词在进入中动结构之前一般为及物动词，95% 中动句的动词为及物动词，进入中动结构之后，受到构式义的压制，其及物性降低，变成了派生的不及物动词。

根据 Vendler（1967）对动词类型的划分，84.94% 的中动句采用了动作动词，极少数中动句用状态动词（0.87%），这其实与动词的及物性密切相关，因为动作动词一般具有高及物性，而状态动词及物性较低。从郭锐（1997）对动词过程结构的区分来看，中动句多用动态动词（98.67%），包括动作动词（84.94%）和后限结构变化动词（13.73%），在 CCL 中没有发现无限结构（Va）、后限结构里的 Vd1 和点结构（Ve）用在中动句里的情况。

按照袁毓林（2014）对汉语名词物性角色的描述，中动句的动词大多表达主语名词的处置和功用角色，占中动句总数的 89.44%，施成角色占 7.76%，其他角色占 2.80%。可见，中动句多表达受事的用途及隐性施事对受事的处置，强调处置过程中的感受及对受事功用的评价。

需要注意的是，本章对汉语中动句动词的研究并不是规定性的，即符合上述形式和意义特征的动词并非都能用于中动句，它们只是中动句动词的必要条件，而非充分条件。要确定能够用于汉语中动句的动词类型，不仅要考虑其形式和意义，更重要的是要考虑语用因素，此处不赘。

第九章

汉语中动结构对其附加语的选择限制

附加语①是中动结构的必要成分，它在句中充当补语，补充说明动作的难易、性质、结果等意义。以往研究认为：从形式上来看，汉语中动句的附加语多用形容词形式，从意义上来看，它多表达事件的难易（Keyser and Roeper, 1984；Fagan, 1992；Lekakou, 2005, 2006；曹宏，2005；何文忠、王克非，2009；徐峰，2014；付岩、陈宗利，2017；吴炳章、牛雅禾，2017），如例（1）所示。

(1) a. 虽然汉语学起来很难，但是他们现在有很好的老师和教学条件，能够把汉语学好。
　　b. "氢动一号"驾驶起来相当容易：它就像一辆自动挡的车，动力强劲，加速性能好，操控灵活……
　　c. 由于受到资金、技术等条件的限制，我们的计划生育工作推广起来很难。

然而，中动句附加语并不总以附加语的形式出现，也不总表达难易意义。以往研究没有对这些问题进行细致研究。因此，本书将在CCL语料的支撑下对中动句附加语的形式和意义类型进行探讨，并讨论附加语存在的理据。

---

① 也有学者称为"修饰语"或"副词性修饰"，但鉴于它在句中所充当的成分，我们认为称之为"附加语"（adjunct）更合适。

第一节　附加语的形式特征

如前文所述，多数学者认为汉语中动结构的附加语是形容词形式，多表现为复杂形式的形容词。根据朱德熙（1956）对形容词的分类，形容词可以有简单和复杂两种形式。其中，简单形式的形容词表示事物的性质，复杂形式的形容词表达事件的状态及说话者的判断，多带主观色彩。简单形式的形容词是基本形式，包含单音节的形容词，如"好""大""小""快""新"等，和双音节的形容词，如"漂亮""干净""老实""简单""方便"等。形容词的复杂形式包括如下几种类型：第一，重叠形式，如"漂漂亮亮""胖胖的""糊里糊涂"；第二，形容词带后加成分，如"暖烘烘""亮堂堂""可怜巴巴""傻不啦叽"；第三，形容词带前加成分，如"精光""贼聪明""铛亮"，此类形容词第一个音节的原本意义一般已经丧失，只起加强语气的作用，因此称为前加成分；第四，以形容词为中心语的词组，如"十分麻烦""很好""挺简单""多么利索""非常方便"。因为简单形式的形容词常表性质，复杂形式的形容词常表状态，所以沈家煊（1995）和李勉东（2003）等学者把前者称为"性质形容词"，后者称为"状态形容词"。

当然，中动结构的附加语除了形容词之外，还有其他形式。根据对CCL中语料的分析，我们将其分成如下六个类型：形容词、动词短语、介词短语、主谓短语、熟语（成语）以及复杂类型。各种类型所占比例如表 9.1 所示。

表 9.1　　　　　　　汉语中动句附加语的形式类型

	形容词	动词短语	主谓短语	介词短语	熟语	复杂类型	合计
数量	1378	311	220	98	77	94	2178
比例（%）	63.27	14.28	10.10	4.50	3.54	4.31	100

如表 9.1 所示，中动句的附加语半数以上为形容词形式，占中动句总数的 63.27%，其中绝大多数为复杂形式的形容词，或称状态形容词，占形容词总数的 88.82%，只有少数为简单形式的形容词，或称性质形容词，如表 9.2 所示。

表 9.2　　　　　　　　　　　　　形容词的类型

	状态形容词	性质形容词	合计
数量	1224	154	1378
比例（%）	88.82	11.18	100

我们知道中动句一般表达说话者对主语性质的评价和判断，带有主观色彩，这种意义多由附加语来体现，因此，和简单形式的形容词相比，这种结构更倾向于选择复杂形式的形容词来做附加语，如例（2）所示：

（2）a. 主要原因是这些产品，穿着起来非常舒适，而且还有可以洗涤 2~3 次有重复使用之便。
　　b. 鱼、虾、贝、蟹等，虽说是餐桌上的美味佳肴，却又脏又腥，拾掇起来颇为麻烦。
　　c. 电炊具使用起来快捷方便，且不污染环境。

性质形容词一般用于表示对比、罗列或否定意义的环境中，其他语境中较少使用，例如：

（3）a. 全面整顿，全面管理，说起来容易，做起来难。
　　b. 许多住户赞叹："这样的小区，真是住起来舒服，用起来方便，看起来顺眼，谈起来高兴呵！"
　　c. 几十年中，他反复惋惜一些很好的综合大学被肢解，恢复起来不容易。

除形容词之外，动词短语和主谓短语也频繁作为附加语用于中动句，分别占总数的 14.28% 和 10.10%。前者多是动宾短语，以表示难易的"有难度""存在困难""会碰到困难"为主，其他类型包括"有不方便的地方""难读/做"等，如例（4）所示。后者主要是诸如"难度大""困难重重""效果佳""味道呛""威力惊人"等名词+形容词组成的短语，如例（5）所示。

（4）a. 国家队队员年龄较大，结婚的较多，住处比较分散，管理起来有难度。

b. 冯总说，"因为国内外的升船机都不多，试验较少，建起来将具有很大的挑战性。"

c. 男女合练对后勤保证是一大挑战，而且管理起来有很多不方便的地方。

（5）a. 过去农民军对官军作战常用的许多老办法，有的根本不能再用，有的用起来效果也比较小。

b. 班主任介绍，这种单亲家庭的孩子比其他孩子懂事早，个性强，教育起来难度大。

c. 占林地的案件达一万多起，其中不少甚至是乡、镇负责人所为，处理起来阻力较大。

此外，介词短语和一些熟语也可以用作中动句的附加语，尽管比例较小。前者多是表示比较、类比、比喻等意义的短语，如"比……困难""像……""如……"等，如例（6）所示。后者多是四字成语，如例（7）所示。

（6）a. 这种车状如自行车拉一个拖车，踏起来比人拉轻快一些。

b. 富含纤维的"粗粮"尽管吃起来不像"细粮"那样顺口，却是难得的保健食品。

c. 不说别的，单单是粮草，依朝廷目前的财力，筹措起来就如登天一样难啊！

（7）a. [民族歌曲] 与原民族的曲调配合得紧密，还能够在汉语的韵律和语气上，能够唱起来朗朗上口，这是别人所难以做到的和难以替代的。

b. 然而，恰恰是由于它的成熟，读起来"轻车熟路"，因而难免"成熟的"缺陷。

c. 中央、国务院已出台的关于增加教育投入的不少政策，落实起来举步维艰。

中动句的附加语有时不止一个，有些是两个或多个同种形式的附加语，如例（8a）中两个附加语都是熟语，例（8b）都是形容词，例（8c）都是主谓短语。有些是由不同形式组合而成的附加语，如例（9a）是形容词+动词短语，例（9b）是形容词+主谓短语，例（9c）是形容词+主谓短语+主谓短语。我们在统计复杂类型时，只考虑诸如例（9）中由不同形式组成的附加语，不考虑像例（8）一样的情况，例（8a）统计为熟语，例（8b）为形容词，例（8c）为主谓短语。

（8）a. 韵谜是谜语中的一种，要求每条谜面应是符合韵律平仄的两句诗，读起来抑扬顿挫、朗朗上口，比其他谜语创作难度更大。

b. 与经纪人打交道比与单个保户沟通起来更容易、更省力，大家都是内行，站在同一层次上……

c. 这些通过中间商转口来的收音机，使用起来灵敏度高，选择性强。

（9）a. 许多书籍全是文字，既无图案，又无符号，读起来枯燥乏味，缺乏形象感。

b. 种牙刷刷毛纤细柔软，刷柄有独特的竹节结构和必要的弯曲度，使用起来轻巧灵便，口感舒适。

c. 这是因为语言符号使用起来最简便，容量最大，效果也最好。

第二节 附加语的意义特征

文献中对附加语意义类型的研究不多，一般认为中动句的附加语不能是自主（volitional）形容词，即能够由施事自主地、有意识地控制的形容词。自主形容词和非自主形容词的区分是袁毓琳（1993）所提出来的。他认为自主形容词（volitional adjectives）在语义上能够表达由人自主控制的性状，即人能够有意识地或自主地表现或不表现出来的某些特性，如"文雅""认真""谨慎""谦虚""马虎"等。非自主形容词（nonvolitional adjectives）在语义上表达人所不能控制的性状，即人无意识地表现出来的特性，如"可笑""年轻""聪明""愚蠢""难看""可爱"等，这类形容词所表达的特性是人无法有意识地表现或不表现出来的（袁毓林，1993）。我们可以用以下两个办法来区别自主形容词和非自主形容词：第一，前者能用"从（来）不"否定，而后者不能；第二，前者可以用在祈使句中，而后者一般没有这种用法，试比较：

（10）a. 从（来）不认真/马虎。
　　　b. *从（来）不年轻。
（11）a. 认真一点儿！别不认真！别马虎！
　　　b. *愚蠢一点儿！*别（不）愚蠢！

表达自主意义的词汇不能用作中动句的附加语，也就是说中动附加语不能表达由施事自主控制的特征，不能强调施事的能力，如例（12）中的句子都不是合格的中动句：

（12）a. *"氢动一号"驾驶起来相当用心。
　　　b. *狗不理包子很好吃，包起来也很认真。
　　　c. *古装戏可以演义可以戏说，无须深入生活，编起来比较谨慎，演起来也比较专业。

这些在语义上指向施事的附加语不能用于中动句，因为它们和中动结构的核心语义相冲突。如前文所述，中动句是以非施事成分为主语的属性归因句（dispositional ascriptions），具有施事无关性，事件的发生归因于非施事主语的属性，施事的特征和能力不重要，即中动句强调非施事主语的属性，好像动作一般由主语发出，同时弱化施事的地位和作用。因此，附加语不能描述或强调和施事相关的属性或能力。

根据对 CCL 的考察，我们将中动句的附加语分成六大类：难易（difficulty）、适意性（experience）、性质（quality）、时间（tempo）、结果（result）以及复杂类型（complicated type）。下面来一一讨论。

一　难易类

难易类附加语是指表达"困难"或者"容易"意义的附加语，典型的难易类附加语一般为形容词的复杂形式、动词短语或主谓短语,分别如例(13a)、例(13b)和例(13c)所示。

(13) a. 505神功元气袋、张小泉的剪子、王二麻子的刀,因为出名,推销起来当然容易得多。
　　b. 人力三轮车到底有哪些优点呢?一是操作起来容易掌握……
　　c. 班主任介绍,这种单亲家庭的孩子比其他孩子懂事早,个性强,教育起来难度大。

这类附加语占CCL里中动句的48.35%,是比例最大的一类附加语。一般而言,含有难易类附加语的中动句可以转换为难易句(tough constructions),如例(13)中的句子可以转换为例(14):

(14) a. 505神功元气袋、张小泉的剪子、王二麻子的刀,因为出名,当然容易推销。
　　b. 人力三轮车到底有哪些优点呢?一是容易操作……
　　c. 班主任介绍,这种单亲家庭的孩子比其他孩子懂事早,个性强,难教育。

当然,例(14)中的句子所表达的意义和例(13)并不完全等同,如例(14a)失去了例(13a)中"比较"的意义,例(14b)中"容易操作"和例(13b)的"操作起来容易掌握"在意义上也有一定的区别。然而,在中动句诸多类型中,只有这种带难易类附加语的句子可以转换成难易句,尽管其意义有所不同。

据我们粗略估计,汉语中动句里表达"困难"意义的附加语要比表达"容易"意义的多,这可能是因为难度大的事情更有讨论的价值。

二　适意类

适意类是指通过隐性施事的感受来间接评价主语属性的附加语,一般带有较强的主观性。汉语中动句较英语而言,更倾向于通过说话者的感觉来评判事物的特性，因此较多使用适意类附加语。我们在 CCL 中发现了 527 例用适意类附加语的中动句，占总数的 24.20%，在数量上仅次于难易类。这类附加语常用形容词，如"方便""舒服""轻松""顺手""省事"等，如例（15a）和例（15b）所示；动词短语，如"费力""费劲"① 也较常见，如例（15c）所示；有时也用表示比较、类比或比喻的介词短语，如例（15d）所示：

（15）a. 日本的公共厕所都配有专用手纸，柔软吸水，用起来舒适，而且不容易堵塞下水道。

b. 这种测试工具包使用起来十分方便，人们无需经专门培训，可直接按说明书指导自行使用。

c. 赛后队员们反映，女曲奥运会比赛场地比较软，奔跑起来比较费劲。

d. 老年人耳背眼花身体差，照顾起来要比小孩辛苦得多。

用适意类附加语的中动句与其他类型相比有一定的特殊性，具体表现为其隐性施事具有双重身份：对动词而言，它是动作的施事，对附加语而言，它又是感事。如例（15d）的隐性施事"护工或保姆"既是"照顾老年人"这个动作的施事，又是"辛苦"这种感觉的感事。

三　性质类

性质类是指描述非施事主语特性的附加语，这些特性不是非施事主语的固有属性，一般是通过动作（由中动句动词来表达）的实施而展现出来的特性。性质类附加语范围较广，形式多样，可以用形容词、动词短语、介词短语、主谓短语、熟语等多种形式进行表达，分别如例（16）中各句所示：

---

① 《现代汉语词典》第 5 版将"费力"定义为动词，意思是"耗费力量"，"费劲"被解释为"费力"，同样定义为动词。这两个词虽然也具有"困难"义，但它们主要强调施事做某件事的感受，因此我们把"费力"和"费劲"归为适意类。

(16) a. 目前全球每年产生的危险有毒废物约五亿多吨，这些废物处理起来非常复杂，费用很高……

b. 冯总说，"因为国内外的升船机都不多，试验较少，建起来将具有很大的挑战性。"

c. "南尼兰"，"李尼丽"，"孙存春"，"柯克和"，读起来像不像绕口令？

d. 若是掺入了淀粉，[月饼]吃起来口感滑软，却失去了莲子的原香原味，实不足取。

e. 规定了股份后，在公司运营中的人际关系变得十分明确，执行起来顺理成章，非常理性。

性质类附加语在CCL中出现的频率继难易类和适意类之后，位居第三位，数量为440例，占中动句总数的20.20%。要注意的是，带有性质类附加语的中动句需要和例（17）中的句子区别开来。

(17) a. 梁星明看起来有点儿憨，平时不声不响，分配他做刨工，他就守着小刨床；让他改做钳工，他就重新开始，不显山不露水……

b. 这些事情听起来怪诞，但它却是发生在罗马街头的真实事情。

c. 这些人生的小事实，说起来很平凡，却是绝少人能够发现那其中隐伏着的一个大原则……

从表面上看，上面的句子应该属于带性质类附加语的中动结构，事实上二者有较大的区别。例（17）各句中的"起来"短语属于插入语，因此，它后面的成分不是附加语，而是谓语。"起来"短语可以从句中删除，也可以提到主语之前，分别如例（18）和例（19）所示。

(18) a. 梁星明有点儿憨……

b. 这些事情怪诞……

c. 这些人生的小事实很平凡……

(19) a. 看起来,梁星明有点儿憨……
b. 听起来,这些事情怪诞……
c. 说起来,这些人生的小事实很平凡……

可见,例(17)中"起来"短语后面的形容词性成分虽然也描述主语的性质,但这些性质都是主语所固有的属性,不需要通过施事的动作表现出来。句中的"看起来""听起来""说起来"没有实际的意义,表达从某方面评说某事物的性状(吕叔湘,1999)。即上例中的"看""听""说"原本的动词义都已经虚化,因此,例(17)中各句是形容词谓语句,没有隐含施事,不属于中动结构。

四 时间类

时间类附加语表达做某件事的速度或所需要的时间。这类附加语在中动句中出现的频率不高,在 CCL 中仅出现 39 例,占中动句总数的 1.79%。表达时间和速度的附加语主要是形容词或动词短语,也有较少的介词短语和一例主谓短语,分别如例(20)中各句所示:

(20) a. 出现的问题纠正起来也很快,宣传工作也做得很好,保证了医药经济就健康发展。
b. [某品牌的录影机]操作起来只需一二秒钟,比普通录像机快捷得多。
c. 与表音文字相比,表意文字最大的优势在于阅读速度,这种文字阅读起来比表音文字至少快十倍。
d. 所以文科和理科分开,学起来入门更快。

五 结果类

结果类附加语表达做某件事的结果。这类附加语是中动句各类型附加语中数量最少的一种,我们在 CCL 中仅发现 18 例,占中动句总数的 0.83%。表达结果义的附加语主要是介词短语(主要表达比较或类比),也有 3 例形容词(包括带补语的形容词)和 1 例动词短语。例(21)中,例(21a)的附加语为介词短语,例(21b)为形容词,例(21c)

为动词短语。

　　（21）a. 若将它们全部写到厚 0.1 毫米的纸上，每张写 1 万位，这些纸张堆起来将比珠穆朗玛峰还高。

　　　　　b. 炒之前将肉片用少量食油和生粉拌一下，这样炒起来更嫩。

　　　　　c. 实际上是一块实心的鼓状石碑，敲起来并不能发出很大的声响。

六　复杂类型

　　复杂类型是指带两个或多个附加语，且每个附加语都表达不同意义的类型。有的中动句虽然带两个或多个附加语，但这些附加语表达同类意义，这类附加语不属于此处所讨论的复杂类型，如例（22）虽然带两个附加语："方便"和"舒适"，但它们都表达适意性，因此将其归为适意类。此处讨论的复杂类型专指带两个或两个以上意义类型不同的附加语，如例（23）所示。这些附加语在形式上可以是同类的，如例（23a）都是形容词形式，也可以是不同类的，如例（23b）的两个附加语分别表示适意性和时间。

　　（22）在生产工艺上，由单片型卫生巾发展成的蝶翼型卫生巾，使用起来更加方便、舒适。
　　（23）a. 我们有多少好的规划、好的方针政策，就是落实不了，或者落实起来很难、很慢……
　　　　　b. 一名推车进棚的学生自豪地对记者说，这种车骑起来轻松，速度也快。

　　此外，还需要将意义上的复杂类型和前文提到的形式上的复杂类型区别开来。虽然二者都指带有两个或多个附加语的情况，前者指表达两种或多种意义的附加语，而后者指用两种或多种形式的附加语。从 CCL 中的数据来看，前者要比后者出现的频率更高，具体为 101 例，占比为 4.63%。这个比例也远超时间类和结果类附加语，这大概是因为，在很多情况下,说话者对事件的评价不是单方面的,可以涉及多种类型。

综上所述,汉语中动结构的附加语可以表达难易、适意性、性质、时间、结果五种不同的意义,有时也会将它们叠加起来,表达复杂意义,各种意义类型在 CCL 中出现的数量和比例如表 9.3 所示。

表 9.3　　　　　　　　附加语的意义类型

	难易	适意性	性质	时间	结果	复杂类型	合计
数量	1053	527	440	39	18	101	2178
比例(%)	48.35	24.20	20.20	1.79	0.83	4.63	100

第三节　附加语的替代形式

我们知道,英语中动结构的附加语有时可以用其他手段来代替,常见的有情态词、否定词、对比、表强调的 *do*、重音强调等,分别如例(24)中各句所示:

(24) a. The cops will bribe after you do them a few favors. (Rosta, 2008)
　　b. Faroese cops never bribe. (Rosta, 2008)
　　c. This dress buttons, while that one zips. (Lekakou, 2006)
　　d. They did bribe after all. (Rosta, 2008)
　　e. I thought we were out of gas, but the car DRIVES! (Fellbaum, 1986)

关于汉语中动结构附加语的替代形式,文献中几乎没有提及,付岩(2012)曾指出汉语中动句不同于英语,前者的附加语没有替代形式,但是通过多方面的语料考察和思考,我们发现,汉语中动句的附加语也有替代形式,只是其替代形式较英语而言比较单一,只能通过情态词来表达,具体表现为"能/可"句,如例(25)所示:

(25) a. 塑胶跑道防滑性能好,即使下过雨,也能跑。

b. 这种野菜不只叶子能吃，根也可以吃。

我们在界定汉语中动结构时曾指出它包含两种结构类型："起来"句和"能/可"句。事实上，应当把他们看作一种结构，"能/可"句是"起来"句的变体，用情态词"能""可以"代替了"起来"句中的附加语。没有了附加语（补语），作为补语标记词的"起来"也就没有存在的必要，因此也从句中消失。语料库数据分析表明，"起来"中动句出现的频率远大于"能/可"句，可以将"起来"句的一部分[①]看成典型中动结构，"能/可"句看作非典型的中动结构。需要注意的是，并不是所有的"起来"句都能转换成"能/可"句，如例（26a）和例（26b）都不能转换为例（26a'）和例（26b'）。这是因为车能发动、能跑，餐具能收拾和清洗是他们的设计性特征。换句话说，若不能发动、不能跑就不能称之为车，一般的餐具都能收拾和清洗。因此，只讨论"能不能"是没有意义的事。

（26）a. 这种车和电动汽车一样，发动起来没有声音，跑起来很安静。

a'. *这种车和电动汽车一样，能发动，能跑。

b. 这么多的餐具收拾和清洗起来很费事儿，但日本人丝毫不会因怕麻烦而敷衍了事。

b'. *这么多的餐具可以/不能收拾和清洗……

此外，有的"能/可"句也可以带补语，通常是结果补语，如例（27）所示。因为有了"能/不能"或"可以/不可以"的插入，补语可以直接跟在动词之后，如例（27b），也可以出现在补语标记词"得"之后，如例（27a）。但是，中动的"能/可"和"起来"不兼容，二者呈互补分布。

（27）a. 仙女座距地球过于遥远，观测起来十分困难，但若利

[①] 并不是所有的"起来"句都是典型的中动结构，至于哪些是，请参见第九章对中动结构范畴的讨论。

用设在美国本土、夏威夷等地的 10 台射电望远镜组能观测得到。
　　　　　b. 这些杯子是玻璃的，可以摔碎。（电影里的某场景，需要演员摔碎杯子）

如前文所述，"起来"中动句的动词多以光杆形式出现，排斥任何形式的补语。这是因为在该结构中，"起来"可以看作像"得"一样的补语标记词，其后的附加语充当补语，如例（28a）不合语法，可以用例（28b）来表达。因此，文献中汉语中动结构排斥结果补语的说法（何文忠，2007）不符合语言事实，只是它需要放在补语标记"起来"之后。

（28）a. *这种牛肉炒嫩起来不容易。
　　　b. 这种牛肉炒起来不容易嫩。

第四节　附加语的理据

无论是英语中动结构还是汉语中动结构，一般都需要某种形式的附加语，这几乎是学界的共识。但中动结构为什么需要附加语却是一个争议较大的问题。总结起来主要有以下三种观点：句法观、语义观和语用观。

句法观认为中动句的附加语是结构或者句法的要求，是隐性施事得以寻回（recover）的方式，没有附加语的中动句不符合语法规则。这种观点以 Roberts（1987）、Hoekstra and Roberts（1993）和 Lekakou（2006）为代表。

Roberts（1987）指出中动结构的施事不是被删除，而是被压制（chômeur）。他将"受压制的论元角色"定义为在句法中没有得到投射，但在派生过程中和动词紧密相连的论元，即被某种词汇法则改变了实现方式却没有被删除的论元角色。中动结构的施事就是一种受压制的论元，它的寻回主要靠附加语。

Hoekstra and Roberts（1993）进一步指出了隐性施事（或称被压制的施事）的寻回方式。中动结构的附加语可以提供一个和隐性施事同指的隐性感事，因此可以帮助寻回隐性施事。如例（29）中的附加语"很舒服"暗含了一个感事（穿衣服的人），这个感事和"穿"的隐性施事同指，因此，可以通过它来寻回隐性施事。

（29）这种技术可以让薄的天然棉也能具有隔离日光的效果，同时穿起来很舒服。

（30）a. 十几年前用来描述战争的诗句，今天读起来依然贴切。

b. 要自信，要有团队精神，打好每场比赛。但这说起来容易做起来难。

c. 由于可行驶的道路多，在堵车的时候，车流疏导起来也相对较快。

（31）a. 这项工作做起来真像登天一样！

b. 正确的做法是增加"选修项目"，但这具体操作起来难度较大。

事实上，有感事论元的附加语一般是适意类，其他意义类别的附加语没有感事。如例（30a）中的"贴切"描述的是主语"诗句"所展现出来的性质（quality），例（30b）中的"容易"和"难"分别评价"说"和"做"的难易，例（30c）中的"快"表达"疏导车流"所需时间短的意义。它们都不描述隐性施事的感受或体验。此外，有些中动句的附加语不是形容词形式，如例（31a）为介词短语（比况短语），例（31b）为主谓短语，很难说它们有任何隐含论元。可见，附加语不一定具备寻回隐性施事的功能。此外，还有些中动句没有附加语，它们的隐性施事如何寻回呢？

根据 Lekakou（2006）的观点，任何中动句都有一定的附加语，有些是显性的，有些是隐性的。也即没有附加语的中动句其实暗含了某种隐性附加语。例如，"他写的文章不能读"意思是"他写的文章读起来费劲"，不是"无法对他写的文章执行'读'这个动作"，因而该句隐含了一个表达"费劲"或"困难"意义的附加语。语料分析可见，Lekakou（2006）的说法对大部分句子都没有解释力，如"这种蘑菇不能吃"表达的意义不是"这种蘑菇吃起来费劲/难吃",而是"这种蘑菇不具备食用条件","这辆自行车不能骑"意思是不能对它执行"骑"这个动作。可见,句法观无法为中动句的附加语提供合理的解释。

以 Condoravdi(1989)和 McConnell-Ginet(1994)为代表的一些学者提出了语义观。他们指出:中动结构的附加语可以限定类指算子的范围(scope of generic operator)。因为中动结构是属性归因句,在语义层有类指算子的存在,而类指算子需要限制成分(restrictor)和范围(scope),其范围由附加语来限定,因此,不带附加语的中动结构是不能接受的(McConnell-Ginet,1994)。如"这本书读起来很容易"的语义结构可以用例(32)来描述,也即一般情况下,"读这本书"这个事件是容易的。

(32) Gen: e [read (e) and Book (Theme, e)] [easy (e)]
    Restrictor Scope (Condoravdi, 1989)

那么没有附加语的中动句如何限制类指算子的范围呢?McConnell-Ginet(1994)认为在语境的作用下,本应充当限制成分的动词可以充当范围。就例(33)而言,"衣物不同的清洁方式"就是语境为类指算子所提供的限制成分,如"干洗""水洗""擦拭"等,该句的动词"水洗"选择了其中的一种方式,因此提供了类指算子的范围。

(33) 这种丝绸可以水洗。

但是,语义观并不能解释所有的现象,如上文提到的例(25a)"塑胶跑道防滑性能好,即使下过雨,也能跑"。语境并没有为其类指算子提供限制成分,因为人们对"跑道"除了"跑步"没有其他的处理方式,因此,"跑"无法限定类指算子的范围。

以 Goldberg and Ackerman(2001),Marelj(2004)和何文忠、王克非(2009)为代表的语用观认为中动句的附加语是其信息焦点,其功能是提供新信息。因此,没有附加语的中动句缺乏新信息,或不具有信息性(uninformative)。这种观点较符合语言事实,否定句可以提供一点佐证。一般而言，被否定的部分往往是话语核心（信息焦点），例（34）中两个句子否定的都是附加语部分，因此，附加语是信息焦点。

（34）a. 北方人对价格低的机器兴趣大，哪怕它没有硬盘，用起来不方便。

b. 筋要剔除，如不好剔除，切完后用刀背剁一剁，这样筋就会糟掉，炒起来不会硬。

可见，中动结构需要附加语是信息结构的要求，即每个话语都需要有信息焦点。事实上，不只中动结构需要附加语，如英语中的同源宾语句和简单被动句也需要附加语（Goldberg and Ackerman，2001），像例（35）中的句子加上附加语才有意义，如例（36）所示：

（35）a. ? He laughed a laugh.

b. ? He was born.

（36）a. He laughed a hearty laugh.

b. He was born in 1985. （Goldberg and Ackerman，2001）

没有附加语的中动句有时也可以接受，因为附加语仅是提供话语信息的一种方式，其他手段也可以起到类似的功能，如例（37a）可以接受是因为它暗含了一个对比焦点。就布料的洗涤方式而言，可以有"手洗""机洗""干洗"等多种可能，并不是所有的布料都可以机洗，因此，例（37a）提供了一定的新信息。例（37b）表达的是一种出乎意料的情况，这种"出乎意料"本身就是新信息，因此，该句有意义。

（37）a. 涤纶布料可以机洗。

b. 这辆废弃多年的老爷车竟然还能开！

综上所述，中动结构的附加语是语用要求，其目的是提供新信息。缺乏附加语的句子只是缺少信息性，在句法和语义上并没有问题，因此，若有合适的语境，原本不能接受的句子也可以接受，如前文提到的

"这种车和电动汽车一样,能发动,能跑"。在下面的语境中可以接受:某人给孩子买了一辆仿真的玩具汽车,带有小型发动机,能开着跑。

第五节 本章小结

本章集中讨论了汉语中动结构对其附加语的选择限制。从形式上来看,中动句的附加语不限于形容词,还有动词短语、主谓短语、介词短语、熟语等多种形式,也有不少中动句用不止一种形式的附加语,我们称之为"复杂类型"。在各种形式中,形容词占比最大,为63.27%。需要指出的是,中动句的附加语较少使用性质形容词(形容词的简单形式),较多使用状态形容词(形容词的复杂形式),只有在表示对比、否定、罗列等意义的情况下才使用性质形容词。动词短语和主谓短语也是较为常见的附加语,分别占14.28%和10.10%,其他类型占比较小。

中动句的附加语可以表达丰富的意义,除了文献中较多提到的难易意义之外,还有适意性、性质、时间、结果等其他意义,有的附加语还能表达两种或多种意义,形成复杂的意义类型。在上述意义类型中,难易类、适意类和性质类占比最大,合起来占总数的92.75%,因此可以说汉语中动句主要表达说话者对事件难易或事物特性的评价,以及说话者执行某动作的体验或感受。此外,复杂意义类型也占有一定的比例(4.63%),超过了时间类和结果类附加语的总和,即非施事主语的属性有时通过两种或者多种意义类型的附加语来体现,说话者较少通过事件的结果和做某事所需的时间来评价事物的属性。

和英语中动结构一样,汉语中动结构的附加语也有替代形式,一般由情态词"能"或"可以"来替代。也就是说"NP+能/可以+VP"结构是"NP+V起来+AP[①]"结构的变体,二者宜看作同一构式,对其组成成分有相似的选择限制。需要注意的是,"起来"句为非标记形式,其理解不需要特殊语境,若转换成"能/可"句则可能需要较多的语境信息,而且有些"起来"句不能转换成"能/可"句。

[①] 汉语中动句的附加语不止形容词短语(AP)一种形式,还有动词短语、主谓短语、介词短语等形式,但形容词短语占比较高,因此,为了简便,我们用AP标记附加语。

中动结构之所以需要某种形式的附加语，主要是信息性的要求，即每个话语都需要提供新信息。缺乏附加语的中动句不是不合语法，也不是不合逻辑（语义），而是缺少信息焦点，即附加语是语用需要，不是句法或语义需要。

第十章

汉语中动结构范畴的原型性

范畴是一种哲学概念，指的是基于事物本质的分类和概括。亚里士多德在 2000 多年前提出了经典范畴理论，指出：①范畴依据充分必要条件而建立；②范畴内部成员的地位是平等的，要么属于该范畴，要么不属于；③范畴之间的界限是分明的。但是，这个流行多年的经典理论有解决不了的问题，如没有任何一个统一的特征可以界定 game 这个范畴，西红柿可以归为水果也可以归为蔬菜，各种颜色之间的界限是不清晰的，有些颜色可能介于焦点色之间（如蓝绿色）。

鉴于此，Rosch（1973）提出了"原型"（prototype）的概念，并把围绕原型而建立的范畴称为"原型范畴"。原型范畴不同于经典范畴，它有如下几个特征。

①原型范畴是依据家族相似性而建立的；②范畴内部成员的地位不是平等的，有些成员比其他成员更典型，处于范畴的核心地位；③各范畴之间的界限不是清晰的，存在跨范畴的成员。

中动结构作为一种语义语法范畴[①]是原型范畴，有些中动句是范畴的原型，有些位于范畴的边缘，即有些是典型的中动句，有些是非典型的中动句。此外，就中动结构在整个汉语构式系统中的位置而言，它可能属于不同的上位范畴（superordinate categories），如受事主语结构、低及物结构、话题结构等，体现了构式语法中的"多重链接"。

作为一种原型范畴，中动结构不是一个同质的范畴，即它本身包含了不同的类型，各类型在范畴中处于不同的地位。要判断哪种类型处于核心地位（原型）需要首先确定中动结构的原型性特征。

---

① 语义语法范畴指的是一定的语义内容结合相应的语法形式（胡明阳，1994），中动结构作为一个独立的构式，是形式和意义的组合，因此，可以看作一种语义语法范畴。

第一节　中动结构的原型性特征

中动结构作为一种构式，是句法和语义的配对，因此，要探讨其原型性特征需要从其句法和语义特征着手，这些问题我们在前文中也都有讨论，为了方便起见将其总结如下。

一　语义特征

汉语中动结构是中动语义在汉语中的实现，而中动语义具有跨语言的一致性，因此汉语中动结构也具备中动语义的如下特征：情态性、非施事主语的责任性、隐性施事性和类指性。下面对其进行简述。

A. 情态性。中动结构的情态性是指：中动结构不叙述真实发生的事件，它描述的是事情发生的一种可能性或潜力。因此，很多学者认为中动句的意义大致等同于含有情态词的被动句，如 Fagan（1992）认为中动句的意义类似于带有"can"的被动句。例如：

(1) a. Bananas sell well in Romania.
　　b. Bananas can be sold well in Romania.

例（1a）不是叙述"在罗马尼亚卖香蕉"这件事，而是描述"香蕉卖得很好"的可能性，其语义大致相当于例（1b），即使在说话时没有"卖香蕉"这件事发生，这个句子仍然成立。

汉语中动结构也具有情态性，如例（2a）不叙述"写字和认字"这个事件，它描述的是这个事件可能在未来发生的方式（写起来麻烦，认起来未必难认），是一种还未发生的潜势。同样，例（2b）也不叙述"用不用铁桶"这个事件，而是对"使用铁桶的感受"进行评价，这个事件同样不一定现实发生。

(2) a. 笔画多的字，<u>写起来是麻烦</u>，可是<u>认起来未必难认</u>。
　　b. 他们生产的镀锌小铁桶，<u>用起来相当顺手</u>。

B. 非施事主语的责任性。这个特征是 Van Oosten（1986）首先提出的。她指出，中动句主语的某些属性，使之可以为动词所表达的事件负责任，即中动句作为一个命题，其真值取决于主语的属性。试比较：

(3) a. "魏派"卖起来很容易，因为它性能好，性价比高。
　　b. "魏派"卖起来很容易，? 因为销售员口才很好。

例（3a）之所以比例（3b）更容易接受，是因为"汽车卖起来是否容易"和它本身的属性（如性能、外观、内饰等）有关，销售人员的能力并不起主要作用，即能为"卖起来容易"负责任的是主语"魏派"的属性。

C. 隐性施事。从表面上看，中动句只有主语位置上的非施事论元得到句法投射。然而，Keyser and Roeper（1984）指出，中动结构还存在一个隐含的施事论元，如例（4）画线部分为中动句，其主语"考题"不能自己在小册子里查找自己，需要一个施事来执行"查找"这个动作，此句隐含的施事可以通过上下文得知，即"球员"。一般认为，中动句的隐含施事在指称上具有任意性，其意义类似于"任何人"或者"一般人"，因此，例（5a）的意义大致相当于例（5b）。事实上，在大部分情况下，中动句的隐含施事都不能指向任何人，它的任指性一般有一定的范围限制，因此，我们称之为"相对任指性"，如例（4）的隐含施事专指"球员"，例（5a）解释为例（5c）更为合适。

(4) 不少球员表示，<u>考题很简单，在册子中查找起来也很方便</u>。
(5) a. 真正的川菜麻婆豆腐做起来很简单。
　　b. 任何人/一般人做麻婆豆腐都会很简单。
　　c. 一般的川菜厨师/擅长做川菜的人做麻婆豆腐会很简单。

D. 类指性。Lekakou（2005：90）指出中动句是类指句，它不是对具体事件的汇报，而是对属性或者状态的描述，也有学者称为"非事件性"（杨佑文，2011）。"这部书读起来容易"的意思是"通常情况下，这部书读起来很容易"，不是"某人在某时刻读书"。中动句的类指性可以针对事件，也可以针对隐性施事，都可以用"一般的"（in general）来表示，如例（6a）所包含的两种类指性分别为例（6b）和例（6c），其中例（6b）针对隐性施事而言，例（6c）针对事件而言。

（6）a. 电脑系统崩溃，重装起来容易，但放在多媒体显示终端里，维修起来就很成问题。
   b. 一般的IT人员重装电脑系统会容易，但维修放在多媒体显示终端的电脑会很难。
   c. 重装电脑系统一般很容易，但维修放在多媒体显示终端的电脑一般很难。

二　句法特征

构式语法继承了认知语言学基本的句法语义观，认为语义为先，句法是语义的表现，因此，句法特征在很大程度上可以由语义特征推测出来。中动结构的句法特征可以分解到其组成成分中。下面来分别阐述其主语、动词和附加语的特征。

A. 主语是被动参与者，动词为主动形式。中动结构的主语不是动作的施事，在这一点上，它和被动结构类似。但是，和被动结构不同的是，中动结构的动词是主动形式，因此，中动结构兼有主动结构和被动结构的特点。

B. 中动结构的谓语动词一般具有[+及物]和[+自主]的特征，多用一般现在时，不和进行体和完成体连用，因此，例（7）中的句子可接受程度差：

（7）a. ﹡这辆车正在开起来很快。
   b. ﹡这辆车开起来了很快。

C. 中动结构需要附加语来传达新信息，没有附加语的句子通常是没有意义的或者不完整的（Goldberg，2009），如例（8）所示：

(8) a. 这些腐败的官员贿赂起来很容易。
　　 a'. ? 这些腐败的官员贿赂起来。
　　 b. 这种野菜吃起来像草一般，在困难时期却是实物的主要来源。
　　 b'. ? 这种野菜吃起来。

尽管中动句一般都需要某种附加语，有时也可以用情态的手段来替代，也即用"能/可"句来表达。如例（8a）和例（8b）可以分别转化成例（9a）和例（9b）：

(9) a. 这些腐败的官员可以贿赂。
　　 b. 这种野菜能吃。

三　原型性特征

根据上述句法语义特征，结合大量的实际语料，我们总结出汉语中动结构的四个原型性特征：

A. 主语的责任性。主语的属性可以促进、阻碍或阻止事件的发生。

B. 动词有[+自主]、[+完成]、[+及物]的语义特征。然而，在中动构式义的压制下，动词失去动作性，表现出低及物的性质，一般只有动词的内论元在句法中得到投射。

C. 隐性施事的相对任指性。中动构式的施事一般是隐含的，在指称上可以指向某个群体的任何人。

D. 情态性和类指性。中动构式不汇报已发生的事件，因此，它不用进行体和完成体，不能和表示特定时间点的成分共现。

这些特征可以用来判断中动句的典型性。若某句具备所有这些特征，那么该句是原型性中动句，或称"典型中动句"；若不具备某个或某几个特征，则是非典型中动句，或称"边缘性中动句"。典型中动句位于中动结构范畴的核心，非典型中动句也是中动结构范畴的成员，是因为它们和典型中动句（原型）有家族相似性。下面将依据上述原型性特征分别讨论原型性中动结构和非典型中动结构，并探讨各自的语义类型。

第二节 中动结构范畴

一 原型性中动句

如前文所述,原型性中动句是指具备中动结构范畴所有典型性特征的中动句。因为附加语是中动句的信息焦点,所以它最能体现中动句的意义类型。根据附加语不同的语义特征,原型性中动句可以分成如下六类。

第一类为"难易中动句"。如前文所述,汉语中动句多表示事件的难易,此类中动句在CCL中占比最大。其附加语一般是表示"困难"或"容易"意义的形容词词组、动词词组、主谓短语等。例如:

(10) a. 中小企业本身具有灵活性,调整起来比较容易。
b. 秦陵…如此大的封土层,挖掘起来难度很大。

第二类为"性质中动句"。性质中动句表达的意义范围较广,包括价值、结构、大小、形状等各方面的意义。其附加语描述主语的性质,但这种性质需要通过动词所表达的动作来展现,如例(11a)表达的是处理危险废物程序繁杂、花费高,若没有"处理"这个动作,"危险废物"无法呈现出"复杂"和"费用高"的特性;例(11b)意思是输送高压电费用低,因此,主要描述"高压电"的性质,需要通过"输送"来体现;例(11c)突出"大陆的状态和社会结构的趣味性和价值性",这种趣味性和价值性需要通过"研究"来呈现。

(11) a. 这些危险废物处理起来非常复杂,而且费用很高。
b. 当电压升高到11万伏,甚至高达22万伏时,输送起来就更加经济。
c. 大陆高速发展中的状态、发展中的社会结构,研究起来很有趣味,很有价值。

第三类为"适意性中动句"。此类中动句通过隐性施事的感受来间接描述主语的属性，其附加语在语义上指向隐性施事。如例（12a）感到痛苦的是受伤的人，例（12b）中的"不舒服"描述骑车人的感受。这类中动句在汉语中较为常见，它们的目的不是描述隐性施事，而是通过其感受或体验间接描述主语的属性。如例（12a）强调的是主语"这种伤"的严重性；例（12b）描述的是"该类车"的设计对用户不友好。

（12）a. 这种伤从生理和心理上恢复起来都很痛苦。
　　　b. 该类车车把高，车座低，骑起来不舒服。

第四类为"时间中动句"。主要表达主语属性对动作速度或所需时间的影响，其附加语一般表达快慢或具体时间，但这种对时间的描述也是为了凸显主语的属性，如例（13）所示：

（13）a. 各队竞争非常激烈，申诉频繁，而且双方情绪激动，<u>解决起来耗费时间较长</u>。
　　　b. "贵国建国，应优先发展空军。<u>空军发展起来比较快</u>，所需经费，较海军为少。"

第五类为"结果中动句"。表达动作作用于主语时所产生的结果。这类中动句在语料库中出现的频率较低，但是它具备中动结构的所有典型性特征，因此，也属于原型性中动句。例如：

（14）炒之前将肉片用少量食油和生粉拌一下，这样炒起来更嫩。

第六类为以受事为主语的"能/可"句。"能/可"句没有"起来"标记，也没有附加语，但它具备中动结构的所有原型性特征，如例（15）中"榆钱、榆树的叶子和皮本身的属性"为事件"能吃"的发生负主要责任；其动词"吃"具有［+自主］、［+及物］的语义特征，在该句中失去了动作性，表现出低及物的性质，两个小句都只有一个参与者得到句法投射，分别为"榆钱"和"榆树的叶子和皮"；句子有一个隐含施事，且具有任指性，指"一般人"；句子不汇报某具体事件，具有情态性和类指性，在时间特征上具有恒时性。

（15）不仅榆钱能吃，榆树的叶子和皮也能吃。

此外，"能/可"句对其组成成分的限制和"起来"句类似。一般而言，其主语是受事，也有少量以非受事为主语的情况，如例（16）所示，当然，只有以受事为主语的"能/可"句属于原型性中动句。

（16）这把刀能切冻肉。

和"起来"句一样，"能/可"句的动词也一般是自主的及物动词，非自主动词不能用于"能/可"句，如例（17）中的句子不符合语法：

（17）a. ＊他的讲座不能懂。
　　　b. ＊这种结构的房子能塌。

二 非典型的中动句

非典型汉语中动句不是指不常见的中动句，而是指违反了中动结构一个或两个原型性特征的情况。根据所违反的特征不同，非典型中动句可分为如下三大类型。

第一类为"非内论元主语中动句"或"旁格主语中动句"。指主语不是内论元（受事或成事）的句子，违反了特征 B。例（18）—例（23）中各句的主语分别为处所、工具、方式、当事、与事和时间。

（18）<u>这种自然的、手工的建筑</u>与人的关系更直接，更亲切，住起来也就更舒适。
（19）出门在外要记备忘录时，<u>铅笔</u>用起来实在非常方便。
（20）<u>离地 1 厘米左右</u>确实跑起来很轻松，因为几乎就没有抬脚。

(21) 大学校长当起来可不容易。

(22) 项目成员具有当地的生活经历，交流起来比较通畅。

(23) 夏天虽然天气热跑起来很难受，但正是由于天气热，才可以出更多的汗。

不及物动词做谓词和句中出现两个论元的情况也属于这一类，分别如例（24）和例（25）所示：

(24) 沙发坐起来是比较舒服，因而思考力会随之减弱，判断反应就不如平日那般敏捷。

(25) 这种刀切起冻肉来很舒服。

例（24）中的动词"坐"是不及物动词，不具备[+及物]的语义特征，因而属于非典型中动句。例（25）强调的是工具的内在属性，动词所带的宾语明确了工具的用途，即用这种刀切冻肉舒服，切其他东西未必舒服。此外，例（25）的动词没有受到中动构式义的压制而变成派生的不及物动词。

第二类为"施事不隐含的中动句"。通过"对……而言"等方式引出施事的情况，违反了特征 C。例如：

(26) 对他而言，汉语作为有声语言学起来不算太难。

例（26）中"学"的施事"他"出现在句子中，因而在指称上失去了任指性，也降低了主语的责任性。此时，句子的焦点不仅是主语"汉语"的属性，施事"他"的能力也得到了一定的强调。

第三类为"已然事件中动句"。不具备特征 D。例如：

(27) 在旧社会，历史条件不同，再加上专业技术有限，这个问题解决起来极为困难。

例（27）不表示恒时的一般状况，它表达的是主语在过去某段时间内所具有的特征，而且这种特征往往已经丧失，即"这个问题"现在可能不具备"解决起来困难"的特征。这类句子不表达事件发生的可能性，表达的是对过去某件事的难易、性质等的评价，往往没有情态性，因此，不是典型的中动句。这类中动句除了强调主语属性之外，也强调了其他外部条件，如例（27）导致"问题解决起来困难"的原因除了问题本身的特性之外，还有其他环境因素（历史条件和专业技术）。

中动结构范畴的内部结构如图 10.1 所示。

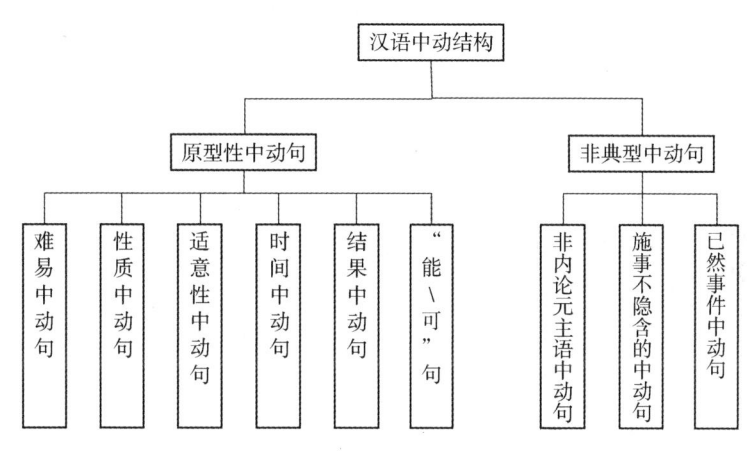

```
                        汉语中动结构
            ┌───────────────┴───────────────┐
        原型性中动句                    非典型中动句
    ┌──┬──┬──┬──┬──┬──┐          ┌──────┬──────┬──────┐
   难 性 适 时 结 "      非内    施事   已
   易 质 意 间 果 能     论元    不隐   然
   中 中 性 中 中 \     主语    含的   事
   动 动 中 动 动 可"   中动    中动   件
   句 句 动 句 句 句    句      句    中
            句                             动
                                           句
```

图 10.1　汉语中动结构范畴

第三节　本章小结

汉语中动结构范畴是一种原型范畴，因此，其内部成员具有不同的典型性。本章从汉语中动结构的句法语义特征出发，从语义和句法两个角度提出了该范畴的四个典型性特征。并以此为依据将汉语中动结构分成原型性中动句和非典型中动句。

就语义而言，中动句的核心语义特征是属性类指性，因此，原型性中动句具有主语责任性、情态性、类指性等语义特征，而非典型中动句可能不具备上述某种语义特征。就中动结构对其组成成分的限制而言，原型性中动句的主语为动词内论元（一般是动作的受事或对象，也可能是成事);其动词表现出构式义的压制,由自主义较强的及物动词变成派生的不及物动词,也即只有一个论元(受事、对象或成事)在句法上得到投射,但这不意味着另一个论元(施事)被删除,它只是被抑制,以隐性论元的形式出现。非典型中动句对其组成成分的限制可能在某方面不同于原型性中动句,如主语不是内论元、动词不是及物动词、没有表现出构式义和动词义的互动等。

根据不同的语义类型,原型性中动句可以分成难易中动句、性质中动句、适意性中动句、时间中动句、结果中动句以及"能/可"句。鉴于附加语是中动句的话语核心,各类中动句的意义差别主要体现在附加语上。前五类原型性中动句的附加语分别表示难易、性质、适意性、时间和结果,因此,整个句子也表达上述五种评价意义。第六类原型性中动句的附加语被情态词"能"或"可以"替代,因此,它所表达的评价义不是事件的难易等意义,而是事件本身能否发生。

非典型中动句的分类标准是其对原型性特征的违反。依据四个原型性特征,本应将其分成四类,但据观察,所有违反动词特征的句子也同时违反了主语特征,因此,我们将两类句子整合成一大类,统称为"非内论元主语中动句"。其他两类违反了语义方面的特征,其中"施事不隐含的中动句"削弱了句法主语的责任性;而"已然事件中动句"不具备情态义和类指义。

需要注意的是,汉语中动结构作为原型范畴,其界限并不分明,也即中动结构和其他结构可能会有重叠,表现出构式语法中的多重链接,如例(28)可以解释为中动句,如例(29a)所示,也可以解释为宾语省略的主动句,如例(29b)所示。可见,一个句子是否为中动句,有时需要依赖语境。

(28) 这种鸟能吃。
(29) a. 这种鸟能吃,烤着吃尤其好!
　　　b. 这种鸟能吃,一次能吃半碗饲料。

第十一章

汉语中动结构与其类似结构的关系

汉语中动结构不是一种孤立存在的构式，它和汉语构式系统内的其他结构有一定的承继关系（inheritance links）。本章将集中讨论汉语中动结构及其类似结构之间的关系，包括主动结构、被动结构、受事主语句和话题句。同时，本章也将比较汉语中动结构作为中动语义在汉语中的实现形式与英语中动结构之间的异同。

第一节 汉语中动结构与汉语里的其他结构

一 汉语中动结构与主动结构

从句法表现来看，中动结构没有被动标记，很容易被当成主动结构（在具体语言中体现为主动句）。主动句是指该句主语是谓语所表示的动作行为的发出者的句子，例如：

（1）a. 我没有忘记他们是人类，只是人类，具有无毛两足动物的基本根性。
　　b. 柔嘉确曾把昨天吃冬至晚饭的事讲给姑母听。
　　c. 鸿渐准备赶回家吃饭的……（《围城》）

例（1）中各句的主语都是谓语所表达动作的发出者，是句子的逻辑主语。主语 NP 同谓语动词 VP 的关系是主谓关系。谓语动词用任何的时态（包括时和体）都不影响句子的合语法性。而且，以动作动词为谓语的主动句一般都不用一般现在时，多用过去时或者进行体，试比较：

(2) a. 这辆车开起来很容易。
b. ? 他开这辆车。
(3) a. * 这辆车正在开起来很容易。
b. 他正在开这辆车。
(4) a. * 这辆车开起来过很容易。
b. 他开过这辆车。
(5) a. * 这辆车开起来了很容易。
b. 他开了这辆车。

中动结构的时体特征和状态句类似，因此，它不能用祈使句，很多的情况下也不能用进行体和完成体。另外，汉语中动句一般需要一个附加语成分，通常是形容词短语，而主动句则不需要，如例（6）和例（7）所示：

(6) a. * 这辆车开起来。
b. 他开着这辆车。
(7) a. * 这本书读了起来。
b. 他读了这本书。

总起来看，虽然从形式上看，中动句和与之相应的主动句（以动作动词为谓语的情况）都没有被动标记，但他们之间有多方面的不同，具体表现为：

A. 从形式上看，中动句需要附加语成分，而主动句一般不需要。

B. 从主语和谓语的关系看，中动句的主语一般是谓语动词的受事，它们之间多是动宾关系；而主动句的主语一般是谓语动词的施事（广义，包括感事），它们之间多是主谓关系。

C. 就施事的地位来说，中动句的施事一般不能出现在句子表层，而主动句的施事一般是其主语。

D. 从时体特征上看，中动句一般用一般现在时，不能用进行体。

而主动句则不受时体限制，可以用各种时态。

E. 从意义上看，中动句表示的是由于主语的内在属性，使得动词所表达的动作以某种形式发生，具有非事件性和类属性的特征。而主动句本身没有这种意义。

中动结构和相应的主动构式的区别可以用表 11.1 来表示：

表 11.1　　　　　　　　中动句和相应的主动句

	时体	附加语	主语的语义类型	施事地位	意义
中动句	一般现在时	必须	非施事	被抑制	属性
主动句	多种	一般不需要	施事	做主语	动作

需要注意的是，主动结构并不要求以动作动词为谓语。它对其动词的选择限制非常宽松，几乎所有的动词都可以进入主动句。另外，若有附加语，主动构式也可以容忍各种形式的附加语。而中动结构对其动词和附加语有严格的选择限制。由此可见，中动结构和主动结构从本质上讲是不同的。

二　汉语中动结构与被动结构

如前文所述，研究汉语中动结构的许多学者都认为中动结构是主动形式表达被动意义，我们在第三章指出中动结构的核心语义特征是属性类指性，它表达的意义不是被动意义。其实无论从形式还是从意义上看，中动结构和被动结构都有本质的不同。

本章所说的汉语被动句是狭义的，指的是该句主语是谓语所表示的动作行为的承受者，而且句子中要有明显的被动标记（"被""给"等）。例如：

（8）a. 在第四次反"围剿"斗争中，毛泽东已被撤职，朱德与周恩来共同 指挥战斗，歼敌三个师。

　　b. 相传罗慕洛斯和列慕斯是希腊战神马尔斯的一对双胞胎，出生后母亲被仇人杀死了，他俩被放在筐子里投入台伯河中。可是筐子并没有下沉，他俩被漂流到了岸边。一只母狼将他俩叼回去用狼奶喂养。后来给猎人拾去……

从例（8）中的两个句子可以看出，被动句不同于中动句，它具有以下几个句法语义特征。

A. 就句子主语来说，被动句的主语不是导致谓语动词所表达的动作发生的因素，相反，在这个过程中，它完全是无力的、受影响的客体，处于被动地位。而中动句的主语则对谓语动词所表达动作的发生负责任。

B. 虽然被动句动词的施事有时被隐含，但它可以在被动标记（"被""给"等）之后得以重现，而且很多时候，它也没有任指性特征（arbitrary reference）；中动句的隐含施事一般不能在句子表层出现，且具有任指性特征。

C. 从形式上看，被动句有明显的被动标志，其谓语动词不需要任何副词性修饰；而中动句则需要副词性修饰。

D. 从时体特征上看，被动句可以用各种时体来表达，而中动句多用一般现在时。

E. 从意义上看，被动句表达的是已经发生的事件；而中动句具有情态性和非事件性，表达的是事件发生的可能性，强调的是主语的内在特征。另外，汉语被动结构多表达"遭受"的意义，即负面意义，而中动结构则没有这种限制，多表达正面意义。

在否定句中，中动句和被动句的区别尤为明显。一方面，汉语中动句否定的是形容词性附加语，如"这辆车开起来不顺手"；而被动句则否定整个动作事件，如"这辆车没有被开走"。另一方面，中动句用否定词"不"来表达否定意义；而被动句则用"没有"，这也从侧面反映了被动句是对已发生事件的汇报，而中动句不表述过去发生的事件。汉语中动结构和被动结构的不同见表 11.2。

表 11.2　　　　　　　　汉语中动结构和被动结构

	时体	附加语	主语	施事	意义
中动结构	一般现在时	必须	责任性	可在句中恢复	非事件，情态意义；正面意义
被动结构	多种	不需要	被动性	无句法地位	事件意义；负面意义

三 汉语中动结构与受事主语句

中动句的主语多是谓语动词的受事论元，因此，很多学者将中动句看成受事主语句（patient-subject construction）（徐盛桓，2002；曹宏，2005）。关于汉语里的受事主语句，学界并没有统一的看法，一般认为有广义的和狭义的受事主语句之分。例如，龚千炎（1980）把所有以受事为主语的句子都看成受事主语句。因此，他的受事主语句范畴是典型的广义范畴，他将受事主语句分成以下六种类型：

A 型：NP+V　如："饭吃完了""桌子搬走了"。

B 型：NP+遭、受+V　如："听报告的同志都受到很大鼓舞"。

C 型：NP+被+V　如："在猜谜的游戏中，她很少被难住过"。

D 型：NP+被、叫、让+Na+V（附：NP+被、为+Na+所+V）如：

"那一伙人都被陈老五赶走了"。

"在国内，这座桥也是历来为人们所称赞的"。

E 型：NP+由、归+Na+V

如："祖母是家庭的组织者，一切生产事务由她管理分派"。

F 型：NP+Na+V　如："你的境遇我们很同情"。

若把"受事主语句"看作广义的以受事为主语的句子，它和中动结构之间必有交叉，如前文所述，原型性中动结构往往以受事为主语，因此，这类句子也是受事主语句。广义受事主语句和中动句的关系可见下图，其中圆圈 A 代表中动结构范畴，B 代表广义受事主语句范畴。

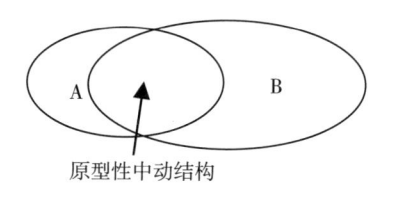

图 11.1　中动句与广义受事主语句

大多数学者所说的"受事主语句"专指狭义的受事主语句，指现代汉语由受事充当主语，且不出现施事及任何被动标记的句子（邱贤、刘正光，2009），即龚千炎（1980）所讲的 A 型，如：

(9) a. 一会儿,一幅漂亮的山水画画好了,远处有山,近处有水。
　　b. 那篇访问写得很好。
　　c. 他炸折了一条腿。

从例(9)的三个句子中可以看出,受事主语句的主语 NP 是谓语动词 VP 的受事论元。主语 NP 既可以是有定的,如例(9b)和例(9c),也可以是无定的,如例(9a);谓语 VP 一般是一个动补结构之类的复杂形式,不能是单纯的光杆动词(潘海华、梁昊,2002;陆俭明、沈阳,2003;石毓智,2003)。也就是说,谓语动词之后经常有一定的连带成分,如"着、了、过"等形式、动词重叠、复杂谓语(连动式、兼语式)、补语、宾语等(李青,2001)。

受事主语句一般都有较强的动作性,因此一般来说有两个显著特点。

一是受事主语句可以进入"把"字结构,表示语法主语受到处置的意思,如例(10)中的句子可以相应转换为例(11):

(10) a. 桌子搬走了。
　　　b. 生活改善了。
　　　c. 破墙修补好了,垃圾清除尽了。(龚千炎,1980)
(11) a. 把桌子搬走了。
　　　b. 把生活改善了。
　　　c. 把破墙修补好了,把垃圾清除尽了。

二是一般来说,受事主语句大都隐含着一个"被"字,因此,当需要突出被动关系的时候,就可以把"被"字加上,但是由于愉快的事情常常不能用"被",所以也有很多受事主语句并不能换成"被"字句(龚千炎,1980),如例(12)所示:

(12) a. 桌子被搬走了。
　　　b. ? 生活被改善了。

c. 破墙被修好了，垃圾被清除尽了。

而中动结构既不能进入"把"字结构，也不能进入"被"字结构。中动结构不同于受事主语句之处可以总结如下。

A. 中动结构的主语可以是受事之外的其他论元角色，如工具、处所等；即使是以受事为主语的中动结构的意义也不同于受事主语句。中动结构有非事件性（noneventive）和类指性（generic）的特征，而受事主语句多表示事件，是对动作或者状态的汇报，没有类指性特点。

B. 中动结构的主语作为被描述的对象，一般是有定的（包括定指、专指、遍指、通指）；而受事主语句的主语虽然多是有定的，但是也可以是无定的，如例（9a）所示。此外，中动结构的主语具有促进事件发生的特性，而受事主语句的主语和被动结构的主语一样，都是处于被动地位，对事件的发生起不了任何促进或者阻碍的作用。

C. 中动结构需要形容词性成分作补语，但是其谓语动词一般不能带补语，即现代汉语中动结构的谓语动词不能是述补结构（或称动结式）。例如，"*这种轮胎磨平起来很容易。"是不合格的句子。与此相反，受事主语句的动词则多和宾语、补语等连带成分连用。

D. 中动结构不汇报某个特定的事件，它表述的是事件发生的潜势（potentiality），因此，中动结构对时体有严格的限制；而受事主语句不同，它基本可以用各种时体，而且经常和表示体特征的"着""了""过"共现。

汉语中动结构和狭义受事主语句的区别见表11.3。

表 11.3　　　　　　　　汉语中动结构和受事主语句

	时体	附加语	主语	动词	意义
中动结构	一般现在时	必须	责任性；有定；非施事	光杆形式	非事件性，情态意义
受事主语句	多种	不需要	被动性；可以是无定；受事	一般不是光杆形式	事件意义

四　汉语中动结构与话题句

汉语偏向于话题—评论（topic-comment）的表达方式。本书所说的话题指有标记的话题,即话题与句子主语不重合的情况,这样的句子称为话题句,或称话题结构(topic construction)。潘国良(1986)详细总结了汉语话题句的主要类型。

其一,句首的名词短语与后面的主谓短语中的主语有领属关系,这类所谓主谓谓语句的"双重主语"结构是典型的话题句,例如:

(13) a. 这些战士眼睛熬红了。
     b. 这个人心眼好。

其二,句首的名词短语是后面的主谓短语中动词的受事,这类结构和上述情况一样,也是"双重主语"结构,如:

(14) a. 再大的困难我们也不怕。
     b. 这部电影我看过。

其三,句首是名词短语,后面主语短语中的主语是受事,这类结构也是"双重主语"的情况,如:

(15) a. 他北京话说得很好。
     b. 我今天的报还没看呢。

其四,句首的名词与后面的主谓短语中某一成分有复指关系,这类情况同样是"双重主语"结构,如:

(16) a. 小王我已经告诉他了。
     b. 这位同学我跟他打过篮球。

其五,"双重主语"中有一个主语是动词短语,如:

(17) a. 他们做调查工作很有经验。
     b. 做调查工作他们很有经验。

其六，句首的名词短语与后面两个以上的主谓短语中的主语有总分关系，如：

(18) a. 他的两个妹妹，一个是教师，一个是医生。
　　 b. 曾经留恋过别的东西的人们，有些人倒下去了，有些人觉悟过来了，有些人正在换脑筋。

其七，句首是介词短语，后面是主谓短语，如：

(19) a. 关于田间管理，他的经验很丰富。
　　 b. 对于这个问题，我有不同的看法。

其八，表示存在、出现、消失的句子，如：

(20) a. 墙上挂着地图。
　　 b. 十位客人来了九位。
　　 c. 王冕死了父亲。

其九，句首是时间、地点名词，后面是主谓短语，如：

(21) a. 下午我们开会。
　　 b. 南方这些天正下雨。

其十，没有假位主语的句子，这类结构是没有主语的话题句，如：

(22) 有只猫在花园里。

所谓"话题"就是话语的出发点，是个语用学上的概念。有不少学者把汉语中动句的主语和话题句的话题混淆（殷树林，2006a；宋红梅，2008；王永鹏，2008等）。石毓智（2010）指出，话题主要有以下几种突出特点：第一，话题居于句首的位置；第二，话题后可以用逗号隔开，也可以加"嘛""呀"等语气词；第三，话题代表已知信息，是句子表述的出发点，因此，总是有定的；第四，话题是个话语概念①，具有延续性，经常把它的语义辖域延伸至后面的几个句子；第五，话题不能被焦点标记"是"表示；第六，话题不能用疑问代词提问。

中动句的主语也具有话题的前三个特点，但是中动句的主语是个语法概念，它是可以用焦点标记"是"来标示的，另外，它也可以用疑问代词提问，如：

(23) a. 这本书读起来很容易。
　　 b. 读起来很容易的是这本书。
　　 c. 什么读起来很容易？

由此可见，中动句的主语不是话题句的话题，二者不是同一层面的概念，主语是个句法学上的概念，而话题是语用学上的概念。

石毓智（2010）还指出，话题句不能进入从句层面，如例（24）。另外，刘道英（2001）认为话题不一定是谓语动词的受事，还可以是其他论元角色，甚至可以是非论元角色，如例（25）中的三个句子：

(24) 书小王看完了。→ *这就是书小王看完的地方。
(25) a. 那场大火，多亏了消防员来得快。
　　 b. 在天津，我住了27年。
　　 c. 关于这个问题我们已经讨论过了。

中动结构可以进入从句层面，因此，中动结构不是话题句，如：

(26) 飞行学起来很容易。→ 这就是飞行学起来很容易的原因。

事实上，中动结构无论从形式还是意义上都不同于话题句，其区别

---

① 这是相对于句子的主语来说的。"主语"是句法概念，而"话题"是语用概念，二者属于不同的范畴。

如表 11.4 所示。

表 11.4　　　　　　　汉语中动结构和话题句

	时体	附加语	动词	意义
中动结构	一般现在时	必须	光杆形式	非事件性，情态意义
话题句	多种	不需要	一般不是光杆形式	事件意义

第二节　汉语中动结构与英语中动结构范畴

我们在第十章集中探讨了汉语中动结构范畴，它与英语中动结构范畴之间的异同需要从英语中动结构范畴谈起。和汉语中动结构一样，英语中动结构也是原型范畴，有原型性中动句和非典型中动句之分。

一　英语中动结构范畴

1. 原型性英语中动句

原型性英语中动句同时具备中动结构的四个原型性特征。在 Davidse and Heyvaert（2007）的基础上，我们把它们分成以下六种意义类型。

第一类为"过程中动句"。这类句子的谓语动词不带任何附加语，它只表述事件能否发生，不对事件进行评价。例如：

(27) a. The lock won't open.
　　　b. …there's a certain politeness to the sound and personality that might not translate.

第二类为"难易中动句"。关注主语[①]的属性对事件所起的促进或阻碍作用，用以评价动作执行的难度。例如：

(28) a. Routine means that they play very <u>easily</u>.

[①] 本文为了简便见，"主语"也表示其所指，即"主语所表达的实体"。

b. Those computers handle with great difficulty.

第三类为"性质中动句"。描述动作过程执行的性质，是对主语特性的性质判断。例如：

（29）a. This pen writes very smoothly.
b. The hollow-ground blade will cut cleanly through branches of three-inches in diameter.

第四类为"时间中动句"。通过描述执行某动作所花的时间来评价主语的性质，其附加语一般表示时间或速度。例如：

（30）a. This problem solved rapidly…
b. It (cheese) grates, slices, shreds, cubes and melts in seconds.

第五类为"处所中动句"。描述主语的典型处所。例如：

（31）a. This small, wall-powered unit installs almost anywhere.
b. The Live Board…uses a wireless pen that writes directly on the surface.

第六类为"结果中动句"。描述动作作用于受事主语的结果。例如：

（32）a. Colombian coffees blend well.
b. It (wood) cuts *well*, and splits beautifully.

可见，原型性英语中动句可以表达多种意义。下面我们来探讨非典型英语中动句。

2. 非典型英语中动句

以往的研究往往依据主语或修饰语的类型来划分原型性和非典型英

语中动结构（何文忠，2007；杨佑文，2011）。我们认为，确定中动句的典型性应当以中动结构的原型性特征为标准，因此，非典型中动句是指不完全具备原型性特征的情况。非典型英语中动句可以分成如下四个类别。

第一类非典型英语中动句为"非内论元主语中动句"或"旁格主语中动句"。指违反了原型性特征 B 的情况，即不以动词内论元为主语的中动句。例（33）中各句的主语分别为感事、工具、处所、材料。

(33) a. Magie scares easily.
　　 b. This pen does not write smoothly.
　　 c. This court plays well even when it is raining.
　　 d. This bamboo makes great rafts.

此类中动句还包括谓语动词为不及物动词的情况。不及物动词没有内论元，因此这类句子也是"非内论元主语中动句"。例如：

(34) a. This new mattress sleeps comfortably.
　　 b. The boots she just bought don't walk.

句中出现两个论元的情况也属于此类。例（35）中各句的主语分别为：材料、工具、处所。

(35) a. That wood builds wonderful houses.
　　 b. These knives cut metal without any difficulty.
　　 c. This tent sleeps five (people).

第二类非典型英语中动句为"含有施事的中动句"。因其施事以"for-短语"或者其他形式在句中出现，而违反了特征 A 和特征 C。例如：

(36) a. This poem translates easily for Amy.
　　 b. The piano handles well when Tony plays it.

例（36a）强调了动作施事"Amy"的能力，弱化了"the poem"本身对事件的促进作用；同样，例（36b）强调"the piano"的属性的同时也强调了"Tony"的个人能力（如对钢琴较熟悉、钢琴水平高等）。

第三类非典型英语中动句为"设计特征中动句"。违反了原型性特征 A 的主语责任性和特征 D 中的情态性，表达主语的设计性特征，无情态性和评价意义。例如：

(37) This unit installs at the end of your bed.

本句的意思不是"Anybody can install this unit at the end of your bed"，而是"This unit is designed to be installed at the end of your bed"。

第四类非典型中动句为"已然事件中动句"。不具备特征 D 中的情态性和类指性，表达已然事件，不表示未来事件发生的可能性，因而谓语动词不用一般现在时。例如：

(38) a. The book read as though it were a collection of notes rather than a single document.

b. RIO was not selling as well as we had thought it would.

如前文所述，英语中动句虽然可以用过去时，但它不和表示时间点的成分连用，例（39）就不容易接受。

(39)? Those items translated easily in yesterday's literature class.

非典型英语中动句的各类型都在某方面违反了中动结构的原型性特征，但它们在其他方面和原型成员有家族相似性，因此，它们是英语中动结构范畴的非典型成员。

二 英汉中动结构范畴的异同

由上文的分析可以看出：英汉中动结构都是原型性范畴，都有典型和非典型之分。就典型中动句而言,英汉语中都有"难易中动句""性质中动句"和"结果中动句";但是汉语中缺乏与英语"过程中动句""时间中动句"和"处所中动句"相对应的意义类型,而英语中则基本没有"适意性中动句"。就非典型中动句而言,除了汉语中缺乏"设计特征中动句"之外,其他意义类型区别不大。汉语中动句不表达"过程""时间""处所""设计特征"等意义表明汉语中动句的评价性强于英语,基本上所有的汉语中动句都表达评价意义。

值得注意的是汉语中动句主语的类型比英语丰富得多,如工具、处所、成事、当事、与事、目标、方式甚至是时间成分等都可以作汉语中动句的主语,如表 11.5 所示;而英语中动句主语的使用则要受到很大的限制。

表 11.5　　　　　　　　英汉中动句的语义类型对比

	受事	工具	处所	材料	方式	成事	当事	与事	时间①
英语中动句	√	√	√	×	×	×	×	×	×
汉语中动句	√	√	√	√	√	√	√	√	√

首先,英语中动句不能以成事②为主语。试比较:

(40) a. * This stone field does not build easily.

b. 石子田不仅保收,产量也比当地一般农田要高得多,但它建造起来很麻烦。

其次,英语中动句也没有以当事③为主语的情况,因为"当"这个意义在英语中不是通过动作动词来表达,而是通过状态动词"be"来表达,即使用"act"也不可接受。例如:

---

① 英语在特定语境中也允许时间成分作中动句主语,如两个售货员在讨论销售的最佳时段,其中一个说"Early evening sells better than morning"。但是,这类句子需要特殊语境,不能脱离语境使用。

② 成事指的是在动作行为的过程中,从无到有产生或出现的新事物或新现象,是因施事的动作行为而形成或达成的新的客体。

③ 当事指某人在生活或工作中所扮演的角色。

(41) * President does not act easily.

另外,与事也不能作英语中动句的主语。如例(42b)的主语暗含了一个"与"或"和"字,表达的意思是,"与/和他交往起来很容易"。而英语需要用介词"with"来表达这种意义,若从字面上翻译汉语中动句,则没有中动义(付岩,2012),如例(42a)所示:

(42) a. He makes friends easily.(没有中动义)
　　 b. 他交往起来很容易。(中动句)

汉语中动句主语的类型之所以比英语丰富,或许是因为汉语主语具有较强的话题性。即汉语主语可以容纳能够作话题的多种语义角色,如"台上坐着主席团""一锅饭吃十个人""这盘土豆切丝"等。此外,汉语的宾语类型也较其他语言更丰富,具有强焦点性的很多非受事成分都可以作汉语的宾语(陆丙甫等,2015),如"吃官司/食堂/大碗/软饭/父母/那一套"等。

第三节　本章小结

汉语中动结构和汉语里的其他结构有一定的相似之处,如从形式来看,它和主动结构都没有被动标记;从主语和谓语的关系来看,它和被动结构的主语都不是动作的施事。但是,它和主动结构、被动结构在形式和意义上有较大的区别,因此,我们不能把中动结构看成主动形式表达被动意义。

汉语中动结构和受事主语句也有较多的联系,原型性汉语中动结构是广义的受事主语句,而狭义的受事主语句和中动句差别较大,不能混为一谈。此外,汉语中动句也常常被当成话题句,而我们发现,中动句和话题句在句法和语义方面均有较大的不同。

除了和汉语构式系统里的其他结构有一定的联系,汉语中动结构和中动语义在其他语言中的实现形式也有一定的关系,我们在本章以英语中动结构为例进行了说明。研究发现,原型性英语中动句包括如下六种类型:"过程中动句""难易中动句""性质中动句""时间中动句""处所中动句"和"结果中动句";而非典型英语中动句则包含"非内论元主语中动句"(旁格主语中动句)"含有施事的中动句""设计特征中动句"和"已然事件中动句"四种类型。

对比英汉典型中动句可以发现,英语中动句所表达的意义类型比汉语丰富(如表11.6所示)。"适意性中动句"在英语中很少见,在此不做探讨。

表 11.6　　　　　　　英汉原型性中动句的类型对比

	难易	性质	结果	过程	时间	处所	适意性
英语中动句	√	√	√	√	√	√	X/√
汉语中动句	√	√	√	X	X	X	√

非典型英汉中动句的对比研究表明,除英语有一个汉语所没有的"设计特征中动句"之外,其他类型基本一致(如表11.7所示)。汉语之所以没有"设计特征中动句",是因为汉语中动句的附加语具有某种评价意义,不对主语的设计特征做客观描述。可见,"评价性"对汉语中动句的意义比对英语重要。所有的汉语中动句,无论典型非典型,都必须有附加语,且具有评价义。

表 11.7　　　　　　　英汉非典型中动句的类型对比

	旁格主语	施事不隐含	已然事件	设计特征
英语中动句	√	√	√	√
汉语中动句	√	√	√	X

由此可见,汉英中动结构在句法表现和类型上有一定的区别,但在语义方面相似度较高。这说明,汉英中动结构不是同一构式,而是同类构式。

第十二章

结　　语

第一节　本书的主要观点和发现

本书以构式语法为理论指导探讨了汉语中动结构的界定、构式性特征、内部结构、对其组成成分的限制、范畴的原型性及其与其类似结构之间的关系。根据构式语法的观点，句法表现是由语义决定的，即汉语中动结构是中动语义在汉语里的实现。因此，本书从中动语义出发，重新解读了中动语义的各项特征，并指出其核心是中动属性义。属性义之所以能被看作中动语义的核心，是因为它能统领其他特征。也即，作为属性类指句的中动句一般具有如下四个特征：①以非施事主语为中心，描述主语属性，具有主语责任性；②不强调施事的能力，具有施事无关性；③不是叙述句，而是描写句，具有非事件性；④所表达的动作具有未来发生的可能性，因此，具有情态性。

此外，属性义还能将中动结构和类指性被动结构区别开来。不仅如此，它还能揭示中动构句的本质，因为中动句的句法形式也和属性义有关，反映了中动构式义和动词义之间的互动关系。

以此为基础，我们提出了汉语中动结构的两条界定标准：①表达中动语义；②以动词为谓语核心。以此为标准，通过剖析文献中疑似中动的各类结构，指出能够转换成"V+NP+AP"的"NP+V起来+AP"句以及非动作发出者为主语的"NP+能/可以+VP"句是汉语中动结构。

因为学界就汉语中动结构是否能看作一个独立构式尚未达成一致，所以在界定了其范围之后，我们对其构式性特征进行了分析。首先，我们按照构式的定义从形式和意义的不可预测性、构式对其组成成分的特殊限制及其搭配偏向性等四个方面确定了汉语中动结构的构式地位。然后，将中动结构界定为减价构式，并从构式的维度和要素两个方面分析了汉语中动结构的构式特点。指出：在维度上，它是一个图式性、复杂性的语法单位，从影响构式架构的要素来看，它具有高图式性、中度能产性、低组构性的特点。

可见，汉语中动结构一方面表现出构式义对动词义的压制，另一方面也表现出和其他构式之间的承继关系，如中动结构和受事主语句之间表现出示例链接，和其组成成分之间为次部分链接，它的各种意义类型之间体现为多义链接。事实上，中动结构也是一种多重性链接，即它不仅可以看作广义受事主语句的一个实例，也可以看作低及物结构、"起来"结构、评价结构等构式的实例，它们共同构成汉语构式系统。

鉴于文献中鲜有对"NP+V起来+AP"中动句内部句法语义关系的研究，且研究结果有较大争议，在确立了汉语中动结构的构式地位并对其构式特征进行系统分析之后，我们对其句法语义核心做出了进一步的探讨，指出"NP+V起来+AP"结构的层次关系为"NP+（V起来+AP）"，其句法核心不是AP，而是"V起来"，AP是其语义核心。据此，我们指出"V起来+AP"不是状中结构，而是动补结构。

在对汉语中动结构有了整体上的认知之后，我们以语料库为依托细致讨论了该结构对其组成成分的选择限制。就其论元实现而言，它只有一个论元（非施事）有句法实现，充当句法主语，另一个论元则以隐性论元（隐性施事）的形式出现。隐性施事一般不出现在语篇中，且具有相对任指性。

汉语中动句对其主语的选择限制表现在如下几个方面：①从形式上来看，其主语一般为有复杂修饰语的名词短语且经常可以省略；②从语义类型上来看，绝大多数的汉语中动句以动词的内论元为主语，包括受事、对象和成事；③从指称上来看，其主语多指向具体物体，但也有39.39%的中动句的主语表达抽象事物，此外，它还可以指向事件或人，虽然比例较小；④从人称上来看，绝大多数汉语中动句以第三人称为主语，极少数以第二人称为主语；⑤绝大多数中动句的主语在指称上是有定的；⑥就施受关系而言，汉语中动句一般倾向于选择受事性较强的语义角色充当主语，但是它不是完全被动的角色，其属性是导致事件按照规定方式发生的主要原因，从这个意义上说，它也具有一定的施事性。

汉语中动结构对其动词的选择限制表现在其形式、意义和及物性上。在形式方面，我们讨论了其时体特征和复杂程度。就时间特征而言，汉语中动结构绝大多数情况下没有时间标记词，就体特征而言，中动结构表达的是一种非完成体，不叙述完整的事件。在复杂程度上来看，绝大多数汉语中动句的动词是光杆形式。

　　在意义方面，我们讨论了动词的自主性、及物性、体类型、过程结构和物性结构类型五个方面的特点。指出中动句的动词在进入中动结构之前均为自主动词，绝大多数为及物动词。就体类型而言，绝大多数中动句采用动作动词，极少数中动句用状态动词。就过程结构而言，中动句多用动态动词，包括动作动词和后限结构变化动词，在 CCL 中没有发现无限结构（Va）、后限结构里的 Vd1 和点结构（Ve）用在中动句里的情况。就物性角色而言，中动句的动词大多表达主语名词的处置和功用角色，其他角色较少。可见，中动句多表达受事的用途及隐性施事对受事的处置，强调处置过程中的感受及对受事功用的评价。

　　汉语中动句一般需要附加语。从形式上来看，它不限于形容词，还有动词短语、主谓短语、介词短语、熟语等多种形式，也有不少中动句用不止一种形式的附加语，我们称之为"复杂类型"。在各种形式中，形容词占比最大，一般为状态形容词（形容词的复杂形式），只有在表示对比、否定、罗列等意义的情况下才使用性质形容词。

　　中动句的附加语可以表达丰富的意义，除了文献中较多提到的难易意义之外，还有适意性、性质、时间、结果等其他意义，有的附加语还能表达两种或多种意义，形成复杂的意义类型。在上述意义类型中，难易类、适意类和性质类占比最大，因此可以说汉语中动句主要表达说话者对事件难易或事物特性的评价，以及说话者执行某动作的体验或感受。

　　汉语中动结构的附加语也有替代形式，一般由情态词"能"或"可以"来替代。也就是说"NP+能/可以+VP"结构是"NP+V 起来+AP"结构的变体，二者宜看作同一构式。中动结构之所以需要某种形式的附加语，主要是信息性的要求，即每个话语都需要提供新信息，也即附加语是语用需要，不是句法或语义需要。

　　最后，我们对汉语中动结构范畴进行了集中探讨，包括其原型性及与其类似结构之间的关系。我们指出：汉语中动结构范畴是一种原型范畴，因此，其内部成员具有不同的典型性，根据其原型性特征可以分成原型性中动句和非典型中动句。就语义而言，原型性中动句具有主语责任性、情态性、类指性等语义特征，而非典型中动句可能不具备上述某种语义特征。就中动结构对其组成成分的限制而言，原型性中动句的主语为动词内论元（一般是动作的受事或对象，也可能是成事）；其动词表现出构式义的压制，由自主性较强的及物动词变成派生的不及物动词，即只有一个论元（受事、对象或成事）在句法上得到投射，但这不意味着另一个论元（施事）被删除，它只是被抑制，以隐性论元的形式出现。非典型中动句对其组成成分的限制可能在某方面不同于原型性中动句，如主语不是内论元、动词不是及物动词、没有表现出构式义和动词义的互动等。

根据不同的语义类型，原型性中动句可以分成难易中动句、性质中动句、适意性中动句、时间中动句、结果中动句以及"能/可"句。非典型中动句的分类标准是其对原型性特征的违反，有以下三类："非内论元主语中动句""施事不隐含的中动句"和"已然事件中动句"。

汉语中动结构和汉语里的其他结构有一定的相似之处，如从形式来看，它和主动结构都没有被动标记；从主语和谓语的关系来看，它和被动结构的主语都不是动作的施事。但是，它和主动结构、被动结构在形式和意义上有较大的区别，因此，我们不能把中动结构看成主动形式表达被动意义。

汉语中动结构和受事主语句也有较多的联系，原型性汉语中动结构是广义的受事主语句，而狭义的受事主语句和中动句差别较大，不能混为一谈。此外，汉语中动句也常常被当成话题句，而我们发现，中动句和话题句在句法和语义方面均有较大的不同。

此外，我们还讨论了它和英语中动结构的关系，指出，尽管二者在句法形式和意义类型上有一定的区别，但它们都表达中动语义，都是中动语态的类型，因此，二者属于同类构式。

第二节 本书的主要创新点及贡献

第一，本书指出中动语义的核心是中动属性义。把属性义看成中动语义的核心有重要的意义。首先，能够厘清中动语义之间的内部联系；其次，能够将中动结构和其他类似结构区别开来；再次，能够解释中动词失去动作性的原因；最后，能够揭示中动结构句法、语义限制背后的动因。

第二，本书从语义和句法两个方面提出了汉语中动结构的界定标准。界定标准的提出为汉语中动结构的研究确立了明确的研究对象，有利于各项研究成果之间的交流和比较。

第三，本书以构式的定义为依据确立了汉语中动结构的构式地位，并指出了其作为一种减价论元构式在维度和要素方面的构式特点。因此，汉语中动结构体现了构式义和动词义的互动，可以用构式语法理论对其进行研究。

第四，本书厘清了"起来"句内部的句法语义关系，指出"V起来"为句法核心，AP为语义核心，"起来"句是评议性补语句的一个类型。这种分析对语法研究有重要的意义：首先，把"V起来"处理为句法核心，AP处理为语义核心，进一步证明了述补式结构和意义的不平衡性；其次，把AP看作补语，让我们认识到汉语的补语标记除了"得""个""得个"之外，还有"起来"；最后，把"NP+V起来+AP"中动句看作评议性补语句，让我们认识到中动结构不是孤立存在的构式，而是动补结构的一个类型。

第五，本书以语料库为依托，详细描述了汉语中动结构的主语、隐性施事、动词、附加语在形式和意义方面的特征，并对其各种类型在语料库中所占比例进行了统计和分析。其中，本书对主语指称、人称的描述，对动词体类型、过程结构、所表达物性角色的描述，对附加语形式类型的描述都是文献中未曾研究的。其他方面的研究结果也大多与已有研究不同。

第六，本书确定了汉语中动结构两种表现形式之间的关系，指出"能/可"中动句是"起来"中动句的变体，二者宜看成同一构式。因此，在中动结构研究中，没有必要将二者进行分别探讨。

第七，本书指出汉语中动结构为原型范畴，确定了其原型性特征，将其分成原型性中动句和非典型中动句，并分别探讨了其意义类型。本书为原型性中动句和非典型中动句的区分提出了不同以往的标准，更加符合认知语言学的基本理念。

第三节　本书的不足之处

第一，本书没有探讨汉语中动结构的来源及其发展历程。研究曾指出"起来"作为汉语中动句的标记词是语法化的结果，但没有详细探讨其语法化动因和过程。

第二，本书所用数据都来源于一个语料库（CCL），其中的中动句数量只有 2178 句，若能用多个语料库，可能更能说明问题。

第三，本书以构式语法为理论依据，因此，没有探讨英汉中动构式的生成过程。不少学者对英语中动构式的生成进行过研究，然而，对汉语中动结构生成的研究就相对较少。本书也没有在转换生成语法的框架内进行这方面的研究，只是在文献回顾时提及前贤的研究成果。

第四，没有深入研究汉语中动结构和难易结构、受事主语句、话题句等其他低及物结构之间的承继关系，汉语中动结构与其他语言里的中动结构之间的异同也有待进一步的研究。

第四节　对未来研究的建议

本研究对汉语中动结构的探讨仅仅是一个角度，不是穷尽式的探究，还有很多值得进一步研究的话题。在未来研究中可以关注如下几个方面。

第一，有关汉语中动结构的研究多是在共时层面进行的，历时的研究较缺乏。因此，未来研究可以关注历时因素，考察汉语中动结构的语法化过程。

第二，未来研究可以用多个语料库的数据对汉语中动结构的语义类型及其组成成分进行描述，并对比其在不同语料库中所出现的频率。此外，可以关注文体对中动句出现频率的影响。

第三，未来研究可以在语言类型学的视野下研究中动语义在多种语言中的实现方式，并按照其不同实现形式进行归类，探讨其与语言类型的关系。

第四，Lekakou（2002）通过对英语、希腊语、荷兰语中动结构的研究，发现不同语言里的中动结构的生成方式也存在差异，如希腊语中动结构是句法生成的，而英语和荷兰语中动结构则是依赖词汇手段生成的。因此，未来研究可以在转换生成语法的框架下确定汉语中动结构的生成过程。

参考文献

【专著】

邓思颖:《形式汉语句法学》,上海教育出版社 2010 年版。
范继淹:《范继淹语言学论文集》,语文出版社 1986 年版。
何文忠:《中动结构的认知阐释》,科学出版社 2007 年版。
郭锐:《现代汉语词类研究》,商务印书馆 2002 年版。
胡壮麟、朱永生、张德禄、李战子:《系统功能语言学概论》,北京大学出版社 2005 年版。
李临定:《李临定自选集》,河南教育出版社 1994 年版。
李勉东:《现代汉语语法研究》,东北师范大学出版社 2003 年版。
刘月华:《趋向补语通释》,北京语言大学出版社 1998 年版。
陆俭明:《现代汉语语法研究教程》,北京大学出版社 2013 年版。
吕叔湘:《汉语语法分析问题》,商务印书馆 1979 年版。
吕叔湘:《中国文法要略》,商务印书馆 1982 年版。
吕叔湘:《现代汉语八百词》,商务印书馆 1999 年版。
戚雨村等:《语言学百科词典》,上海辞书出版社 1993 年版。
宋国明:《句法理论概要》,中国社会科学出版社 1997 年版。
宋玉柱:《现代汉语语法论集》,天津人民出版社 1981 年版。
王力:《汉语史稿》,中华书局 1980 年版。
袁毓林:《现代汉语祈使句研究》,北京大学出版 1993 年版。
袁毓林:《汉语句子的焦点结构和语义解释》,商务印书馆 2012 年版。
张伯江:《从施受关系到句式语义》,商务印书馆 2009 年版。
朱德熙:《现代汉语形容词研究:形容词的性质范畴和状态范畴》,

北京大学出版社 1956 年版。

Baker, M., 1988, *Incorporation: A Theory of Grammatical Changing*, Chicago: University of Chicago Press.

Berlin, B. and P. Kay, 1969, *Basic Color Terms: Their Universality and Evolution*, Los Ageles: University of California Press.

Bloomfield, L., 1933, *Language*, New York: Henry Holt.

Boas, H. C. and I. A. Sag, 2012, *Sign-based Construction Grammar*, Stanford: Stanford University Press.

Boons, J. P., G. Alain and L. Christian, 1976, *La Structure des Phrases Simples en Francais: Constructions Intransitives*, Geneva: Droz.

Bussmann, H., K. Kazzazi and G. Trauth, 1996, *Routledge Dictionary of Language and Linguistics*, London and New York: Routledge.

Chao, Yuen-ren, 1968, *A Grammar of Spoken Chinese*, Berkeley: University of California Press.

Croft, W., 2001, *Radical Construction Grammar: Syntactic Theory in Typological Perspective*, Oxford: OUP.

Croft, W., 2013, *Syntactic Categories and Grammatical Relations*, Chicago: University of Chicago Press.

Curme, G. O., 1931, *A Grammar of the English Language. Vol III. Syntax*, Boston: D. C. Heath.

Dixon, R. M. W., 1982, *A New Approach to English Grammar on Semantic Principles*, Oxford: Clarendon.

Fagan, 1992, *The Syntax and Semantics of Middle Constructions*, Cambridge: Cambridge University Press.

Fellbaum, C., 1986, *On the Middle Construction in English*, Bloomington, Indiana: Indiana University Linguistics Club.

Fillmore, C. J., 2013, *Language Form, Meaning, and Practice*, Stanford: CSLI Publications.

Fillmore, C. J. and P. Kay, 1993, *Construction Grammar*, Berkeley: University of California Press.

Goldberg, A. E., 1995, *Constructions: A Construction Grammar Approach to Argument Structure, Chicago: University of Chicago Press.

Goldberg, A. E., 2006, *Constructions at Work*, Oxford: Oxford University Press.

Halliday, M. A. K., 1985, *An Introduction to Functional Grammar*, London: Edward Arnold (Publishers) Limited.

Halliday, M. A. K., 1994, *An Introduction to Functional Grammar*, 2nd edition, London: Edward Arnold (Publishers) Limited.

Hilpert, M., 2008, *Germanic Future Constructions: A Usage-Based Approach to Language Change*, Amsterdam: John Benjamins.

Hilpert, M., 2014, *Construction Grammar and its Application to English*, Edinburgh: Edinburgh University Press.

Jakendoff, R., 1972, *Semantic Interpretation in Generative Grammar*, Cambridge, MA: The MIT Press.

Jespersen, O., 1924, *The Philosophy of Grammar*, Heidelberg: Carl Winter.

Kemmer, S. E., 1993, *The Middle Voice*, Amsterdam: John Benjamins.

Klaiman, M. H., 1991, *Grammatical Voice*, Cambridge: Cambridge University Press.

Langacker, R. W., 1987, *Foundations of Cognitive Grammar: Theoretical Prerequisites*, Stanford: Stanford University Press.

Langacker, R. W., 1991, *Foundations of Cognitive Grammar: Descriptive Application*, Stanford: Stanford University Press.

Langacker, R. W., 2011b, *Grammaticalization and Cognitive Grammar*, Oxford: Oxford University Press.

Levin, B., 1993, *English Verb Classes and Alternations*, Chicago: Chicago University Press.

Lyons, J., 1968, *Introduction to Theoretical Linguistics*, London: Cambridge University Press.

Quirk, R., H. Weiss, S. Greenbaum, G. Leech, and J. Svartvik, 1985, *A Comprehensive Grammar of the English Language*, New York:

Longman.

Ramchand, G., 1997, *Aspect and Predication*, Oxford: Clarendon Press.

Roberts, I., 1987, *The Representation of Implicit and Dethematized Subjects*, Dordrecht: Foris Publications.

Sweet, H., 1891, *A New English Grammar: Logical and Historical*, Oxford: Clarendon Press.

Talmy, L., 2000, *Toward a Cognitive Semantics*, Cambridge, MA: The MIT Press.

Traugott, E. C. and D. Trousdale, 2013, *Constructionalization and Constructional Changes*, Oxford: Oxford University Press.

Van Oosten, J., 1984, *The Nature of Subjects, Topics and Agents: A Cognitive Explanation*, Bloomington: Indiana University Linguistics Club.

Vendler, Z., 1967, *Linguistics in Philosophy*, Ithaca: Cornell University Press.

【期刊论文】

蔡淑美:《汉语中动句的研究现状和发展空间》,《汉语学习》2013年第5期。

蔡淑美、张新华:《类型学视野下的中动范畴和汉语中动句式群》,《世界汉语教学》2015年第2期。

曹宏:《中动句对动词形容词的选择限制及其理据》,《语言科学》2004a年第1期。

曹宏:《论中动句的层次结构和语法关系》,《语言教学与研究》2004b年第5期。

曹宏:《论中动句的句法构造特点》,《世界汉语教学》2004年第3期。

曹宏:《论中动句的语义表达特点》,《中国语文》2005年第3期。

曹宏:《中动句的语用特点及教学建议》,《汉语学习》2005年第5期。

陈平:《试论汉语中三种句子成分与语义成分的配位原则》,《中国语文》1994年第3期。

戴曼纯：《中动结构的句法特征》，《外语学刊》2001年第4期。

邓云华、尹灿：《英汉中动句主语语法等级的比较研究》，《外国语》2014年第3期。

邓云华、尹灿：《英汉中动句修饰语语法等级的比较研究》，《外语学刊》2014年第3期。

方梅：《汉语对比焦点的句法表现手段》，《中国语文》1995年第4期。

付岩：《英汉中动构式范畴的原型性研究》，《鲁东大学学报》（哲学社会科学版）2017年第6期。

付岩、陈宗利：《汉语中动结构的界定及其范畴》，《外语研究》2017年第2期。

高秀雪：《再谈汉语中动结构的界定》，《现代语文》2011年第4期。

龚千炎：《现代汉语里的受事主语句》，《中国语文》1980年第5期。

古川裕：《现代汉语的"中动语态句式"——语态变换的句法实现和词法实现》，《汉语学报》2005年第2期。

顾阳：《生成语法及词库中动词的一些特性》，《国外语言学》1996年第3期。

郭锐：《过程和非过程——汉语谓词性成分的两种外在时间类型》，《中国语文》1997年第3期。

韩景泉、何建珍：《评高兴刚的中间结构分析》，《解放军外国语学院学报》2004年第1期。

何文忠：《中动结构的界定》，《外语教学》2005年第4期。

何文忠：《中动构句条件》，《外语教学》2007年第2期。

何文忠、王克非：《英语中动结构修饰语的语料库研究》，《外语教学与研究》2009年第4期。

何晓炜、钟蓝梅：《最简方案下英汉中动结构的生成研究》，《现代外语》2012年第1期。

何元建：《现代汉语中间句的句法结构》，《汉语学习》2010年第

1 期。

贺阳：《动趋式"V 起来"的语义分化及其句法表现》，《语言研究》2004 年第 3 期。

胡明阳：《语义语法范畴》，《汉语学习》1994 年第 1 期。

纪小凌：《再论汉语的中间结构》，《上海大学学报》（哲学社会科学版）2006 年第 6 期。

李青：《汉英语言无标志受事主语句对比研究》，《汉语学习》2001 年第 3 期。

李炎燕、白解红：《广告语中动构式的认知研究——以 eBay 网广告语为例》，《湖南科技大学学报》（社会科学版）2017 年第 1 期。

刘晓海、石晨：《基于生态心理学的汉语中动句生成动因探析》，《语言教学与研究》2013 年第 4 期。

刘正光：《语言解释的维度——以中动构式为例》，《中国外语》2008 年第 5 期。

陆丙甫、应学凤、张国华：《状态补语是汉语的显赫句法成分》，《中国语文》2015 年第 3 期。

吕叔湘：《说"胜"和"败"》，《中国语文》1987 年第 1 期。

马庆株：《自主动词和非自主动词》，《中国语言学报》1988 年第 3 期。

牛保义：《英语作格句语用功能的词汇语用分析》，《外语与外语教学》2005 年第 6 期。

潘国良：《略谈汉语话题句的主要类型》，《汉语学习》1986 年第 5 期。

潘海华、梁昊：《优选论与汉语主语的确立》，《中国语文》2002 年第 1 期。

朴正九：《从类型学视角看汉语形容词谓语句的信息结构》，《中国语文》2016 年第 4 期。

齐沪扬、曾传禄：《"V 起来"的语义分化及相关问题》，《汉语学习》2009 年第 2 期。

邱贤、刘正光：《现代汉语受事主语句研究中的几个根本问题》，《外语学刊》2009 年第 6 期。

尚新：《时体、事件与"V 个 NP"结构》，《外国语》2009 年第 5 期。

邵菁、金立鑫：《补语和 Complement》，《外语教学与研究》2011 年第 1 期。

沈家煊：《"有界"和"无界"》，《中国语文》1995 年第 5 期。

沈家煊：《现代汉语"动补结构"的类型学考察》，《世界汉语教学》2003 年第 3 期。

司惠文、余光武：《英语中间结构致使生成研究》，《现代外语》2005 年第 1 期。

宋红梅：《"V 起来"句作为有形态标记的话题句》，《外语研究》2008 年第 5 期。

宋文辉：《再论现代汉语动结式的句法核心》，《现代外语》2004 年第 2 期。

王和玉、温宾利：《中动结构的句法语义研究综述》，《现代外语》2014 年第 2 期。

王邱丕君、施建基：《补语与状语的比较——从〈实用汉语课本〉说起》，《语言教学与研究》1992 年第 4 期。

吴炳章、牛雅禾：《中动结构的概念化机制研究》，《西安外国语大学学报》2017 年第 6 期。

吴为善：《"V 起来"构式的多义性及其话语功能——兼论汉语中动句的构式特征》，《汉语学习》2012 年第 4 期。

吴义诚、李艳芝：《语言及物性的构式研究》，《外国语》2014 年第 3 期。

武成：《汉语中动结构的功能及其认知机制》，《上海师范大学学报》（哲学社会科学版）2017 年第 3 期。

熊学亮、付岩：《英汉中动词的及物性探究》，《外语教学与研究》2013 年第 1 期。

徐彩霞：《汉语形容词状补异位的语义限制》，《汉语学报》2016 年第 3 期。

徐峰：《构式压制和词汇压制的互动》，《外语研究》2014 年第 6 期。

徐盛桓：《语义数量特征与英语中动结构》，《外语教学与研究》2002年第6期。

许艾明：《关于中动词及物性的思考》，《中南大学学报》（社会科学版）2004年第5期。

许艾明：《基于语料库的英汉中动构式修饰语之对比研究》，《西安外国语大学学报》2011年第4期。

严辰松：《汉语没有"中动结构"》，《解放军外国语学院学报》2011年第5期。

杨梅：《再论雷考夫范畴化理论的缺陷》，《外语学刊》2007年第1期。

杨佑文：《英语中动结构：典型与非典型》，《解放军外国语学院学报》2011年第4期。

殷树林：《"NP+（状）+V起来+AP"格式与英语中动句的比较》，《语言教学与研究》2006年第1期。

尹绍华：《试论状语与状态补语的区别》，《西南民族大学学报》（人文社会科学版）2002年第2期。

余光武、司惠文：《汉语中间结构的界定——兼论"NP+V起来+AP"句式的分化》，《语言研究》2008年第1期。

袁毓林：《关于动词对宾语褒贬选择》，《汉语学习》1987年第3期。

袁毓林：《句子的焦点结构及其对语义解释的影响》，《当代语言学》2003年第4期。

袁毓林：《汉语名词结构的描写体系和运用案例》，《当代语言学》2014年第1期。

张伯江：《现代汉语形容词做谓语问题》，《世界汉语教学》2011年第1期。

张德岁：《"VP+AP"结构与中动句关系考察》，《汉语学习》2011年第5期。

周晓岩、高腾：《最简方案下的中间结构生成分析》，《外国语言文学研究》2007年第1期。

Ackema, P. and M. Schoorlemmer, 1994, "The Middle Construction and the Syntax-semantics Interface", *Lingua*, Vol. 93, No. 1.

Ackema, P. and M. Schoorlemmer, 1995, "Middles and Nonmovement", *Linguistic Inquiry*, Vol. 26, No. 2.

Ackema, P. and M. Schoorlemmer, 2002, "Middle voice: A comparative study in the syntax-semantics interface of German", *Journal of Germanic Linguistics*, Vol. 15, No. 4.

Chung, T., 1995, "A Semantic Condition on English Middles: A Causative Approach", *Korean Journal of Linguistics*, Vol. 20, No. 4.

Cinque, G., 1993, "A Null Theory of Phrase and Compound Stress", *Linguistic Inquiry*, Vol. 24, No. 2.

Condoravdi, C., 1989, "The Middle: Where Semantics and Morphology Meet", *MIT Working Papers in Linguistics*, No. 11.

Cornips, L. and A. Hulk, 1998, "Affected Objects in Heerlen Dutch and Romance", *Languages in Contrast*, Vol. 2, No. 1.

Davidse, K. and Heyvaert, 2007, "On the Middle Voice: An Interpersonal Analysis of the English Middle", *Linguistics*, Vol. 45, No. 1.

Dowty, D., 1991, "Thematic Proto-roles and Argument Selection", *Language*, Vol. 67, No. 3.

Erades, P. A., 1950, "Points of Modern English Syntax", *English Studies*, Vol. 31, No. 1.

Fagan, S., 1988, "The English Middles", *Linguistic Inquiry*, Vol. 19, No. 2.

Fillmore, C. J., P. Kay and M. C. O.' Connor, 1988, "Regularity and Idiomaticity in Grammatical Constructions: The Case of *let alone*", *Language*, Vol. 64, No. 2.

Hale, K. L. and S. J. Keyser, 1987, "A View from the Middle", *Lexicon Project Working Paper*, Vol. 34, No. 10.

Hoekstra, T. and I. Roberts, 1993, "Middle Constructions in Dutch and English", Knowledge and Language, Vol. 26, No. 2.

Hopper, P. and S. Thompson, 1980, "Transitivity in Grammar and Discourse", *Language*, Vol. 56, No. 2.

Huang, C. - T. J., 1988, "Wo pao de kuai" and Chinese Phrase Structure", *Language*, Vol. 64, No. 2.

Iwata, S., 1999, "On the Status of Implicit Arguments in Middles", *Linguistics*, Vol. 35, No. 3.

Jaeggli, O. A., 1986, " Passive ", *Linguistic Inquiry*, Vol. 17, No. 1.

Kay, P. and C. J. Fillmore, 1999, "Grammatical Constructions and Linguistic Generalizations: The 'What's X Doing Y?' Construction", *Language*, Vol. 75, No. 1.

Keyser, S. J. and T. Roeper, 1984, "On the Middle and Ergative Constructions in English", *Linguistic Inquiry*, Vol. 15, No. 3.

Kratzer, A., 1981, "Partition and Revision: The Semantics of Counterfactuals", *Journal of Philosophical Logic*, Vol. 10, No. 2.

Laca, B., 1990, "Generic Objects: Some More Pieces of the Puzzle", *Lingua*, Vol. 81, No. 1.

Langacker, R. W., 2011a, "Dynamicity in Grammar", *Axiomathes*, Vol. 12, No. 1.

Lekakou, M., 2002, "Middle Semantics and Its Realization in English and Greek", *UCL Working Papers in Linguistics*, No. 4.

Massam, D., 1992, "Null Objects and Non-thematic Subjects", *Journal of Linguistics*, Vol. 28, No. 1.

Michaelis, L. A., 2004, "Type Shifting in Construction Grammar: An Integrated Approach to Aspectual Coercion", *Cognitive Linguistics*, Vol. 15, No. 1.

Rapoport, T. R., 1999, "The English Middle and Agentivity", *Linguistic Inquiry*, Vol. 30, No. 1.

Stroik, T., 1992, "Middles and Movement", *Linguistic Inquiry*, Vol. 23, No. 1.

Stroik, T., 1995, "On Middle Formation: A Reply to Zribi-Hertz", *Linguistic Inquiry*, Vol. 26, No. 1.

Stroik, T., 1999. "Middles and Reflexivity", *Linguistics Inquiry*,

Vol. 30, No. 1.

Ting, J., 2006, "The Middle Construction in Mandarin Chinese and the Presyntax Approach", *Concenric: Studies in Linguistics*, Vol. 32, No. 1.

Yoshimura, K. and J. Taylor, 2004, "What Makes a Good Middle? The Role of Qualia in the Interpretation and Acceptability of Middle Expressions in English", *English Language and Linguistics*, Vol. 8, No. 2.

【学位论文】

付岩:《英汉中动构式的句法语义对比研究》，博士学位论文，复旦大学，2012年。

李晔:《中动类"NP（被动参与论元）+VP+起来+AP"结构的语义限制研究——兼论其与英语中动构式的对比》，博士学位论文，吉林大学，2015年。

刘楚群:《句管控中"V起来"虚化式研究》，博士学位论文，华中师范大学，2005年。

孙翠兰:《基于语料库的汉英中动对比研究》，博士学位论文，山东大学，2015年。

王和玉:《英汉中动结构的句法语义研究——基于致使轻动词与情态屈折语的分析》，博士学位论文，广东外语外贸大学，2014年。

朱文文:《现代汉语形容词状补语序选择机制研究》，博士学位论文，北京语言大学，2008年。

Greenspon, M. A., 1996, *A Closer Look at the Middle Construction*, Ph. D. dissertation, Yale University.

Han, Jingquan, 2007, *Argument Structure and Transitivity Alternation*, Ph. D. dissertation, City university of Hong Kong.

He, Xiaoling, 2005, *On Patient-subject Constructions in Chinese*, Ph. D. dissertation, The University of HongKong.

Ji, Xiaoling, 1995, *The Middle Construction in English and Chinese*, Ph. D. dissertation, The Chinese University of Hong Kong.

Kemmer, S. E., 1988, *The Middle Voice: A Typological and Diachronic Study*, Ph. D. dissertation, Stanford University.

Lekakou, M., 2005, *In the Middle, Somewhat Elevated: the Semantics of Middles and its Crosslinguistic Realization*, Ph. D. dissertation, University of London.

Sung, Kuo-ming, 1994, *Case Assignment under Incorporation*, Ph. D. dissertation, University of California at Los Ageles.

Tao, Yuan, 2011, *Chinese Middle Construction: A Case of Disposition Ascription*, Ph. D dissertation, the Hong Kong Polytechnic University.

Tenny, C., 1987, *Grammaticalizing Aspect and Affectedness*, Ph. D. dissertation, Massachusattes Institute of Techonology.

Troseth, E. L., 2009, *Acidity and Reference: Middle Voice and its Components*, Ph. D. dissertation, City University of New York.

【论文集论文】

付岩：《中动语义研究中的几个问题》，载《语言·文学·翻译研究专辑》，西南交通大学出版社 2016 年版。

顾阳：《动词的体及体态》，载《共性与个性——汉语语言学中的争议》，北京语言文化大学出版社 1999 年版。

郭锐：《汉语动词的过程结构》，载《二十世纪现代汉语语法论文精选》，商务印书馆 1993 年版。

沈阳、陶媛：《隐性施事标记与汉语"中动结构"》，载《语法研究和探索（15）》，商务印书馆 2010 年版。

袁毓林：《述结式的机构和意义的不平衡性——从表达功能和历史来源的角度看》，载《从语义信息到类型比较》，北京语言大学出版社 2001 年版。

Ackema, P. and M. Schoorlemmer, 2007, "Middles", In M.Everaertand H. Van Riemsdijk. *The Blackwell Companion to Syntax*, New Jersey: Blackwell Publishing.

Fillmore, C. J., 1968, "The Case for Case", In E. Bach and R. T. Harms (eds.), *Universals in Linguistic Theory*, London: Holt, Rinehart and Winston.

Fillmore, C. J., 1977. "The Case for Case Reopened", In P. Cole (ed.), *Syntax and Semantics* 8: *Grammatical Relations*, New York: The Academic Press.

Goldberg, A. E., 2009, "Verbs, Constructions and Semantic Frames", In M. Rappaport, Hovav E. D. and Sichel I. (eds.), *Syntax, Lexical Semantics and Event Structure*, Oxford: Oxford University Press.

Krifka, M., 1995, "Focus and the Interpretation of Generic Sentences", In G. N. Carlson and F. J. Pelletier (eds.), *The Generic Book*, Chicago: University of Chicago Press.

Lekakou, M., 2006, "A Comparative View of the Requirements for Adverbial Modification in Middles", In B. Lyngfeltand T. Solsta (eds.), *Demoting the Agent: Passive, Middle, and Other Voice Phenomena*, Amsterdam, Philadelphia: John Benjamins Publishing House.

McConnell-Ginet, S., 1994, "On the Non-optionality of Certain Modifiers", In M. Harvey and L. Santelmann (eds.), *Proceedings of SALT 4*, Ithaca: Cornell University Press.

Rosta, A., 2008, "Antitransitivity and Constructionality", In G. Trousdale and N. Gisborne (eds.), *Constructional Approaches to English Grammar*, Berlin/New York: Mouton de Gruyter.

Sag, I. A., 2012, "Sign-based Construction Grammar: An Informal Synopsis", In H. C. Boas and I. A. Sag (eds.), *Sign-based Construction Grammar*, Stanford: Stanford University Press.

Taylor, J. R., 1998, "Syntactic Constructions as Prototype Categories", In M. Tomasello (ed.), *The New Psychology of Language: Cognitive and Functional Approaches to Language Structure*, Mahwah: Lawrence Erlbaum.

Trousdale, G., 2012, "Grammaticalization, Constructions, and the Grammaticalization of Constructions", In K., Davidse, T., Breban, L., Brems and Tanja Mortelmans (eds.), *Grammaticalization and Language Change: New Reflections*, Amsterdam: Benjamins.

Valfells, S., 1970, "Middle Voice in Icelandic", In H. Benediktsson (ed.), *The Nordic Languages and Modern Lianguistics*, Reykjavik:

Visindafelag Icelendinga.

Van Oosten, J., 1977, "Subjects and Agenthood in English", In W. A. Beach, S. E. Fox and S. Philosoph (eds.) *Papers from the Thirteenth Reginal Meeting*, *Chicago Linguistic Society*, Chicago: University of Chicago Press.

【会议论文】

陈立民:《论中动句的范围和结构——兼评曹宏的中动句研究》,北大中文论坛,2006年。

Lekakou, M., 2004, "Middles as Disposition Ascriptions", Proceedings of the 8th annual meeting of the Gesellschaft für Semantik.

Sung, Kuo-ming, 1992, "Chinese Middle and the Affected Condition", Paper presented at the First International Conference on Chinese Linguistics, Singapore.